JN078394

*bargain hunting*

最強の株の買い方

# 「バーゲンハンティング」入門

(有)なでしこインベストメント
阿部智沙子

日本実業出版社

# はじめに

株式市場が恐怖の真っ只中にあるときに暴落している株を買いまくる「バーゲンハンティング」。物々しいタイトルではありますが、本書は「近々株式市場は大暴落する」と予想しているわけでは決してありません。

このテーマを思いついたそもそもの発端は、2015年4月に出版した『株　ケイ線・チャートで儲けるしくみ』の最後の章で、「相場の大底圏で買うことは株式投資をローリスク・ハイリターンにする。個人投資家にとってそれは難しいことではない」と述べたことにあります。しかし実際には大方の人はそれができません。何故か。その元凶は塩漬け株にあると、そこでは結論づけたのですが、それならば、塩漬け株を持っていない人、株式投資をしていない人ならば十分実践可能ではないかと思うに至り、本書の企画となりました。その意味では、本書は前著の言うなれば派生編で、味も素っ気もないタイトルをつけるとすれば「相場サイクルの研究と資産形成」といったところです。

株式市場は時として凶暴な振る舞いをします。いつ、何時そうなるかはわかりません。株の売買をしている人からすれば、それはもう恐怖以外の何物でもない、悪夢のような惨劇ですが、しかし後々になってみれば、「あのとき買っておけばよかった」と必ず後悔する、数年に一度しか訪れない絶好の超格安セールです。

この「あのとき買っておけばよかった」を「あのとき買っておいてよかった」にするにはどうすればよいか。これが長期的な資産形成にとって最強の方法になるといっても過言ではありません。

本書は、過去の相場サイクルを振り返ることによって、〝そのとき〟買うための具体的な視点や方策を考察しています。目下「株」とは無縁の方、たとえば「投資は損をするかもしれないから手を出さない」と危うきには近寄らないタイプの方、あるいは、かつて株式投資をしていたけれども「株はもうコリゴリだ」とやめてしまった方に是非ご一読いただきたいと思っています。これからの人生の限られた一時期だけ株式市場に接することで、将来の資産のあり方がプラス方向にきっと大きく変わります。

もちろん現在株式の売買をしている方にも、いつ来るとも知れない恐怖に対処するために、そして株式市場と末長く付き合い、資産を増やしていくために、本書を役立てていただければ幸いです。

本書を執筆するにあたっては、その当初、事前に踏まえておくべき超長期データを探す中で、東京証券取引所株式部データサービス室様から大変有難いご協力を賜りました。心より感謝申し上げます。

また、日本実業出版社編集部には企画の前段階から多大なお力添えをいただきました。最後になりましたが、この場を借りまして深く御礼申し上げます。

2023年3月

阿部智沙子

# 最強の株の買い方「バーゲンハンティング」入門◎もくじ

*CONTENTS*

## 第2章 「長期×積立×分散＝安定的な資産形成」という幻想

## 第3章 過去の相場サイクルに学ぶ「天井」「大底」
～〝ITバブル〟以降の市場を振り返る～

CONTENTS

## 第4章 どのタイミングで行動に出るか。そこで何を買うか

CONTENTS

カバーデザイン／萩原弦一郎（256）
本文DTP／一企画

# 第1章

# 「バーゲンハンティング」は長期的な資産形成の最強手段になる

# 1-1 株は確かに怖い。しかし、魅力も絶大な投資対象

## ■楽しい相場もいずれは終わる。それでも株と付き合い続ける難しさ

日々株式市場を見ていて、株というのは本当に残酷だと、いまさらのように思うことがあります。調子よく株価が上がっているときは毎日が楽しくて仕方ありません。これが多くの人を魅了し、大きな夢をも与えるのですが、その相場は儚くも終わってしまいます。

そして下げ相場に転じれば、非情にも株価はどんどん下がっていく。プログラム発注による高速取引が市場の中心になってからは、相場の方向がたちまちにして一転することも珍しくありません。それまでせっせと蓄積していた利益が瞬く間に吹き飛ぶどころか、倍返しの損失になったりもします。そんな相場が1年続こうものなら、かつて思い描いていた夢などは跡形もなくなり、目の前にある現実は無惨きわまりない含み損の株、株、株。待っていれば株価は戻るのかもしれません。しかし、それがいつになるのか。なぜこんなものを買ってしまったのか。

もう見たくもなくなります。

いまから遡ることちょうど10年前、2012年11月から日本の株式市場は強い上昇相場となりました。そのトレンドは紆余曲折を経ながらも18年1月まで、実に5年以上も続きました。以後、明らかに相場は変わっています。

18年2月以降、それこそ情け容赦ない、強烈な下落にたびたび見舞われ、それが19年9月を境にようやく上向いて「助かった！」と思った矢先、今度は〝コロナ・ショック〟の暴落です。そこから一転して〝コロナ・バブル〟とも称される強い上昇相場になりましたが、それも21年9月をピークに終わったかのような様相になっています。

この時期を振り返ると、心弾む場面もありましたが、どっぷり沈む日もかなり多かった気がします。

そんな状況の中で、もう株はご免だ、と株式市場か

**図表1-1　18年2月から株式市場は明らかに変わった**

（TOPIX終値：2012年1月4日～22年10月31日）

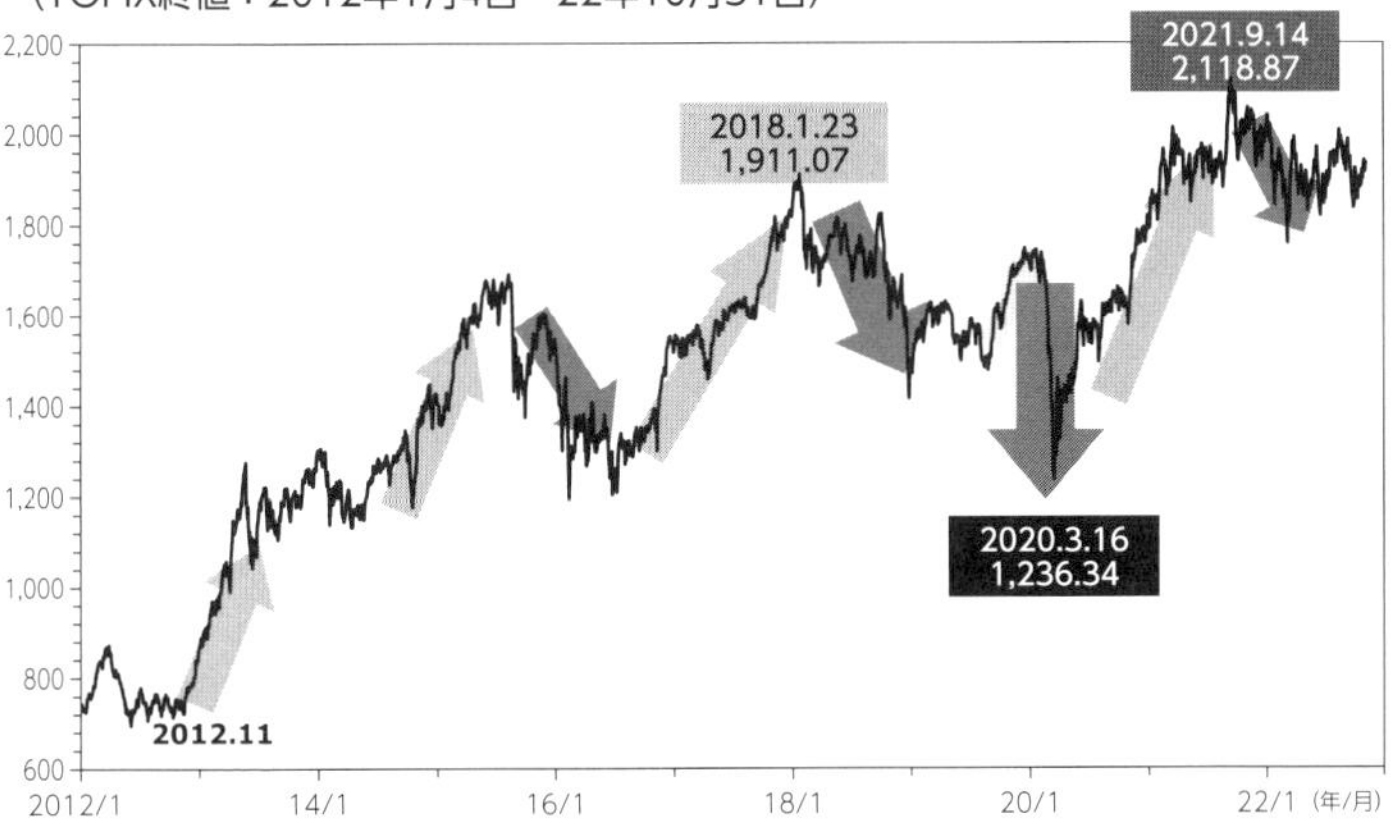

ら遠ざかった人もいるのではないでしょうか。実感としては、18年半ば辺りから個人投資家が減ったように思います。

## ■データが語る「日本の個人は株式投資の巧者」という現実

このことは、東京証券取引所が公表している「投資部門別売買状況」という統計情報からもうかがえます。

投資部門別売買状況は市場参加者の動向を知るうえで有用であるのはもちろん、データとして非常に面白い側面があります。そこで、まずはその概要とデータの傾向について説明しておきましょう。

公表は毎週4営業日目（通常は木曜日）で、市場参加者を「海外投資家」「個人」「投資信託」「金融機関」といった投資部門に分けて、各部門が前週どれだけ買って、どれだけ売ったのか、差し引きいくらの買い越し・売り越しだったのか、全体の売買のうち各部門の比率は何％か、といった数字（株数ベースおよび金額ベース）が出ています。現在公表されているのは、東証プライム・スタンダード・グロースの各市場の数字と、東証全体と名証の2市場合計の数字です。

売買比率が最も高いのは、ご承知の通り「海外投資家」で、概ね7割前後。次に高いのが2

割強を占める「個人」です。海外投資家の比率が高いのはわかるとしても、日本の機関投資家を束ねても個人投資家の売買比率に及びません。日々市場で売買しているほとんどが海外投資家と個人だったとは、少々意外に思った人もいるかもしれません。

このデータでとりわけ興味深いのは、市場全体が大きく動いたとき、海外投資家と個人がどんな売買行動を取っていたかです。

売買全体の7割を占める海外投資家が市場全体の方向性を左右しているのは言うまでもありません。市場全体が大幅上昇を続けている局面では大幅買い越し。市場全体が爆下げしている局面では大幅売り越しが通常です。

個人は、この海外投資家とは逆の行動に出る傾向がデータに強く現れています。とはいっても、個人が一丸となっているわけではありません。

投資部門別売買状況では、「個人」を現金・現物取引をしている個人（現金個人）と信用取引をしている個人（信用個人）に分けて、それぞれの数字も出しています。海外投資家と逆の行動を取る傾向が強いのは現金個人です。海外投資家が大量売り越しで市場全体が爆下げしている局面では、ここぞとばかりに爆買い。それがリバウンドに転じた途端に大幅売り越し。市場全体が強い上昇を続けている局面では、どれだけ現物株を持っているのか、と不思議に思うほど売り越しに次ぐ売り越し。この徹底した逆張り売買の結果、現金個人が大幅に買い越すの

## 図表1-2　市場暴落局面で「現金個人」は超絶逆張りの爆買い

（日経平均株価（週足）と海外投資家・個人の売買状況：2020年1月1週～12月5週）

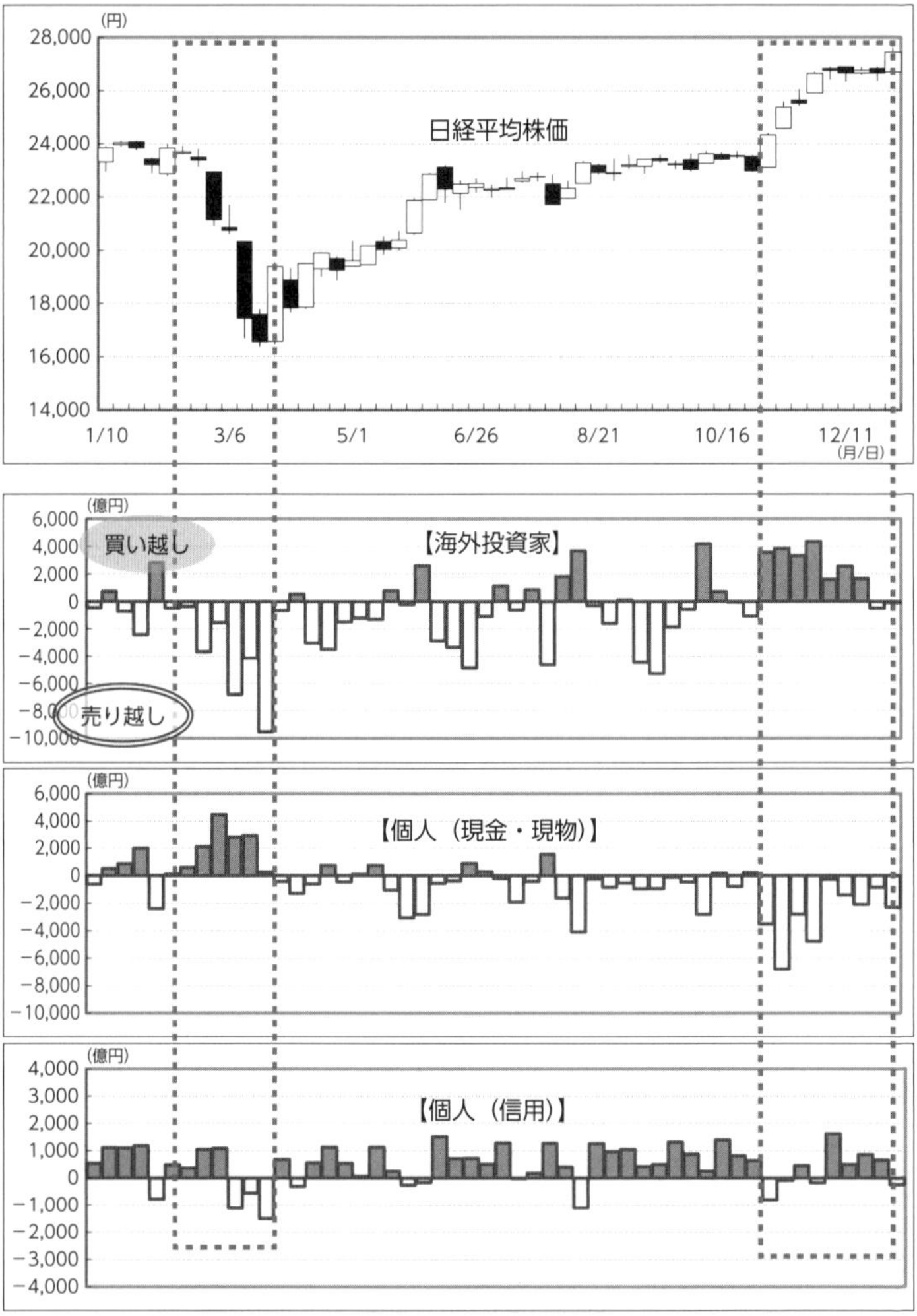

は大下げ局面だけで、その他はほとんど売り越し。言うなれば〝万年売り越し〟です。

他方、信用個人は、短期的な大下げや暴落局面の初期に逆張りで買い越す傾向はありますが、現金個人のように〝万年売り越し〟ではありません。02年以降の年間ベースの数字でいえば、売り越しは08年だけでその他は買い越し。現金個人とは逆に〝万年買い越し〟です。

こうした海外投資家と現金個人・信用個人の違いは、20年の売買状況に鮮明に現れています。2月終盤からのコロナ・ショックの暴落局面では、海外投資家は毎週大量売り越し。一方、現金個人は海外投資家の売り物を安く買い取っています。日経平均株価が水準を大きく切り上げ始めた11月1週以降は、海外投資家の大量買い需要に応えるかの如く現金個人は大量売り越しです。こうした現金個人の逆張り売買を目にするにつけ、実に巧い！　と感心させられてしまいます。

ちなみに、現金個人と信用個人の売り買い差し引き額は、通常は現金個人のほうが多く、両者を合計した「個人」の売買状況は概ね現金個人の動向が反映されます。時折、「日本の個人は投資を理解していない」という論調が出てきたりしますが、とんでもありません。投資部門別売買状況のデータに現れているのは、〝安く買って、高く売る〟という理想の売買を確実に実践している、日本の「個人」の姿です。投資を理解していないどころか、むしろ「株式投資の巧者」と称賛したいくらいです。

## ■2021年の統計に現れた個人投資家の異変

海外投資家と個人、とくに現金個人は傾向がはっきりしていることから、今週の数字はこんな感じになるだろう、といつも事前に予想してから公表データを見ています。たいていはその通りになるのですが、「えっ、どうしてこうなの？」と驚かされることが時々あります。21年の年間ベースの売買状況がまさにそうでした。

何と、個人が２８１２億円の買い越しとなっているのです。

過去30年で個人が買い越しだった年は08年と11年の２回しかありません。11年に関しては、買い越し額が59億円と少なく、東証が毎年１回まとめている年度版の「株式分布状況調査」では、11年度の個人は売り越し。よって、大手を振って「買い越しだ」と言い切れないかもしれません。一方、08年は買い越し額が９８００億円超と、文句のつけようのない買い越しです。

08年に一体何があったのかといえば、言うまでもありません。１００年に1度ともいわれた市場崩壊〝リーマン・ショック〟です。この年、信用個人は８９８億円の売り越し。対して現金個人は1兆７１９億円という買い越し額です。

この08年の売買状況は、先に述べた「現金個人は大下げ局面で買い越す」「個人全体の売買状況は概ね現金個人の数字が反映される」というパターンと一致しています。ところが、21年

## 図表1-3① “万年売り越し”の「個人」が2021年は買い越しに

（投資部門別「個人」売買状況（金額）：2012年〜21年）

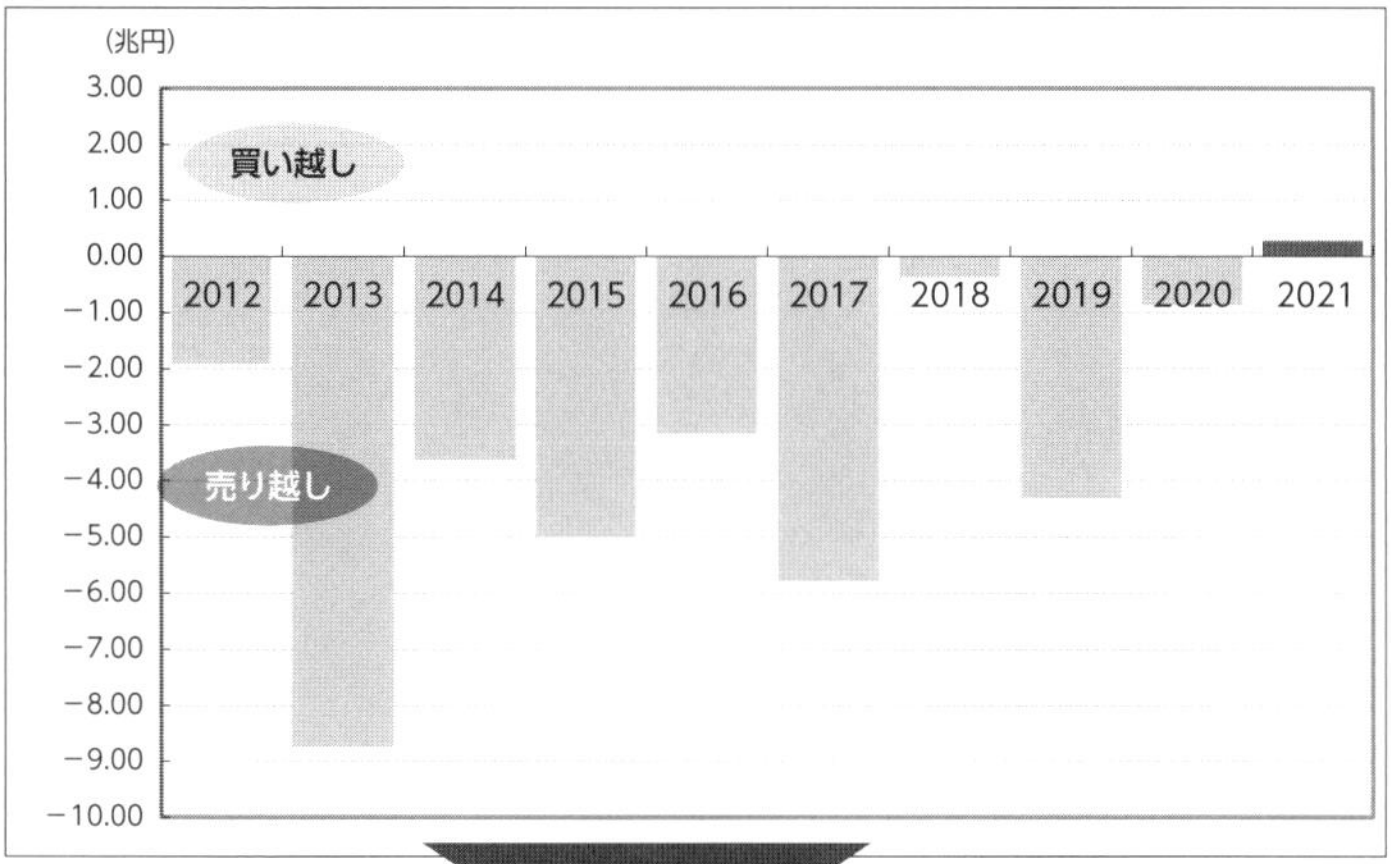


その内訳は…

## 図表1-3② 「信用個人」が2020年から買い意欲を強めている模様

（「現金・現物」「信用」売買状況（金額）：2012年〜21年）

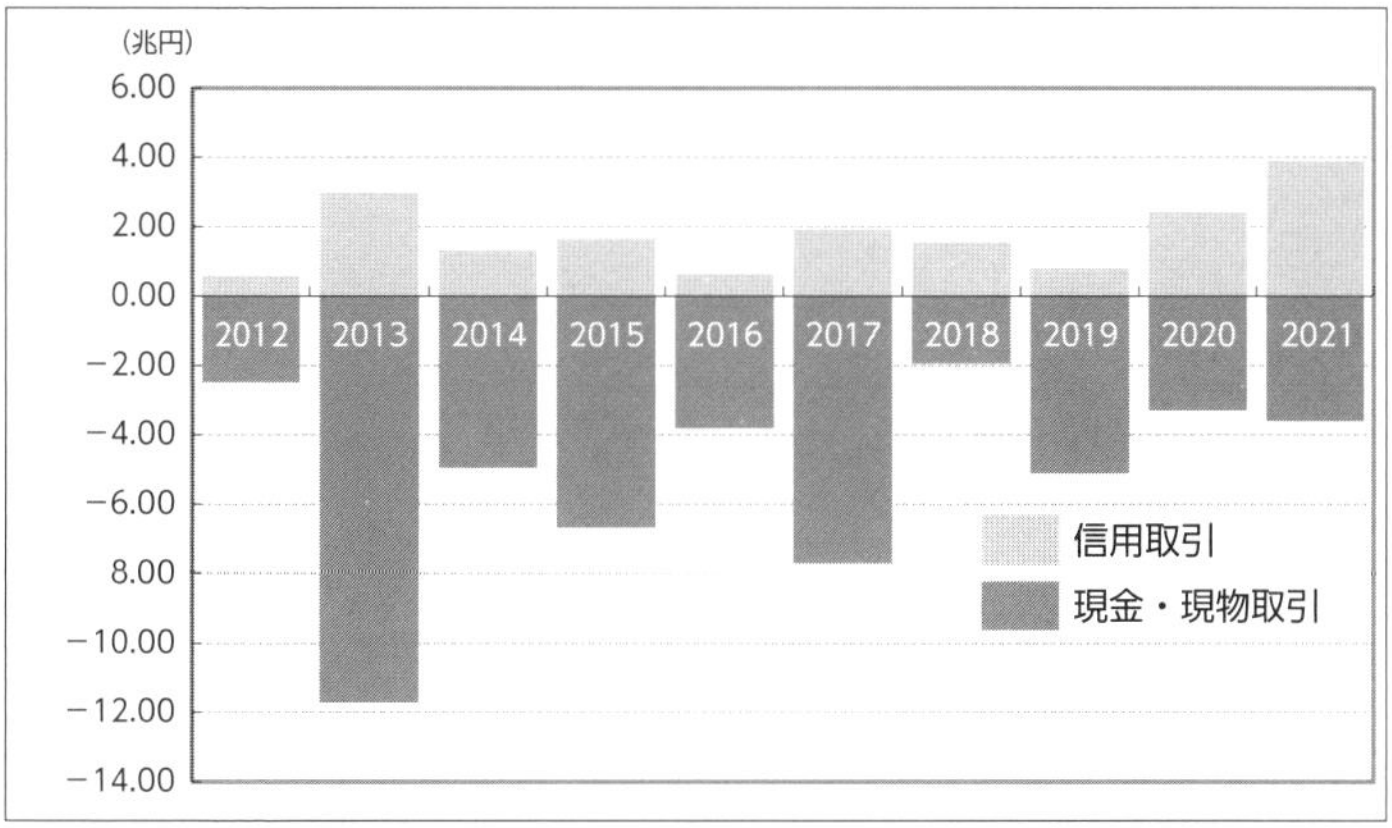

は大下げどころか、日経平均株価が31年ぶりに3万円を超えるという高値を演じていた年です。よって、現金個人はいつもと変わらず売り越しています。その売り越し額も3兆6000億円少々と、決して少ない額ではありません。が、あろうことか信用個人がそれを上回る3兆8800億円以上もの買い越し。この買い越し額は過去20年で最大です。

つまり、21年の年間買い越しは、現金個人ではなく、信用個人の売買動向が反映されていることになります。これが驚きだったのです。

一体、この信用個人の旺盛な買い意欲はどこからきているのでしょうか。

## ■「信用個人」の買い意欲を支える資金的余力の背景は何か

信用個人がこれだけ買い越しているのは、それを可能にする資金的な余力があるからにほかなりません。その余力の背景は何なのか。もしかすると、個人の参加者に何か異変があったのではないか、ということで、今度は全体の売買に占める個人の比率を見てみました。

すると、図表1―4の通り、13年に30％を超えていた個人の比率は16年の20・6％まで低下し、17年は上昇したものの、18年から再び低下して20％割れ。それが20年に上昇し、21年は24・8％まで回復しています。

月間データで19年から20年にかけての詳細を調べてみると、最低値は20年3月の17・1％。

さらに20年3月の週間データを見たところ、ボトム地点は日経平均株価とＴＯＰＩＸ（東証株価指数）がコロナ・ショックで最安値をつけた3月3週の15・4％だったことがわかりました。

察するに、18年2月からの下げ相場で徐々に個人の参加者が去り、コロナ・ショックの暴落でついに見切りをつけた人がかなりいたのではないでしょうか。おそらく、往年の超逆張り〝万年売り越し〟の現金個人は相変わらず市場に残っていると思います。しかし、レバレッジを効かせて金額の大きい取引をしている信用個人の中には、あの暴落の中でもはや耐えかねた人もいただろうことは想像するに難くありません。

そのことは、信用取引残高から算出する評価損益率の数字からもうかがい知ることができます。信用取引関連のデータについてはのちほど第3章で取り

**図表1-4　減少傾向が続いていた「個人」の比率が2020年から上昇**

（投資部門別「個人」売買状況（金額）：2012年～21年）

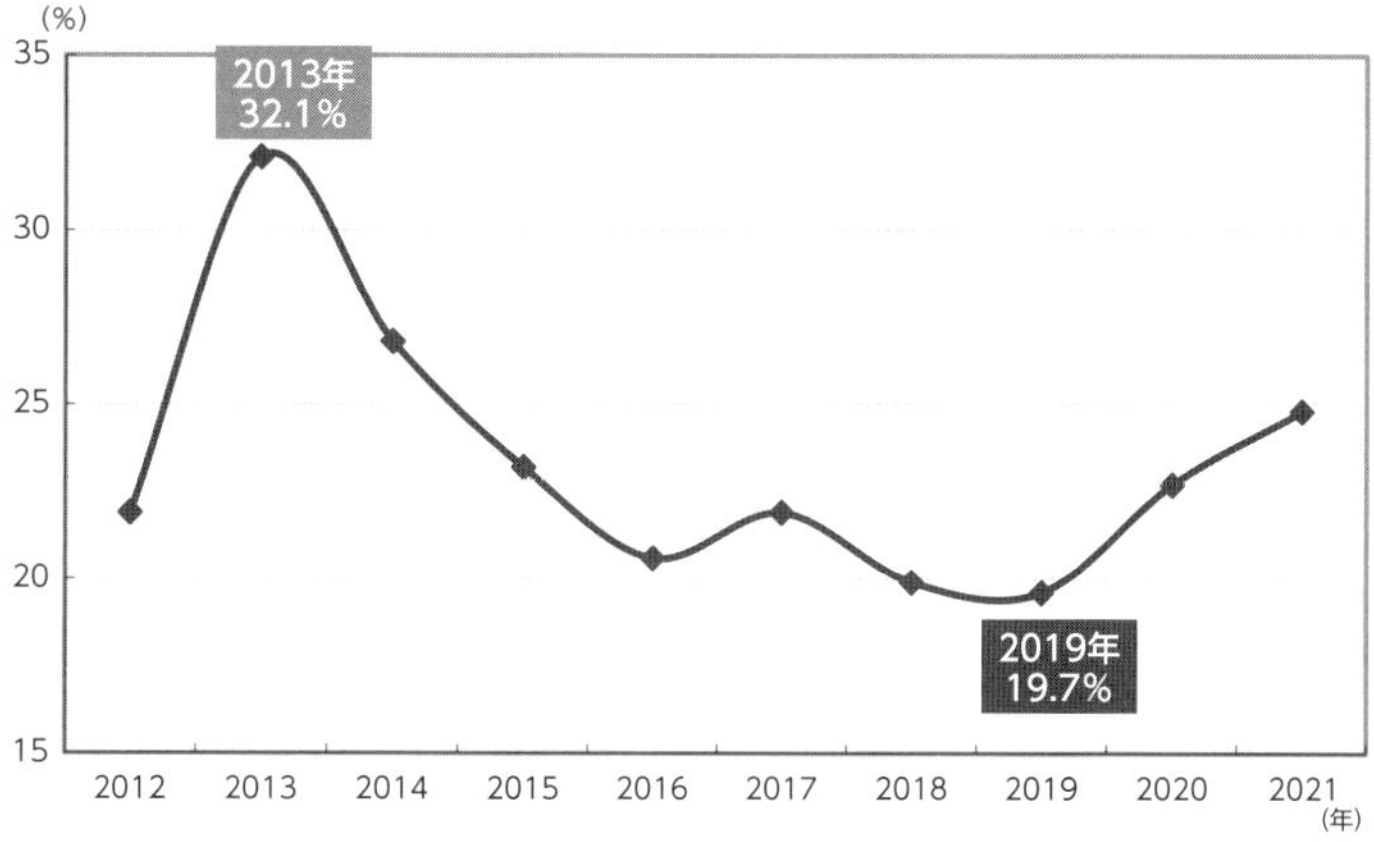

上げますが、この評価損益率の数字は「信用取引で買っている人」の損益度合いの推測値と考えてください。これが15%を超えてくると、追加で保証金を払うのを回避するための投げ売り、保証金不足による証券会社の強制売却が出始める、などといわれます。この時期の評価損益率を見ると、2月4週から5月2週まで11週連続で20%超え。とりわけ高いのが3月2週と3月3週で、いずれも31%を超えています。評価損益率が30%を超えるのはこれまたリーマン・ショック以来。これだけの高水準は、信用個人にとっては拷問にも等しい地獄絵図といっても過言ではありません。

この局面で相当な〝投げ〟が出た模様です。この時期の売買状況は図表1―2で見た通り、信用個人は3月2週から4週まで3週連続で売り越し。他方、この3週は信用買い残高が大幅に減少し、信用買い残高を売り残高で割った信用倍率は低下しています。市場が暴落して信用買い玉の損失が膨れ上がっている中で、否応なく損切りを強いられているとすれば、まさにこの「評価損益率が大幅に上昇（＝悪化）している一方で、信用倍率が低下する」というパターンになります。

この局面で信用個人がどのくらいの損失を出したのか、もちろん知る由はありませんが、資金的な余力が失われたことは確かです。新たな資金が確保できなければ、市場から去るしかありません。

皮肉なことに、そこから市場は強い上昇に転じます。かろうじてでも市場に残った信用個人はこれで余力が大幅に回復して息を吹き返したことでしょう。そこに、去った人たちに代わる新顔が加わったのではないかと想像しています。

たとえば、新型コロナ対策の給付金、いわゆる緩和マネーが市場に入ってきたことでしょう。テレワークで平日昼間に自宅にいるようになった人の中には「株でもやってみるか」という気になった人もいるのではないでしょうか。

そんな折も折、経済的に自立して早期リタイアするＦＩＲＥという言葉が流行りました。その経済的自立の場として株式市場を選んだ人もいると思います。また、ここ１、２年、民間企業が運営する金融教育的な講座や投資スクールが活況だという話も聞きます。そうした人たちは、痛んだ塩漬け株など持っていない。持っていたとしても、それよりも現金のほうが多いはずです。近年は信用取引口座の開設もしやすくなっているようですから、その人たちの中にも信用取引デビューした人がいるかもしれません。

かくしてコロナ・ショックを境に「個人」の顔ぶれが入れ替わったのではないでしょうか。これが21年に「個人」が買い越しとなった一因、「個人」の売買行動に変化が現れた背景ではないかと見ています。

## ■見切りをつけた人の判断はあながち間違いではなかった

株式市場に見切りをつけた人からすれば、コロナ・ショックの暴落後、株式市場が強烈な上昇相場に豹変したのを見て、「もう少し我慢すればよかった」と後悔したかもしれません。しかし、その後悔の念は22年には消えたのではないでしょうか。

何しろ、22年の株式市場は年初から大荒れ。日経平均株価は大発会3日目にして大下げが始まり、3万円目前だった株価は3月9日に2万5000円割れまで下落しています。その後、最安値は更新していないとはいえ、基調が上向いても長続きせず、再び下げ基調。その繰り返しです。

しかも、下げる局面での下げ方が実に手厳しく、6月9日の高値からの下落は、連日のギャップダウンで2万8000円を超えていた日経平均株価がわずか7営業日後に2万5500円台。6月20日の安値からの反発は約2ヶ月続き、8月17日に2万9000円を超えるまでに回復したところが、19日から一転。10月3日まで下値を切り下げ、6月20日の安値水準まで〝往って来い〟です。

この派手な下げ方の背景にあるのは、ご承知の通り、米国市場の下落です。FRB（連邦準備制度理事会）が強い姿勢で金融引き締め政策に舵を切ったことから、米国の株式市場は10月

**図表1-5　下げ始めるとギャップダウンに次ぐギャップダウンで株価水準はみるみる切り下がる**

（日経平均株価：2022年3月〜9月30日）

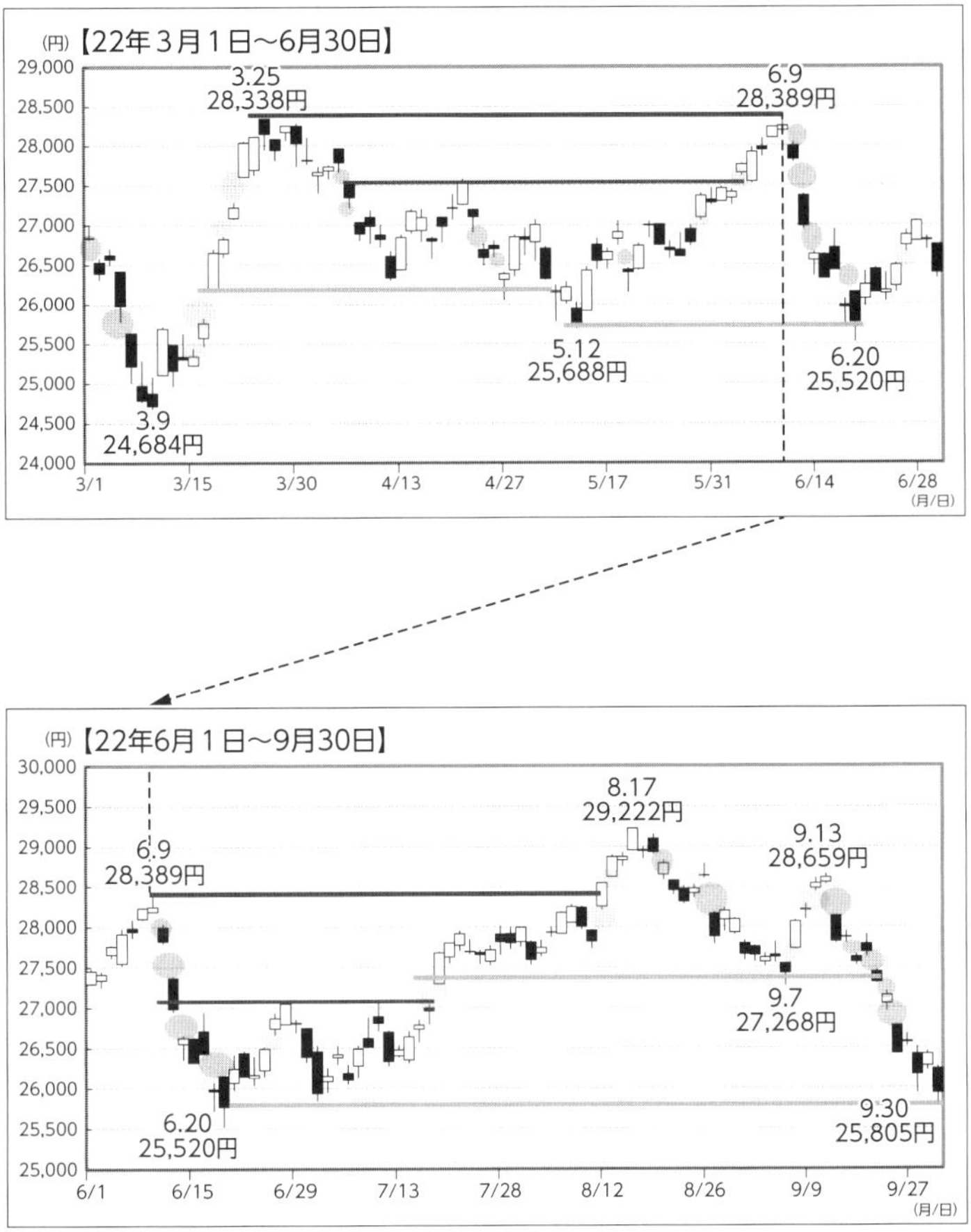

13日まで年初来安値更新を続けています。その結果、NYダウ平均、S&P500、NASDAQ指数ともに1月―3月、4月―6月、7月―9月の3四半期連続下落。S&P500とNASDAQ指数の3四半期連続下落は08年以来のことです。

この米国市場の下げ方に比べれば、日経平均株価もTOPIXもまだ値持ちしている、とは言えます。これは強い円安ドル高となっていたことが大きく影響しているでしょう。しかし、市場全体を見ると「値持ちしている」と言えるかどうか。たとえば、マザーズ指数は1月の月間下落率がリーマン・ショックを超え、6月20日まで最安値を更新しています。この最安値607・33ポイントは、20年3月末の引け値620・09ポイントをも下回る水準です。

個別銘柄に目を向ければ、9月末の引け値が年初来高値から4割以上安くなっている銘柄が実に388、半値以下になっている銘柄ですら173もあります。

これは、値動きの激しい小型・新興株に限った話ではありません。たとえば東京エレクトロン（証券コード：8035）は時価総額が6兆5000億円超、日経平均株価に対する寄与度は2位という、押しも押されもせぬ日本市場の中核銘柄ですが、大発会の高値6万9170円が22年の最高値で、以後、下げ基調は10月になっても止まりません。10月12日につけた年初来安値は大発会高値のほぼ半値です。

そんな不安定きわまりない相場でとにかくたまらないのは、日本人が寝ている時間に米国市場が大下げして、シカゴや大証で夜間取引されている日経平均先物も連れて大下げ。朝起きた時点で持ち株の大損傷が確定している下げ局面です。

こうなると、爽やかな朝が迎えられるように、月にお祈りするしかありません。その祈りも虚しく、金曜日の夜に米国市場が大下げしようものなら、週末は真っ暗です。そんな株式市場と縁を切った人の判断は、間違いではなかったと思います。

## ■それでも捨て難い。資産を大きく増やせる「株」ならではのポテンシャル

株式はかくも値動きが激しいことから、ハイリスク・ハイリターンの投資対象といわれます。

このリスクとは何かといえば、上下に振れる変動の大きさ、ボラティリティーです。ボラティリティーが高いほど、将来の株価がいくらになっているか、予想される株価の範囲は広くなります。

図表1-6　市場の中核銘柄でさえも年初の株価のほぼ半値に

(8035東京エレクトロン：週足2021年４月～22年10月28日)

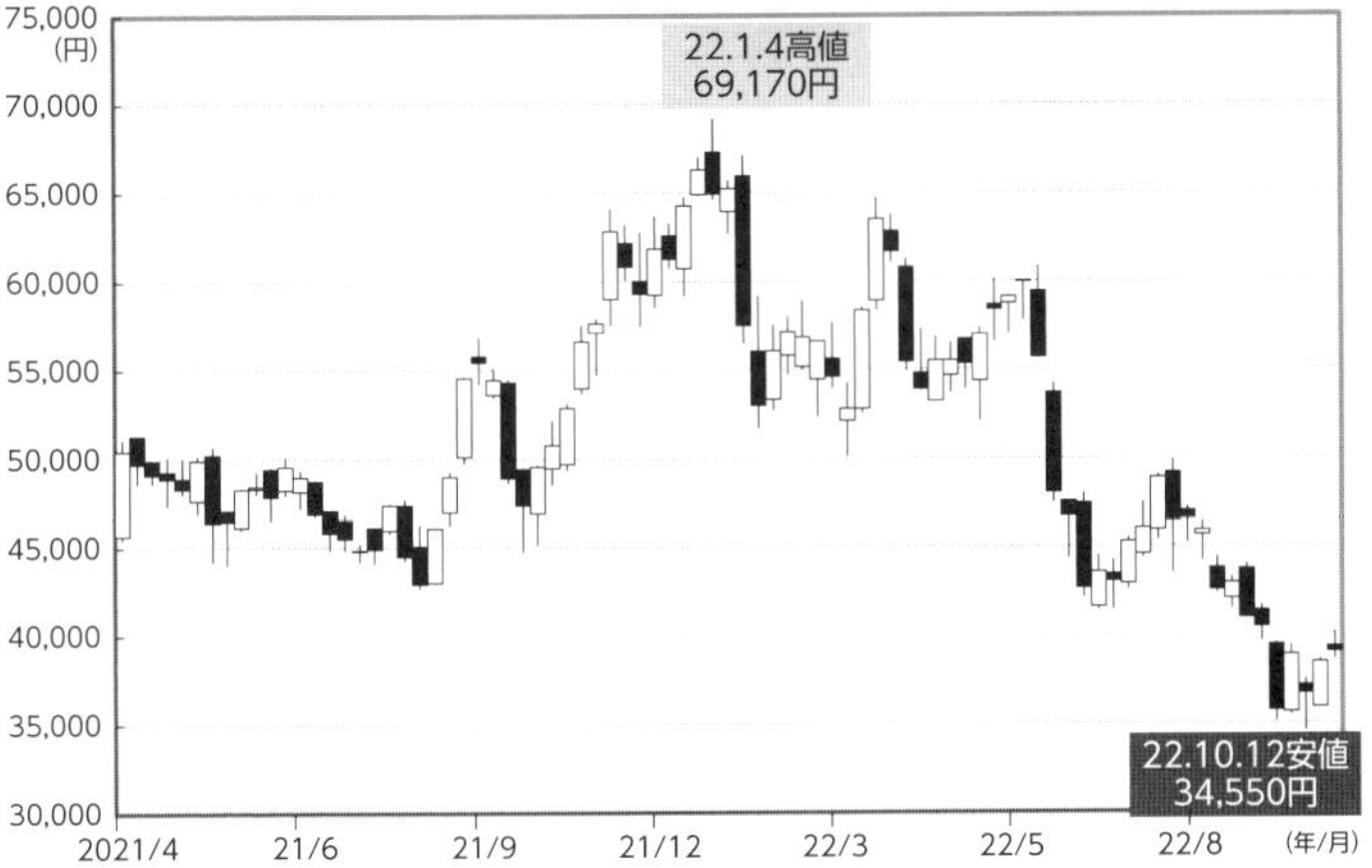

つまり、将来いくらになっているかの不確実性が高い。これがハイリスクです。

ボラティリティー、すなわち将来の不確実性は、データ集団の中の値がどの程度広く散らばっているかの尺度として用いられる標準偏差（σ：シグマ）で数値化されます。統計学の正規分布では、データの約68・3％は標準偏差内に入るとされています。たとえば、月間のボラティリティー（＝標準偏差）が±5％だとすると、各月の月間騰落率の7割弱はこの範囲内に収まっている。要は、1ヶ月で5％程度の上げ下げは想定内で、あって不思議ではない、といったところです。

これが標準偏差の3倍（±3σ）となると、99・7％がその範囲内に入るとされます。言い換えれば、この範囲からはみ出す確率はわずか1000分の3。これを株価の変動に当てはめるならば、月間騰落率が±3σから外れるような大きな値動きは1000ヶ月に3回、およ

図表1-7　正規分布では標準偏差(±1σ)の値動きは「想定の範囲内」

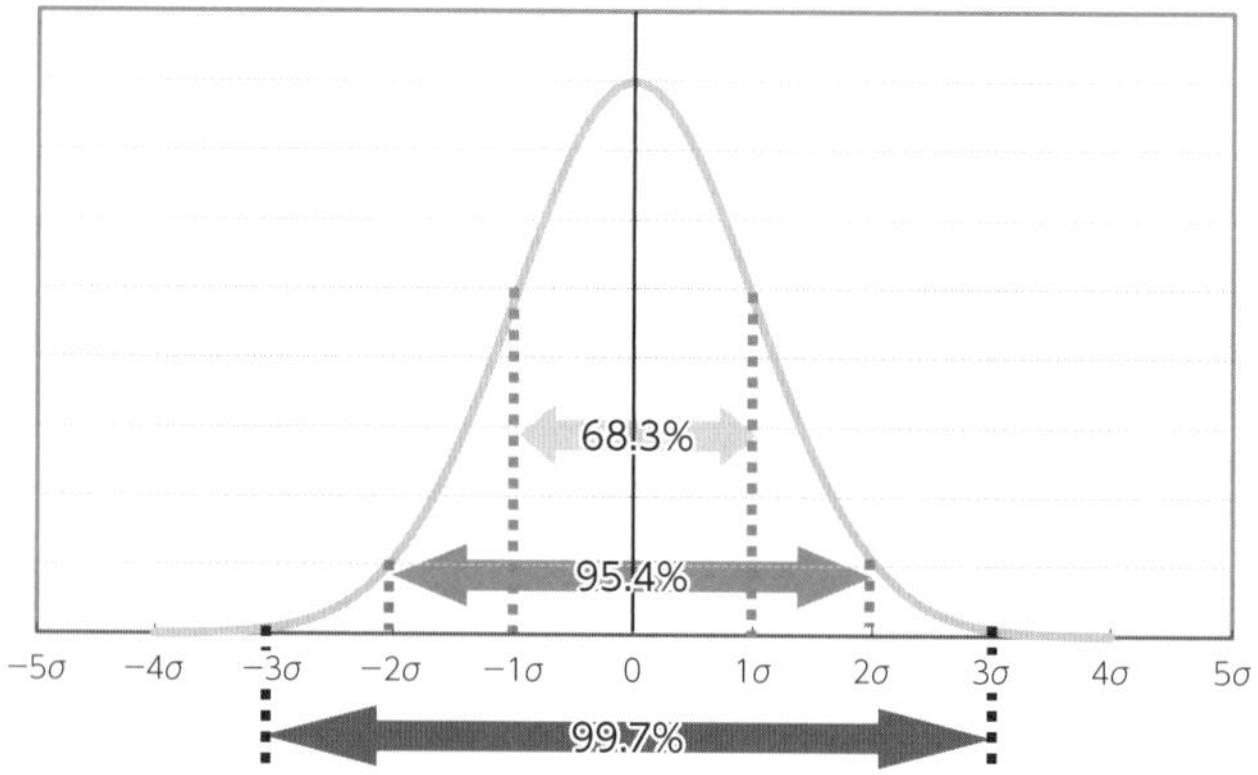

そ28年に1回しか起きないという解釈になります。

実際にはどうかといえば、日経平均株価のような株価指数でも1ヶ月に±3σ以上動くことが数年に1度くらいはあります。個別銘柄ともなれば、±3σはそう稀でもなく、場合によっては、統計学上では「まずあり得ない」レベルの±5σを超えて動いたりします。

それだけ株はリスクが大きい、不確実性の高い恐ろしい投資対象であるのは事実です。しかし、そうしたリスクがあるからこそ、ハイリターンが期待できるのもまた事実です。株価は下にも振れれば、上にも振れます。株価が上に振れて上昇するならば、資産は一気に増えます。そこまで欲張らないまでも、株のボラティリティーとうまく付き合えるとしたら、将来のための資産形成に大いに役立つことは間違いありません。

そうしたリターンをもたらしうる株式ならではのポテンシャルを完全に切り捨てて人生を送るのが果たして正解なのか。ボラティリティーとうまく付き合える手立てがあるならば、一考の余地があるのではないでしょうか。

その有力な手立てのひとつは、先ほど見た現金個人の売買行動です。大下げ局面でのみ買う。大下げが続いていれば買い続ける。リバウンドに転じたら早々に売る。上昇が続くならば売り続けるという、徹底した逆張り売買。これは、ハイリスクを全面的に飲み込んで、機を見て敏にそれをリターンに転換する方法といえます。

ただ、これを実践するには、まずもって市場の大下げが続いているあいだ買い下がり続けられるだけの資金がなければなりません。残念ながら、ハードルが低くはない、誰にでもできるとは言い難い売買手法です。

それならば、こういう売買はどうでしょうか。株価が下に振れるリスクは削って、その一方で上に振れたときに得られるリターンは削らない。リスク・リターンという言葉をそのイメージ通りに「リスク＝損」「リターン＝利益」と表現するならば、損失の可能性は低くして、利益の可能性は株式が本来持っている通りに確保する、という方法です。これなら、ハイリスク・ハイリターンの株式投資をローリスク・ハイリターンにすることができます。

とはいっても、リスクとリターンは表裏一体。ハイリスクだからこそハイリターン、ローリスクならばローリターンに甘んじなければならないのが原理原則です。それをローリスク・ハイリターンにする方法など実践可能なのか。そもそもそんな方法自体がこの世に存在しうるのか、というと、それがあります。

# 1-2 損切り不要。リスクを削ってリターンは取るバーゲンハンティング

## ■株式投資で収益をあげやすくするのは「長く持つ」より「安く買う」

「株はすぐに売ったりしないで、長く持っているのがいいみたいだね」

2015年の初め頃だったたか、久々に会った知人のS子さんがこう言っていたのを思い出しました。

聞くところによると、S子さんはたまに興味を持った銘柄があれば買うというスタンスのようで、そのときは予想以上の投資収益があった模様です。

銘柄はマツダ（7261）で、11年の終わり頃に15万円弱で買ったそうです（図表1―8のチャートは14年8月の5対1の株式併合後の株価。併合以前の株価はこの5分の1）。その後、株価が下がって一時は含み損となったものの、そのまま持ち続けていると株価が上がりはじめ、なおも持ち続けていたところ、投資額の4倍にもなったので売却したと言います。ナイス！

もし、株価が反転した初期段階、含み損から含み益に転じたところで〝ヤレヤレ〟などと言って売却していたら、投資額の4倍ものリターンは得られていません。その意味では、持ち続けたのは正解だったといえますが、それより格段に大きい勝因は、第一に、株価が長期的なトレンドの大底圏にあったときに安く買ったことにほかなりません。

株価の推移を見れば明らかな通り、S子さんより前に買って、より長く保有していても、より大きな収益にはなっていません。収益どころか、買った時期によっては何年持ち続けても損失状態です。

そして、投資成果を決定づけたのは、大底圏からの反発がピークにあった時期に売却したことです。それ以後も長く保有し続けていたとすれば、収益はどんどん減り、損失状態になる場面すらあったかもしれません。

### 図表1-8　第一の勝因は「長く持ち続けた」ことではなく「安く買った」こと

(7261マツダ：月末終値2000年1月～21年12月)

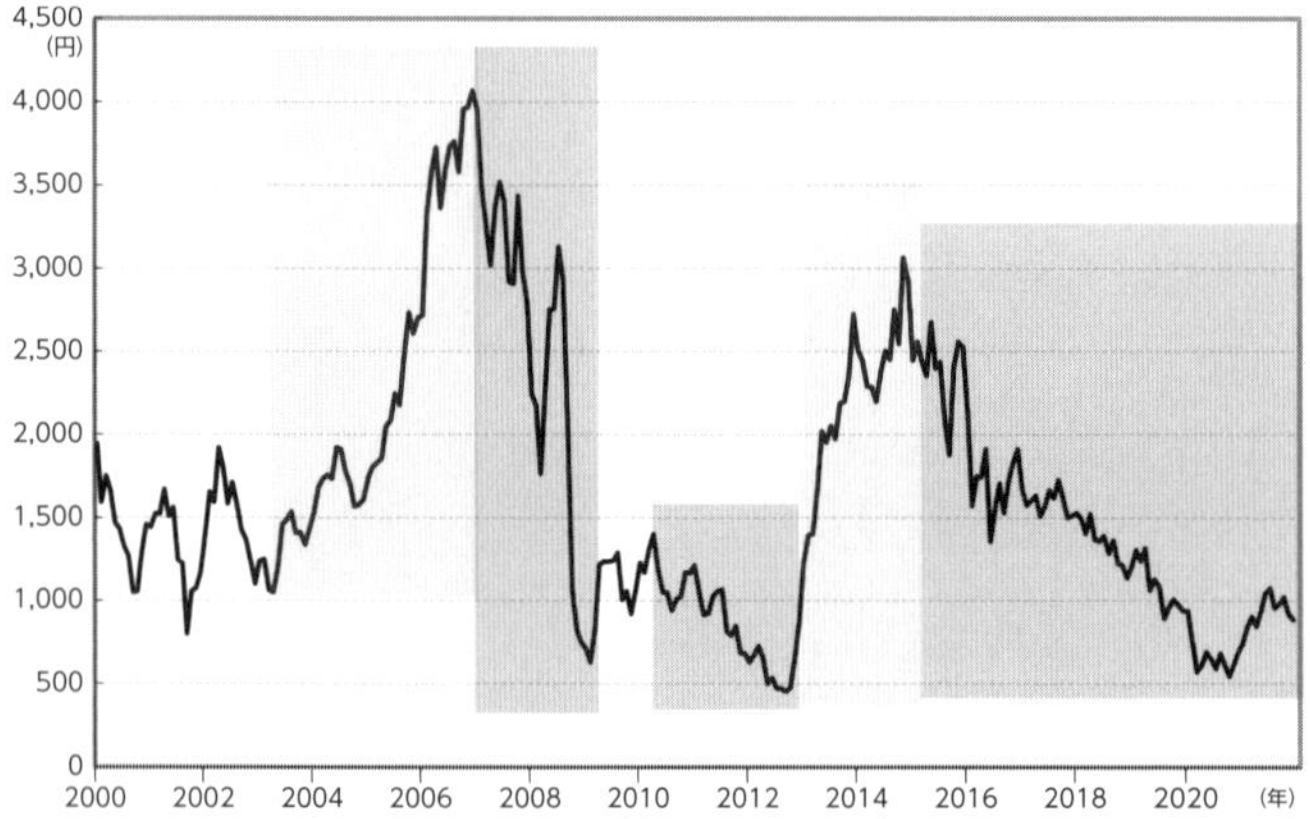

## ■長く持ち続けていると株のリスクは増大する

「長期投資はリスクを抑える」と言われることがあります。これは、「買った株を長く保有していれば損をする可能性は減って、利益が出やすくなる」というふうに聞こえますが、意味するところはそうではありません。数字の上での解釈です。

またボラティリティーの話になってしまいますが、たとえば年間のボラティリティー（年間騰落率の標準偏差（1σ））が±20%だとしましょう。買った1年後に株価が20%程度上昇していたり、下落していたりするのは想定の範囲内、という設定です。

これが5年後となると「想定の範囲」はどうなるでしょうか。こうした場合に用いられる簡単な近似方法として「期間（時間）の平方根を掛ける」というやり方があります。つまり、t年後に予想される状態はtの平方根に比例する、という考え方です。

これに基づくと、期間1年のボラティリティーが±20%であれば。期間5年のボラティリティーは±20×$\sqrt{5}$で±44・7%。これを1年当たりに換算すれば、年率±8・94%と、期間1年のボラティリティーの値よりも小さくなります。その結果、期間が長いほうがリスクは低くなると解釈されます。

しかし、これを見て「そうか。長く持っていればいるほど損しにくくなるんだな」と納得する人がいるでしょうか。期間1年ならば±20％の想定で済んだところが、期間5年となると投資額が45％近く増えていたり減っていたりすることが「想定の範囲内」なのです。

想定の範囲から外れる動きになろうものなら、投資額が何倍にも増えているかもしれないし、投資額が何分の1にも減っているかもしれない、となります。これが長く持ち続けて予想されることです。

買った株を長く保有していれば、その間に受け取る配当金でリスクが軽減されるように思えるかもしれませんが、値動きの大きさは配当利回りの比ではありません。また、配当金がどのくらい支払われるか、将来が約束されているわけでもありません。将来の配当金の支払いに対する信頼性の高い銘柄ならば、その部分はボラティリティーに織り込まれているでしょう。

繰り返しになりますが、買った株を長く持っていても損をする可能性は低くはなりません。期間全体で考えれば、抱えているリスクは増大します。よって、これは「損失の可能性を減らして、利益の可能性は本来通りに残す」という発想とは相反します。

## ■長期投資の要諦は「長く待っても安く買う」ことにある

期間が長くなると実際に抱えているリスクはより大きくなる、言うなれば、株の恐ろしさが増します。ただしそれは、株を持っている人にとっては、です。株を持っていない人にとっては痛くも痒くもない。いえ、それどころの話ではありません。

たとえば5年という期間を想定すると、1年という期間ではあり得ないような値動きが起きる可能性があります。それが下落であれば、株を持っている人には恐ろしくて仕方がない事態ですが、株を持っていない人からすれば、株を超格安で買えるバーゲンセールのようなものです。

株価が下に振れに振れまくっている局面であれば、それよりさらに下がったとしても予想される値幅はもはや大きくはないでしょう。少なくとも、その後、上に振れたときに予想される値幅よりも小さいと考えるのがごく自然だと思います。ということは、そうしたときに株を買えば、損をする可能性は低くなり、利益になる可能性は本来通りに確保できます。

株式投資をローリスク・ハイリターンにする方法はまさにこれです。市場全体が本来ではあり得ないような下げ方をしている局面、下に振れに振れている局面がくる機会を、時間をかけてでも待って買う。その株をある程度の期間持ち続けていれば、大きく上に振れる場面に遭遇できる可能性があります。

つまり、長期投資で重要なことは、長く持つことではなく、長く待ってでも安く買うことです。そのうえで長く持ち続ければ、期待できる収益を大きくすることができます。

ただ単に長く持ち続けていればいい、という〝長期投資〟は、ギャンブル色を強めます。「長期投資＝長期保有」ではありません。長期投資の要諦は、時間をかけても超格安で買える機会を待つ「長期待機」にあります。

## ■〝危機〟〝ショック〟〝崩壊〟の後に訪れる大相場

ここで問題は、「安く買う」とはいっても、そもそも「安い」ということがわかるのか、です。仮に、今日の株価が昨日よりも安いとしても、明日株価が下がれば「明日よりも高い」ことになります。安いかどうかを決めるのは過去の株価ではなく、未知の将来の株価です。となれば、「いまは安い」などという判断はできません。

しかし、将来よりも安いという絶対的な確証はないとしても、過去の長期的な推移から見て、これは安すぎるだろうと見込める局面はあります。暴落と称されるほどの世界同時株安局面がそれです。

そのときには、新聞・テレビをはじめメディアが一斉に「株安」を連日報じます。それがエスカレートしていけば、株式市場とはとんと縁のないワイドショー的な番組にも取り上げられたりします。報道では「株式市場暴落！」といった表現をしますが、それは「株価がどんどん安くなっていますよ」と言っているのと同じです。そんな状況になっていれば、株に全く関心がない人でも、ああ、いま株が安くなっているんだな、とわかるでしょう。

とりわけ強烈な世界同時株安は、〝××危機〟〝〇〇ショック〟〝△△バブル崩壊〟といった名称がつけられます。97年以降の過去25年を振り返ると、それに匹敵する世界同時株安は5回ありました。

見逃せないのは、その後には極めて強い上昇相場が訪れていることです。強烈な下落で下に振れまくった後、今度は強烈な上昇で上に振れるという動きによって、ボラティリティーの帳尻も合います。そして、それが相場サイクルを形成します。

ということは、下に振れまくっている局面、相場サイクルの下のほうで株を買えば、上に振れて得られる利益の値幅は本来的なボラティリティーより大きくなることも期待できます。そうした名称がつけられるような世界同時株安を待って買う。いわゆるバーゲンハンティングが株式投資をローリスク・ハイリターンにする具体的な方法です。そこから下げ

**図表1-9　爆落局面の後にいつも大相場がやってくる**

（日経平均株価：1997年1月～2022年10月31日）

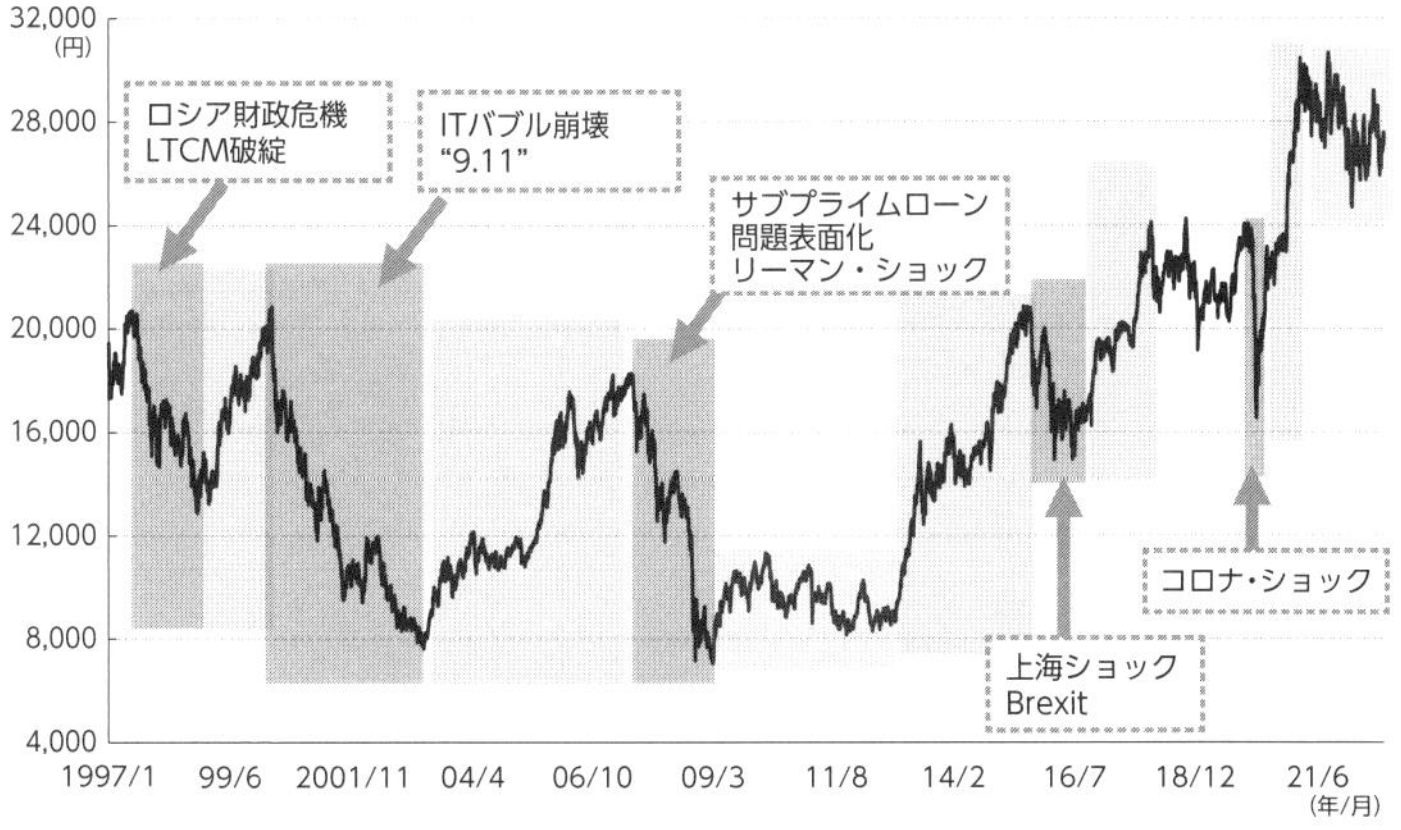

た場合に予想される値幅は、上げた場合に予想される値幅よりも小さいのですから、買った後にさらに株価が下がっても慌てて損切りする必要はありません。

バーゲンハンティングなどという表現は、一発大当て狙いの投機的な買い方のような印象を持つかもしれませんが、全く逆です。まず、長く機会を待つという地味な行動が必要になります。また、実践するときには資金が多いほうがより有利に行動できますから、待機している間に資金を蓄えておくという地道な努力の積み重ねも不可欠です。ちょっとやそっとの下落では買わない。準備をしながら石橋を叩いて叩いて叩いたうえで行動に移すバーゲンハンティングは、地味で地道で、極めて手堅い投資法といって間違いありません。

## ■人は何故、わかっていても〝超格安セール〟で買えないのか

中には、「そういう暴落局面で安く買えば儲かることなど誰でも知っている。しかし、それができれば誰でも巨万の富じゃないか」と考える人もいるでしょう。

確かに、現在進行形で株式の売買をしている人、株式が資産の多くを占めている人の多くは市場が暴落しているとき、とりわけその最終局面で買うことはまずできません。日ごとに激減していく資産額、みるみる膨らんでいく損失額を前に、恐怖のあまり身動きが取れなくなってしまうからです。その状態では、安いかどうかなど考えている余地はありません。そのとき頭

にあるのは、安かろうが何だろうが売れるものは売ってしまって、資産激減、損失激増の恐怖から解放されたいという思いだけです。

仮に、「いくら何でもこれは安すぎるだろう」「大底も近いのではないか」ということがわかったとしても、新規買いを実践する資金がありません。巨額の現預金を持っている人、いくらでも資金を貸してくれる親族がいる人であれば別ですが、そうでない人のほうがはるかに多いと思います。

また、投資信託やヘッジファンドのように人から預かった資金を株式で運用しているプロフェッショナルは、おそらくそのときには顧客からの相次ぐ解約要請を受けていることでしょう。となれば、それに対応する資金を確保するために「安い」とわかっていても保有している株式を売却せざるを得ません。この場合も、買う資金がありません。

その点、株と縁の切れている個人は余裕です。冷静に市場動向を見ていることができます。そして、「安い」と見込めるところで何に動じることもなく、平然と買えます。買ったところが〝ズバリ大底〟ということはまずないと思いますが、後々になってチャートを見れば大底圏といって差し支えない株価水準である公算大です。となれば、その後に待っているのは強い上昇相場。十分なリターンが期待できる、ということを過去の相場は物語っています。長期的な視点で資産を形成していくうえで、これほど強力な手段が他にあるでしょうか。

もしかすると、「株価が暴落して人が苦しんでいるときに自分だけ儲けようとは、不謹慎きわまりない」と考える人もいるかもしれません。しかし、世界中の投資家が「売れるものは売って、とにかく生き地獄の苦痛から解放されたい」と哀願する中、そのとき数少ない買い手になろうというのです。その買いによって苦痛から解放される投資家が必ずや存在します。しかも、それが世界同時株安を止める一助にもなっているのです。不謹慎どころか、「人類に優しい投資」と言うほうが相応しいのではないでしょうか。

# 第2章

# 「長期×積立×分散＝安定的な資産形成」という幻想

# 2-1 一見手堅そうな積立投資。実はそれほど手堅くない

## ■定期的に一定額ずつ継続して買う「ドルコスト平均法」は確かに効果がある

手堅い資産形成というと、胡散臭げなバーゲンハンティングなるものよりも、コツコツと一定額ずつ投資商品を買い貯めていく積立投資のほうがしっくりくるという人も多いのではないでしょうか。

かく言う私自身、長期スタンスで株式投資をするなら積み立てが最強だと、かつては雑誌や書籍などで積立投資を推奨していた経緯があります。自らも90年代後半から15年あまり株式累積投資（るいとう）で複数銘柄を買っていました。ですから、積立投資を長く続けるとどういうことが起きるのか、実体験としてよく知っています。

積立投資については今日まで折に触れて考察していますが、その結果たどり着いたのは、イメージほど手堅くはない。むしろ、普通に株式や投資信託を買うよりも辛い思いをしかねない、

という現実です。

国民の資産形成を支援するために導入された制度「つみたてＮＩＳＡ」（少額投資非課税制度）や「iDeCo」（個人型確定拠出年金）にしても、税制面でメリットはあるにせよ、積立投資という投資手法に関していえば、やはり同じです。

まず、積立投資の眼目は何かといえば、定期的に一定額ずつ投資商品を継続して買っていく、ドルコスト平均法と呼ばれる投資手法の効果です。その例から見ていきましょう。

実際にはあり得ませんが、図表２―１のように最初の価格１万円が１万５０００円まで上昇したところで下げ始め、５０００円まで下がって25ヶ月後に１万円に戻る、という投資対象、とりあえず株式を想定します。

この株を最初に25万円で25株〝一括買い〟した場合、１株当たりの単価は１万円。株価が買値よりも５０００円高くなれば、25株分で12万５０００円の利益。株価が買値よりも５０００円安ければ12万５０００円の損失。株価がもとの１万円に戻れば損益ゼロ。つまり、資産額や損益の増減は株価の動きと同じです。

これを毎月１万円ずつ25回に分けて買うと、投資額は同じ25万円でも違った結果になります。というのは、毎月１万円で買える株数がそのときの株価によって変わるため、１株当たりの単価（平均買付単価）がその都度動くからです。

## 図表2-1　定期的に一定額ずつ買い続ける「ドルコスト平均法」の効果

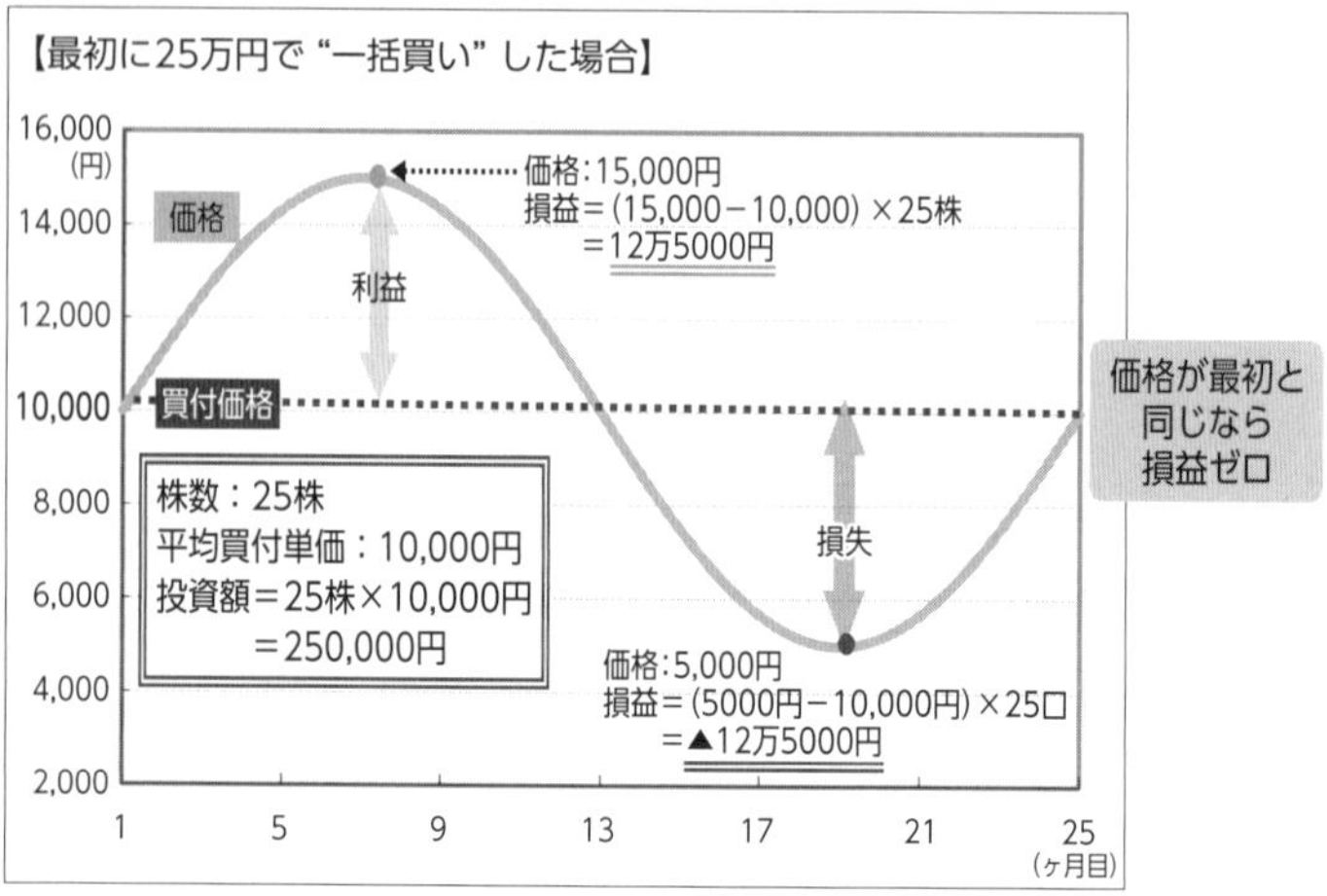

【最初に25万円で“一括買い”した場合】
16,000 (円)
14,000
12,000
10,000
8,000
6,000
4,000
2,000
1
5
9
13
17
21
25 (ヶ月目)
価格
利益
買付価格
損失
価格：15,000円
損益＝(15,000－10,000) ×25株
＝12万5000円
価格が最初と同じなら損益ゼロ
株数：25株
平均買付単価：10,000円
投資額＝25株×10,000円
＝250,000円
価格：5,000円
損益＝(5000円－10,000円) ×25口
＝▲12万5000円

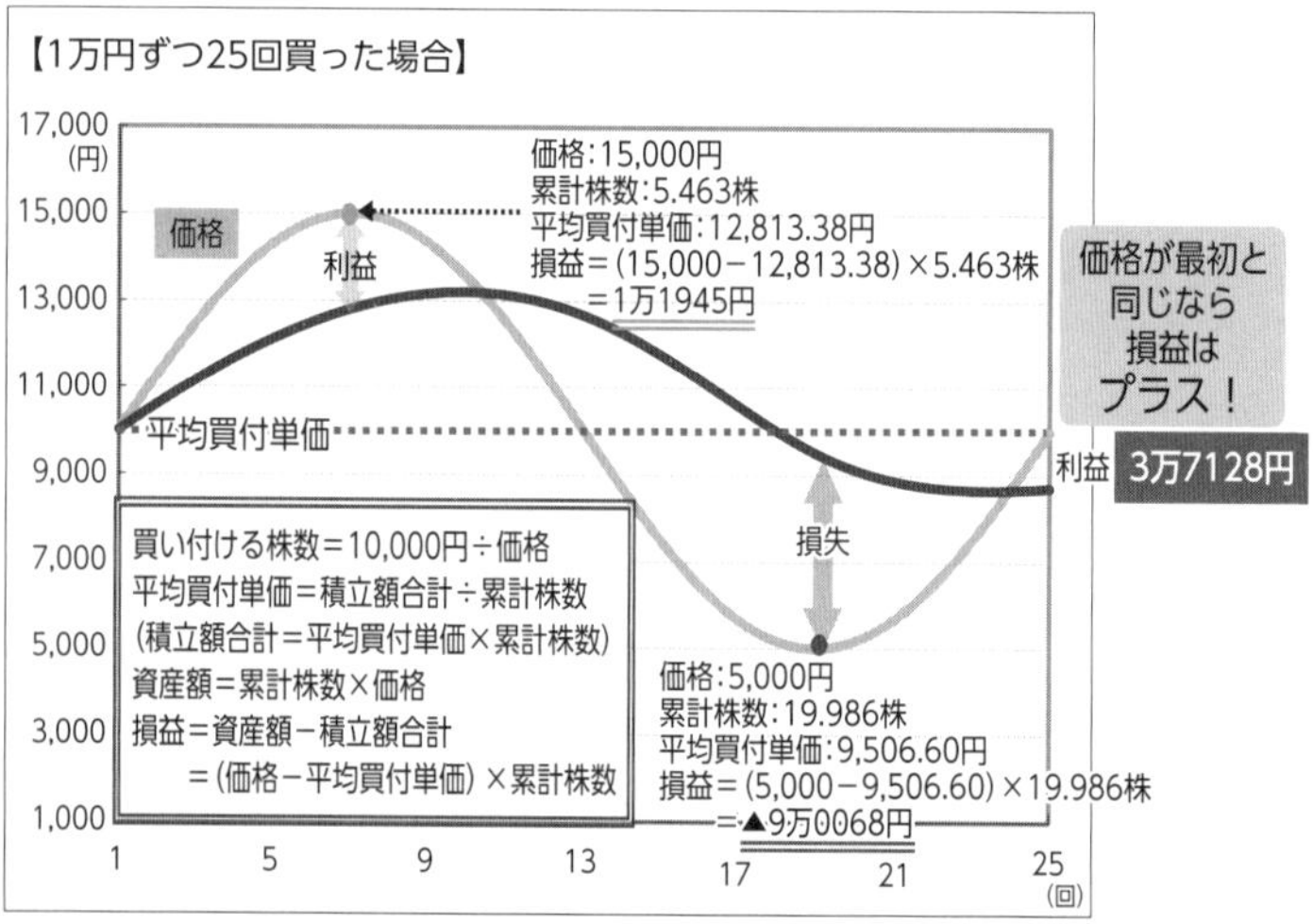

【1万円ずつ25回買った場合】
17,000 (円)
15,000
13,000
11,000
9,000
7,000
5,000
3,000
1,000
1
5
9
13
17
21
25 (回)
価格
利益
平均買付単価
損失
価格：15,000円
累計株数：5.463株
平均買付単価：12,813.38円
損益＝(15,000－12,813.38) ×5.463株
＝1万1945円
価格が最初と同じなら損益はプラス！
利益 3万7128円
買い付ける株数＝10,000円÷価格
平均買付単価＝積立額合計÷累計株数
(積立額合計＝平均買付単価×累計株数)
資産額＝累計株数×価格
損益＝資産額－積立額合計
＝(価格－平均買付単価) ×累計株数
価格：5,000円
累計株数：19.986株
平均買付単価：9,506.60円
損益＝(5,000－9,506.60) ×19.986株
＝▲9万0068円

株価が上がっていけば1万円で買える株数は少なくなり、株価が下がっていけば買う株数が増えます。その結果、平均買付単価の動き方は株価の動きより緩やかになります。そして、25ヶ月後に株価がもとの1万円に戻ったとき、25万円で買い貯めた累計株数は28・7128株、平均買付単価は8706・91円。25万円で一括買いした場合よりも株数は多く、平均買付単価は安くなります。

損益は、図表2―1に示してある通り、「(そのときの株価－平均買付単価)×累計株数」で算出されます。要するに、株価が平均買付単価より高ければ「利益」、株価が平均買付単価より安ければ「損失」です。

このケースでは、25ヶ月目時点での株価は平均買付単価を1293・09円上回っています。よって、これに買い貯めた累計株数を掛けた3万7128円の利益が出ています。株価は最初と同じなのに利益が出ているとは。これぞドルコスト平均法の効果です。

また、同じ25ヶ月で分散して買う場合でも、毎月同じ株数ずつ買う(定量買付)よりも、この積み立てのように毎月一定額ずつ買う(定額買付)ほうが平均買付単価は低く抑えられます。これも、株価が上がっていれば買う株数は少なくなり、株価が下がっているときには買う株数が増えるというドルコスト平均法の威力です。

## 図表2-2　定量買付よりも定額買付のほうが平均買付単価は有利になる

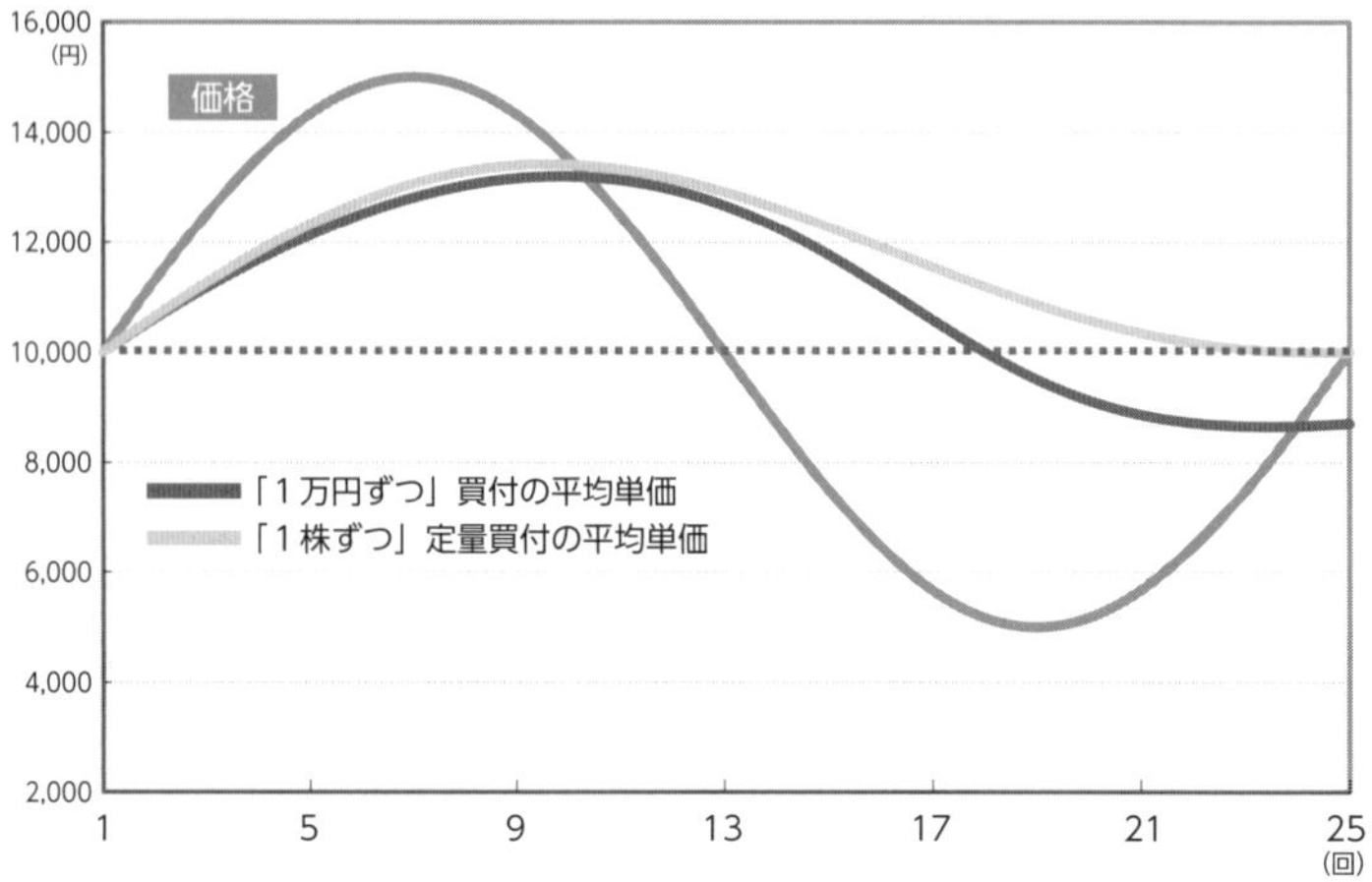


| 回 | 1 | 7 | 13 | 19 | 25 |
|---|---|---|---|---|---|
| 価格 | 10,000 | 15,000 | 10,000 | 5,000 | 10,000 |

| | | | | | | |
|---|---|---|---|---|---|---|
| 1万円ずつ定額買付 | 累計株数 | 1.000 | 5.463 | 10.259 | 19.986 | 28.713 |
| | 平均単価 | 10,000 | 12,813.38 | 12,671.30 | 9,506.60 | 8,706.91 |
| | 積立投資額 | 10,000 | 70,000 | 130,000 | 190,000 | 250,000 |
| | 資産額 | 10,000 | 81,946 | 102,594 | 99,931 | 287,128 |
| | 損益 | 0 | **11,946** | **▲27,406** | **▲90,069** | **37,128** |

| | | | | | | |
|---|---|---|---|---|---|---|
| 1株ずつ定量買付 | 累計株数 | 1 | 7 | 13 | 19 | 25 |
| | 平均単価 | 10,000 | 13,070 | 12,921 | 10,868 | 10,000 |
| | 積立投資額 | 10,000 | 91,489 | 167,979 | 206,489 | 250,000 |
| | 資産額 | 10,000 | 105,000 | 130,000 | 95,000 | 250,000 |
| | 損益 | 0 | **13,511** | **▲37,979** | **▲111,489** | 0 |

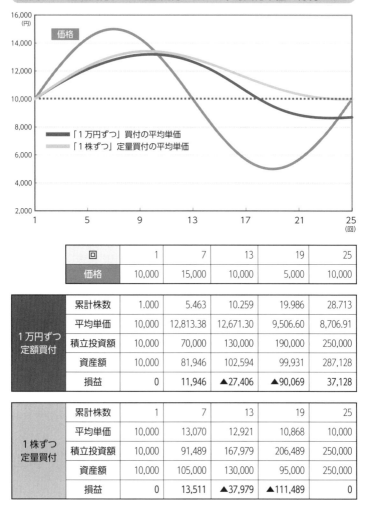

## ■積み立てを長く続けているとその効果は薄れ、一括買いに近くなる

積立投資で特筆すべきは、先の例で見た通り、株価の動きにあたかも身を委ねるようにして平均買付単価が動くことです。それによって、資産額や損益の増減は株価の変動ほど激しくはなくなります。株価の変動、すなわちボラティリティーが資産額や損益に与える影響が低減する、つまり、リスクが抑えられるということです。

この効果を活用すれば、前章でふれた「いまの株価が高いのか、安いのか」という問題にも対応できます。買った後に株価が下がれば次に買う株数が増える、株価が上がれば次に買う株数が減る、という形で平均買付単価のほうが調整されるからです。

何と優れていることか。これこそ長期的な資産形成の理想ではないか。と、かつてはそう信じて疑わなかったのですが、積み立てを長く続けていると、驚くべきこと

図表2-3　積立期間が長くなるほど平均買付単価は硬直化。"一括買い"に近くなる

6年1サイクルとして30年（5サイクル）1万円ずつ積み立てたケースを想定

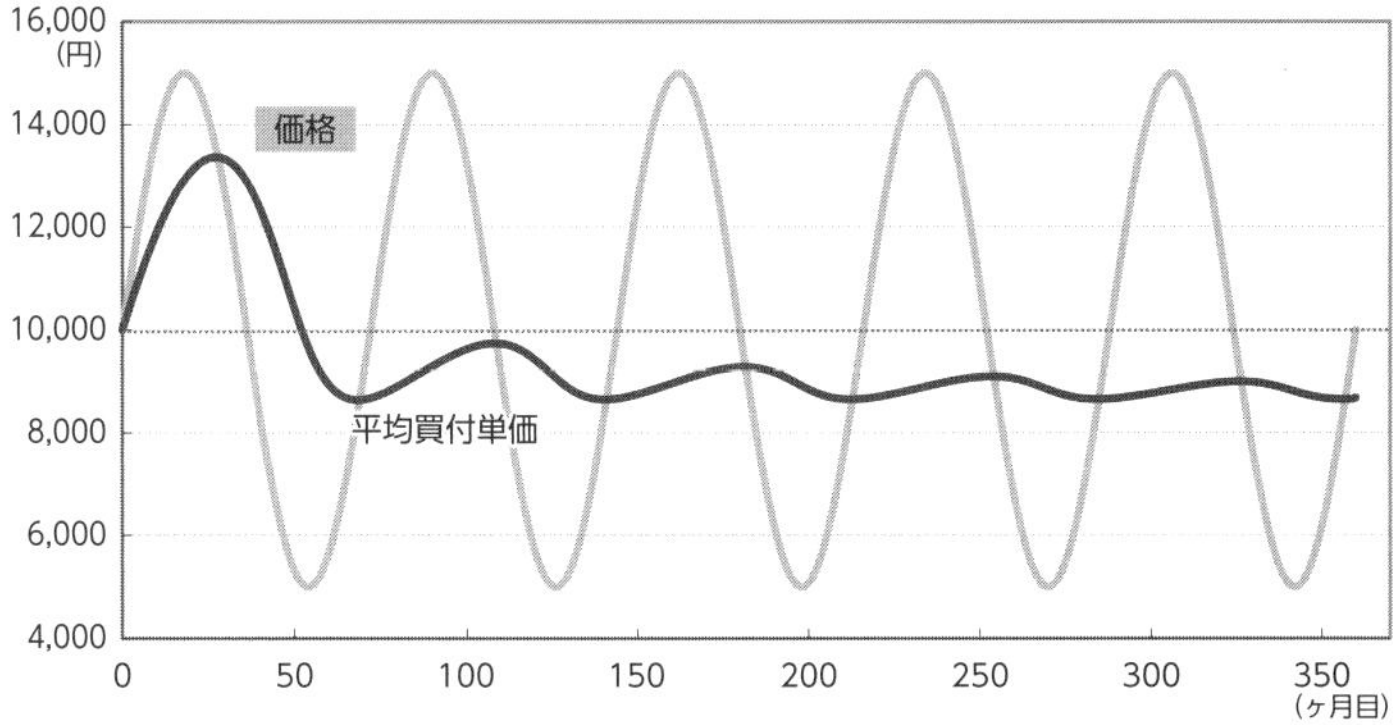

が起こります。

図表2―3は、先ほどの例の値動きを6年1サイクルとして、5サイクル30年にわたって積立投資を継続した場合のシミュレーションです。何と、積み立てを続ければ続けるほど、平均買付単価が株価の変動に身を委ねなくなっていくではありませんか。ちなみに、360ヶ月後の平均買付単価は8684・31円。先ほどの例の平均買付単価8706・91円とほとんど変わりません。

平均買付単価の変動がこのように硬直化する理由は簡単です。積み立てを開始してからまだ間もない頃であれば、買い貯めた株数は少なく、翌月1万円で買う株数は平均買付単価にそれなりの影響を与えます。しかし、積立期間が長くなるほど、すでに買い貯めた株数は多くなっています。となると、翌月1万円で買う株数の平均買付単価に与える影響はどんどん縮小していきます。

この例で言えば、たとえば積み立てを始めた1年後に買い貯めた株数はまだ10株台ですが、5年後には約70株、10年後は約130株、20年後になると約270株を買い貯めています。これに対して翌月1万円で買う株数は、株価が1万円ならば1株、株価が1万5000円なら0・67株、株価が5000円だとしても2株にすぎません。そうなると、1年後であれば翌月買った株数で動いていた平均買付単価も、10年後、20年後ともなればごくわずかしか動かなくなります。よって、積み立てを続けていくうちに、平均買付単価の変動は鈍くなっていきます。平均買付単価が変わっていくことで株価変動のリスクが抑えられるというドルコスト平均法の効果は、期間が長くなるにつれて薄れてしまうのです。

平均買付単価が動かなくなれば、もうその後の積み立てで買う株価が高かろうが安かろうが構わない。株価を気にすることなく買い貯め続けることができます。その平均買付単価も買い付けた株価の単純平均よりも安くはなります。この点は、ドルコスト平均法を長期継続するプラス面と言えます。しかし、それは同時に、硬直化した平均買付単価で一括買いしたのとほとんど変わらなくなることでもあります。図表2―1で見た通り、一括買いでは資産額や損益の増減は株価の動き次第。積立投資も期間が長くなるほど、資産額や損益の増減は〝相場次第〟色が強まります。

しかも、期間とともに買い貯めた株数が多くなっていきます。となると、資産額の増減の振れ幅は大きくなり、利益にしても

図表2-4　損益の増減は価格の動きに近くなる。買い貯めた株数が多いため損益額のブレは拡大

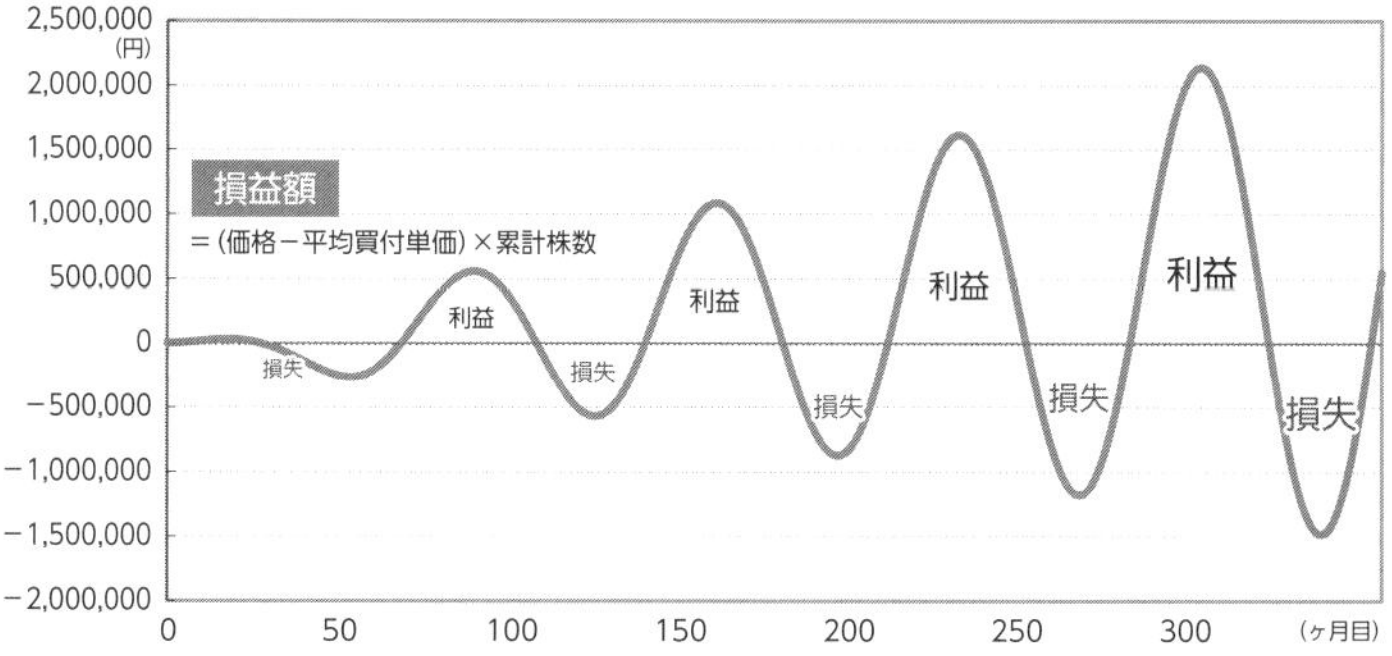

損失にしてもその金額はどんどん大きくなります。積み立てによって抱えるリスクの量が増えているのですから当然と言えば当然です。

その結果、長く積み立てを続けるほど資産額の変動は不安定になっていきます。資産額が将来いくらになっているかは、投資対象のボラティリティーに委ねられる、という結論に行き着きます。

## ■日経平均株価の積立シミュレーションに見るドルコスト平均法の表裏

「それは実際にあり得ない価格のシミュレーションだからだろう。本物の投資ならばそうはならないはずだ」と思った人もいるかもしれません。しかし、先の例のように滑らかで規則的な推移にはならないにせよ、結論として言えることはさほど変わりません。

図表2—5は99年4月から22年10月まで、毎月

図表2-5 「日経平均株価を毎月末に1万円ずつ買う」シミュレーション

(日経平均株価(月末終値)と平均買付単価の推移：1999年4月〜2022年10月)

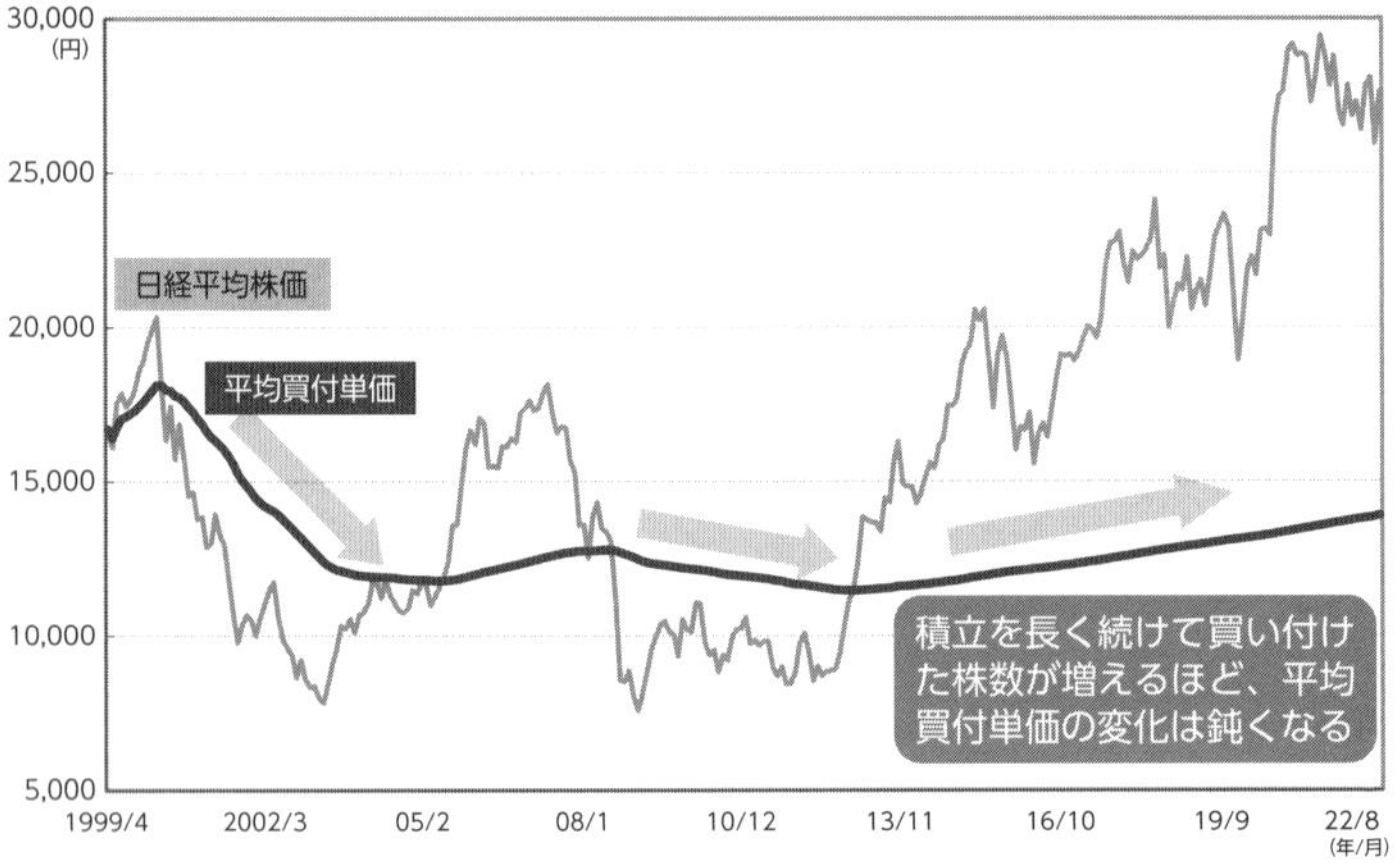

末の終値で日経平均株価を1万円ずつ積立投資したシミュレーションです。積み立てを開始して1年後に〝ＩＴバブル〟が崩壊。強い下げ相場となります。このとき平均買付単価もどんどん下がっています。

株式市場は03年4月から上向き、日経平均株価は平均買付単価を上回るところとなりますが、その上昇相場は07年7月で終了。下げ相場に転換し、それは〝リーマン・ショック〟へと発展していきます。この下げ相場の前半、株価が強烈に下がっているのに対して、平均買付単価はわずかずつながらも上昇しています。株価が下がれば買う株数は増えるには増えますが、株価よりも平均買付単価が低い（＝利益が出ている）状態にあるときには、株価がいくら下がっても平均買付単価は上がっていくのです。

平均買付単価は、日経平均株価が平均買付単価を下回った08年9月からようやく下がり始めます。以後、13年1月まで平均買付単価は下がってはいますが、その下がり方はＩＴバブル崩壊のときよりもだいぶ緩やかになっていることがわかります。この下がり方の差が、平均買付単価を調整するというドルコスト平均法の効果が薄れている様子を表しています。

そして、12年11月から強い上昇相場が始まりますが、株価水準が大幅に上昇しているのに比べると、平均買付単価の上がり方は何となだらかなことか。これは、12年11月時点ですでに140株以上を買い貯めている一方で、株価が上昇して新たに買う株数がどんどん少なくなっているからです。

　株価が上昇して買う株数が少なくなり、平均買付単価はわずかしか上がらなくなったことは、先述したドルコスト平均法のプラス面です。しかしその反面、資産額の増減は図表2―6①のように日経平均株価の動きに近くなります。14年あたりになると日経平均株価とほぼ同じです。18年2月以降のように市場が荒れる場面では、資産額も同じように激しく増減しています。前月に比べて40万円以上も資産額が変動している月もあるほどです。

　かくも資産額の増減は不安定さを増してしまいます。こうなると、将来の資産額がどうなるかは日経平均株価頼みです。

**図表2-6①　資産額の増減変動はどんどん日経平均株価の値動きに近くなる**

（日経平均株価（月末終値）と資産評価額の推移：1999年４月〜2022年10月）

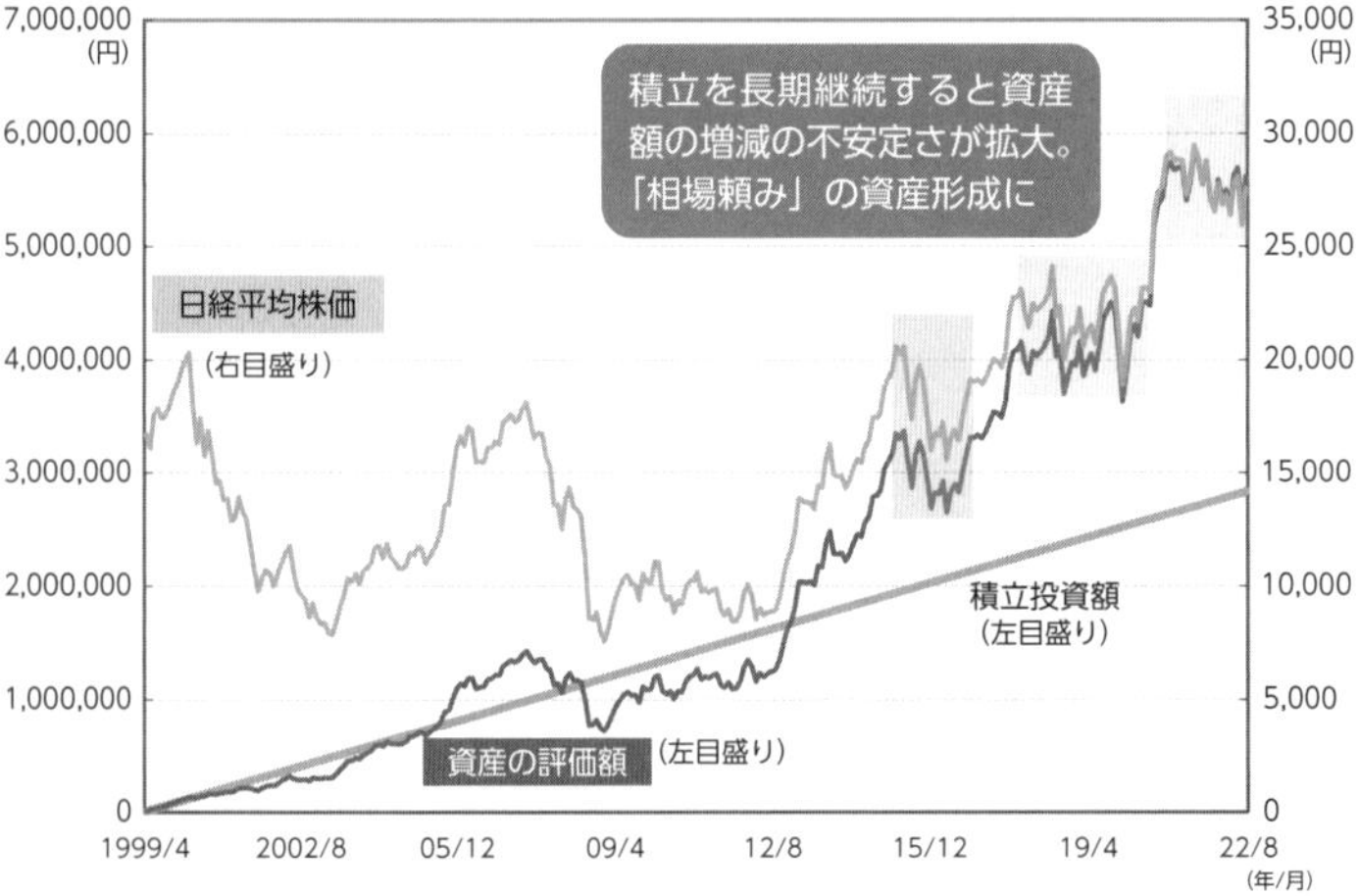

## ■10年以上積み立て続けた挙句に損失状態。それでも続けられますか

もっとも、そうした状況になっても、株価が平均買付単価を上回り、利益の出ている状態ならば気にしないでいられるでしょう。しかし、含み損状態だとしたらどうでしょうか。それでも気にしないでいられるでしょうか。

図表2―6②はこの積立投資の損益（資産額－積立額合計）の推移です。00年4月から05年5月まで含み損状態。それが05年6月から含み益状態となりましたが、08年9月から再び含み損状態。それが13年1月まで、実に4年以上も続いています。

先述したように、この時期私自身も複数の個別銘柄を一定額ずつ積み立てで買っていました。そのときの損益動向はほとんどこの日経平均株価の

図表2-6②　市場暴落が起きれば長年の積み立てが損失状態になることも

（日経平均株価（月末終値）と損益状況：1999年4月～2022年10月）

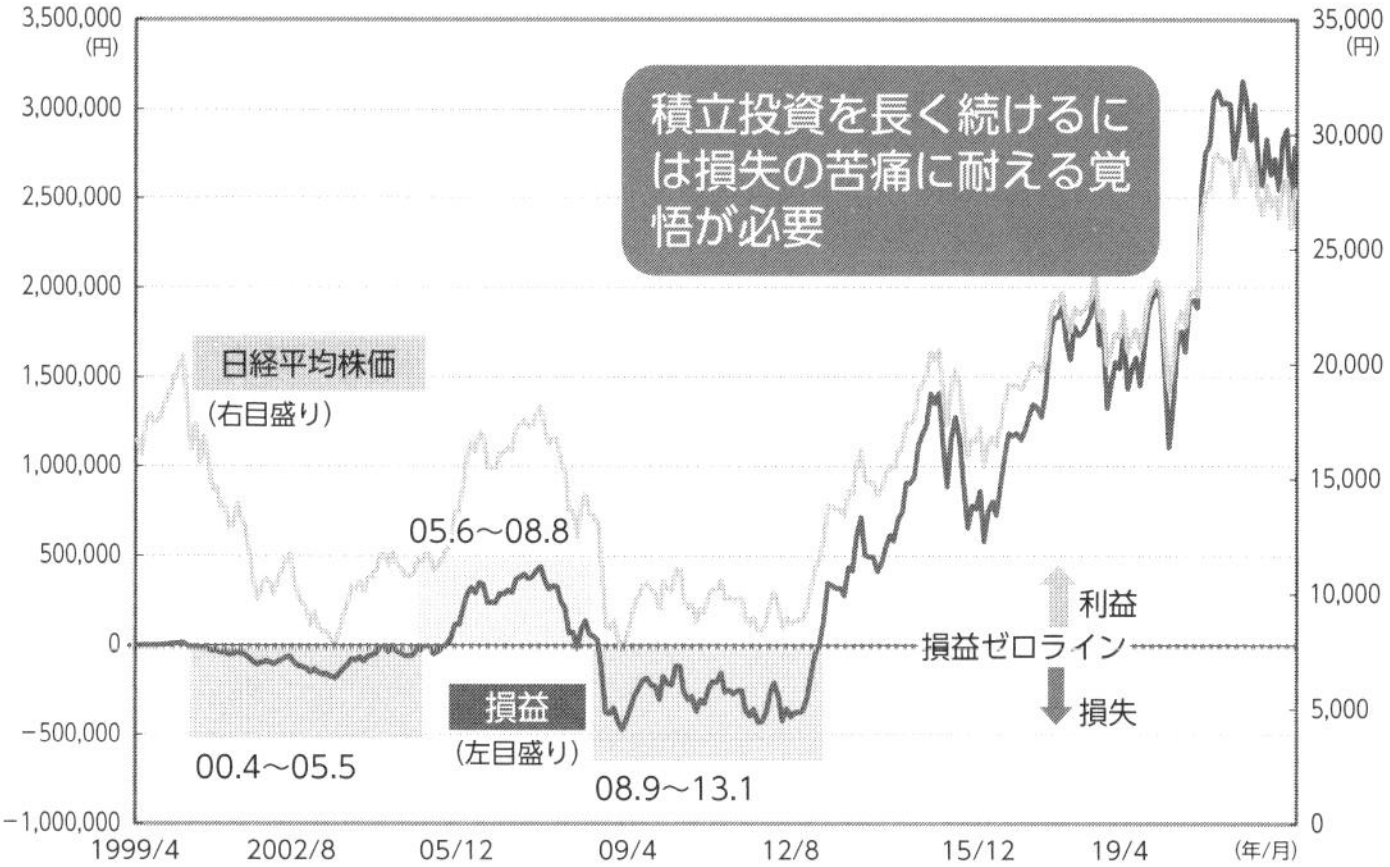

シミュレーションと変わりません。ＩＴバブル崩壊で下げ相場となったときは、まだ積み立てを始めてそう長くはなかったため、平均買付単価はどんどん下がっていきました。ですから、「ここは安く多くの株数を買い貯めておくチャンスだ。これがそのうち大輪の花を咲かせるはずだ」と、株価の下落も含み損状態も前向きに捉えることができました。

そして、03年から市場全体が上向き、どの銘柄も利益が増えていく状態になったときには、それこそ鬼の首を取ったがごとく「どうよ」です。しかし、それが再び含み損状態となります。しかも、株価が下がるほど買い付ける株数が増え、それとともに損失額は拡大していきます。それが2年経っても、3年経っても改善しないというのは、それこそ苦艱の日々です。明けない夜があるのではないか、と本気で考えたこともありました。

幸いにして夜は明け、強い上昇相場となったお陰で、結果的には悪いことにはならずに済んでいます。しかし、そこに至るまでの経緯が長かったからでしょう。損失が利益に転換しても、「どうよ」などという傲慢な気持ちは微塵も湧きませんでした。

おそらく、ドルコスト平均法の効果を理解して積立投資を始めた人は、まだ間もない頃ならば含み損状態になっても前向きに積み立てを続けられると思います。しかし、10年、あるいはそれ以上経ってから含み損状態になっても、そして、その状態が何年か続いたとしても、前向きでいられるでしょうか。

「それは日経平均株価の話であって、成長力のある海外の株式市場ならそうはならないはずだ」と考える人もいるかもしれません。グローバルな投資についてはこのあと取り上げますが、今日、世界のどこかで何らかの〝ショック〟が起きれば、それは瞬く間に世界中の市場に波及し、世界同時株安という事態にも発展します。国内外どこの株式市場も、その事態に陥る可能性は同じようにあります。

そのとき年齢が50歳を超えているかもしれません。将来の資産形成のために始めたつもりが、10年も積み立てた挙句に全く資産が増えていないどころか、減っている。すでに積み立てに投じた額によっては、月収の何倍という損失額になっていたりします。

おそらく、その損失が利益に変わる日はいずれ来ます。しかし、その日はいつなのか、誰にもわかりません。それでも明日を信じて積み立てを続けていけるでしょうか。続けたい気持ちはあっても、積み立てに回す資金的な余裕がなければ止めるしかありません。

何のための積立投資だったのか。こんなことなら利息がつかなくとも元本保証の預貯金に積み立てておけばよかった。そのお金でこういう安いときに投資すればよかった。そう思うのではないでしょうか。

まさにそれです。それこそ本書が提案したいバーゲンハンティングです。

## ■「長期にわたる地道な積み重ねが報われるかどうか」という視点

積立投資はコツコツと地道に長く続けていくものだけに、それが裏目に出た場合には普通の投資に増して痛ましくも感じます。

たとえば、積立額が月1万円の人と、毎月頑張って節約して積立額を月3万円にした人とで、後者のほうが有利だとは限りません。相場がよければ当然ながら月3万円の人は月1万円の人の3倍の利益になりますが、市場が悪ければ月3万円の人は3倍の損失額になってしまいます。先ほどの日経平均株価の積立シミュレーションの例でいうと、損失額が最大だったのは09年2月（積立開始から119ヶ月目）で、積立額が月1万円の場合は46万9000円の損失。積立額が月3万円ならば、損失額は140万円を超えます。

図表2-7 「早く積み立てを始めたほうが有利」になるとは限らない

（日経平均株価と平均買付単価：1999年４月〜2022年10月）

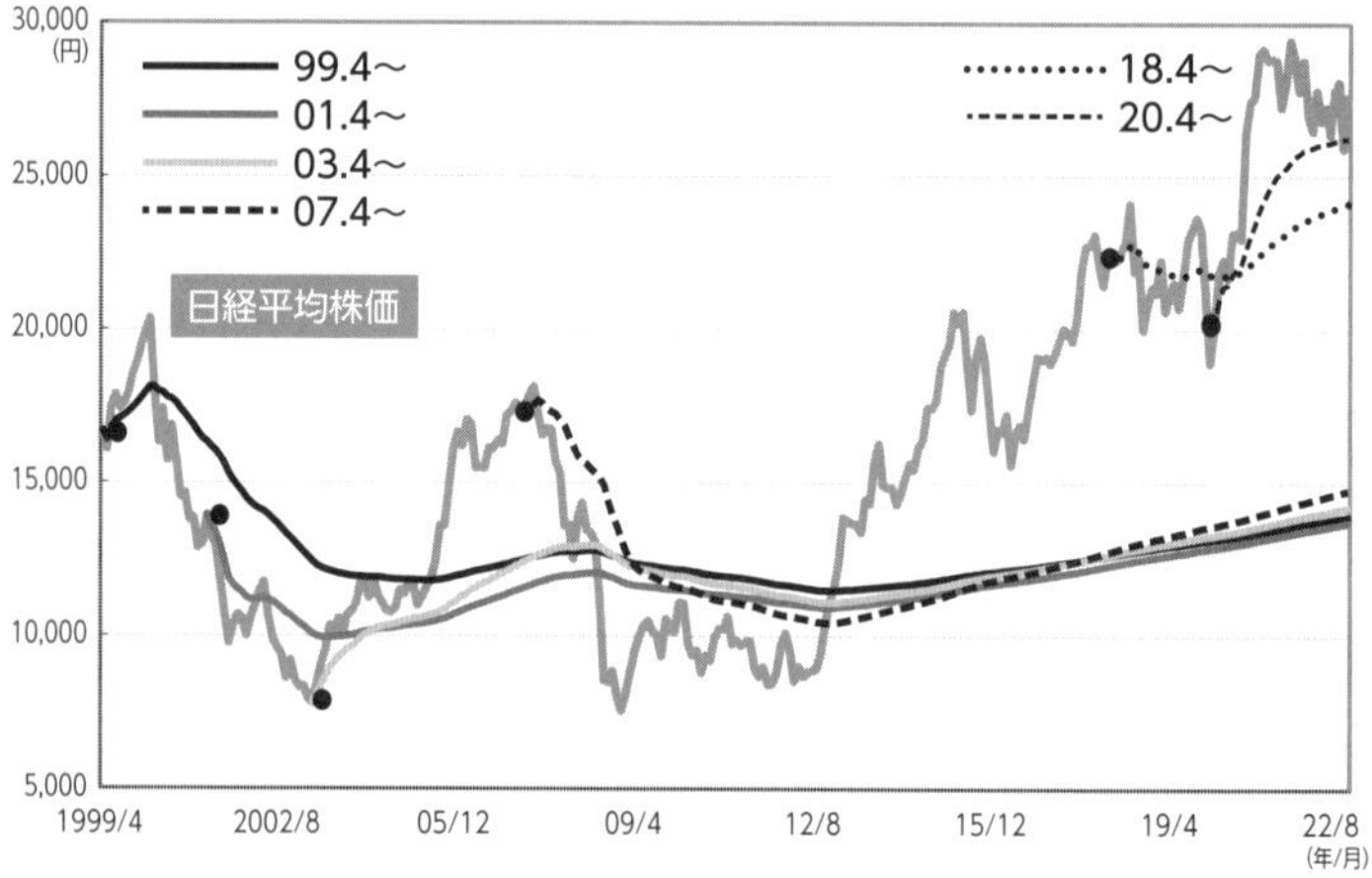

また、将来の資産形成を真面目に考えて早く始めれば有利になるのか、と言えば、これもそうとは限りません。

この場合の「有利」とは、平均買付単価がより安い、すなわち、より利益が出やすい状態を指します。そこで、日経平均株価のシミュレーションで積立開始時期が99年4月、01年4月、03年4月、07年4月のケースについて、それぞれの平均買付単価の推移を調べてみたところ、平均買付単価の差は時間とともに縮小し、17年あたりからはどれも大差はなくなっています。結局、早く積み立てを始めた人は、投資額も買い貯めた株数も多くなっていますから、相場がよければ利益も多くなり、相場が悪ければ損失額もまた大きくなります。

ちなみに、積立開始時期が18年4月と20年4月のケースも調べてみたのですが、平均買付単価は先ほどの4つのケースよりもだいぶ高くなります。これは、12年11月からの強い上昇相場で株価水準が大きく切り上がったからにほかなりません。この先、これに匹敵する強い上昇相場があるのかわからないからには、この結果をもって「早く始めたほうが有利」とは言えません。

また、この2つのケースを比較すると、20年4月スタートよりも18年4月スタートのほうが平均買付単価は有利ですが、先ほどの4つのケースと同様、積立期間が長くなれば、両者の平均買付単価も大差はなくなることが予想されます。

では、積み立ての成果を有利にする、すなわち平均買付単価をより安くするにはいつ積み立てを始めればいいのか。どういう工夫をしたらよいのか、というと、その手立てはありません。というのは、平均買付単価の形成に自分の意思が入る余地はないからです。

平均買付単価は、積み立てを始めてからの値動きによって形成されていきます。要は、相場次第で決まるということです。平均買付単価は通常の株式投資の買値に相当しますが、通常の株式投資ならば「いくらで買う」と買値を自分で決めることができ、買った時点で買値は確定します。積立投資ではそれがいくらなのかわからない。わからないままに買い続けていくことになります。これは、先にふれた「積立投資であれば『いまの株価が安いのか、高いのか』の問題にも対応できる」ということと表裏一体です。

先述した通り、積み立てを続けていけば平均買付単価の動きは鈍くなります。その時点でおよその買値が固まると言ってもいいでしょう。しかし、その状態になると、今度は一括買いと同じように、資産額や損益の増減は株価変動の影響をもろに受けます。ということは、積み立てスタート地点から積み立てを続けている間の全てが相場次第。すべてを相場という不確実性に委ね、その結果、資産額の増減は不安定さを増していきます。これが積立投資の実像です。相場のことは相場にしかわからない、だからすべて相場に任せる、というのもひとつの考え方ですが、果たしてそれが「手堅い」でしょうか。

通常の株式投資、一括買いの場合、買値に関しては確定していて不確実性はありません。ただし、買った後の資産額や損益の増減は不確実性を免れることはできません。バーゲンハンティングは、不確実性から免れ得ないことを前提に、ならば買値をできるだけ安くして、損失の可能性は減らし、利益の可能性を増やそうという考え方です。

しかも、長い時間をかけても買値を安くする機会を待つというスタンスですから、その待機期間中に軍資金を蓄積しておくことができます。より早くから地道に準備していた人、より多く資金を増やす努力をしていた人ほど、有利な投資行動がとれます。長期にわたる積み重ねが確実に報われるという点を考えると、積立投資よりも「手堅い」のではないでしょうか。

# 2-2 「国内外に分散投資」に関する素朴な疑問

## ■いくら投資する銘柄を分散しても「株式市場のリスク」は消せない

投資のリスクを抑える方法として最もよく耳にするのは「分散」という言葉ではないかと思います。前節の積立投資も、買うタイミングを分散する方法（時間分散）です。

ここでは投資対象の分散を考えてみます。たとえば、1つの個別銘柄に全力で投資した場合、その銘柄独自の悪材料で株価が下落すれば投資額全体が傷んでしまいます。その点、複数の銘柄に投資しておけば、ある銘柄に悪材料が出て株価が下がっても、損失は投資額の一部分に限定されます。他の銘柄の株価が上がっていれば、その損失をカバーしてトータルでは利益が出ていることも期待できます。

株式のリスクとしては、その銘柄独自の事情によるものの他に、業種によるものもあります。円安が業績のプラス要因になる業種もあれば、逆に、円高がメリットになる業種もある。資源価格の上昇がプラスになる業種もあれば、マイナスになる業種もある、といった具合です。この業種によるリスクも、投資する銘柄の業種を分散することでカバーできます。

よほど偏った銘柄を選んでいない限り、30銘柄に分散投資していれば、銘柄独自の事情によるリスクと業種によるリスクは概ねカバーできると思います。投資する銘柄が60銘柄にもなれば、ほぼ完璧にこれらのリスクはカバーできるでしょう。

しかし、それで完全にノーリスクか、というとそうはいきません。銘柄独自の事情がどうであれ、業種が何であれ、市場で取引されている「株」であること自体が持つリスクがあるからです。マーケットリスクと呼ばれるものですが、このリスクは銘柄や業種のリスクより大きいのが現実です。しかも、いかに多くの銘柄に分散投資しても、このリスクは消し去ることができません。

「株」を持っていることがリスクだということが市場参加者のコンセンサスとなれば、業績良好の銘柄でも、割安な銘柄でも、そんなことはお構いなしにのべつ売られて株価は下落します。要するに、複数銘柄に分散投資する効果は、どの銘柄・業種が上がるか、下がるか、言うなれば〝当たりハズレ〟のリスクをカバーすることに限定されます。

投資する地域を国内外に分散しても同様です。世界各国を見渡せば、工業が主体の国もあれば、農産物の輸出で稼いでいる国、観光収入が大きい国、資源が豊富な国など、各国各様の経済構造や政治体制があります。そのリスク要因はそれぞれ異なりますが、国・地域を分散して投資すればこれはカバー可能です。国内外の株式市場で運用している投資信託を買えば、そうしたグローバルな分散投資も手軽に実践できます。

しかし、どこの国であれ「株」は「株」。何らかのショックが起きて、世界中の市場参加者が〝リスクオフ〟だとなれば、グローバルな分散投資ももはや無力です。

さらに、その「株」なるが故のマーケットリスクのみならず、海外の市場に投資していれば為替によるリスクも加わります。為替ヘッジがついていれば別ですが、そのとき円に対して海外通貨のレートが下落する、すなわち円高になっていれば、株と為替でダブルパンチです。

幸いに、と言っていいのかわかりませんが、22

**図表2-8　90年代後半から「世界同時株安が起きると円高が急進」が繰り返されている**

（日経平均株価・ドル円レート：1996年１月〜2022年10月末）

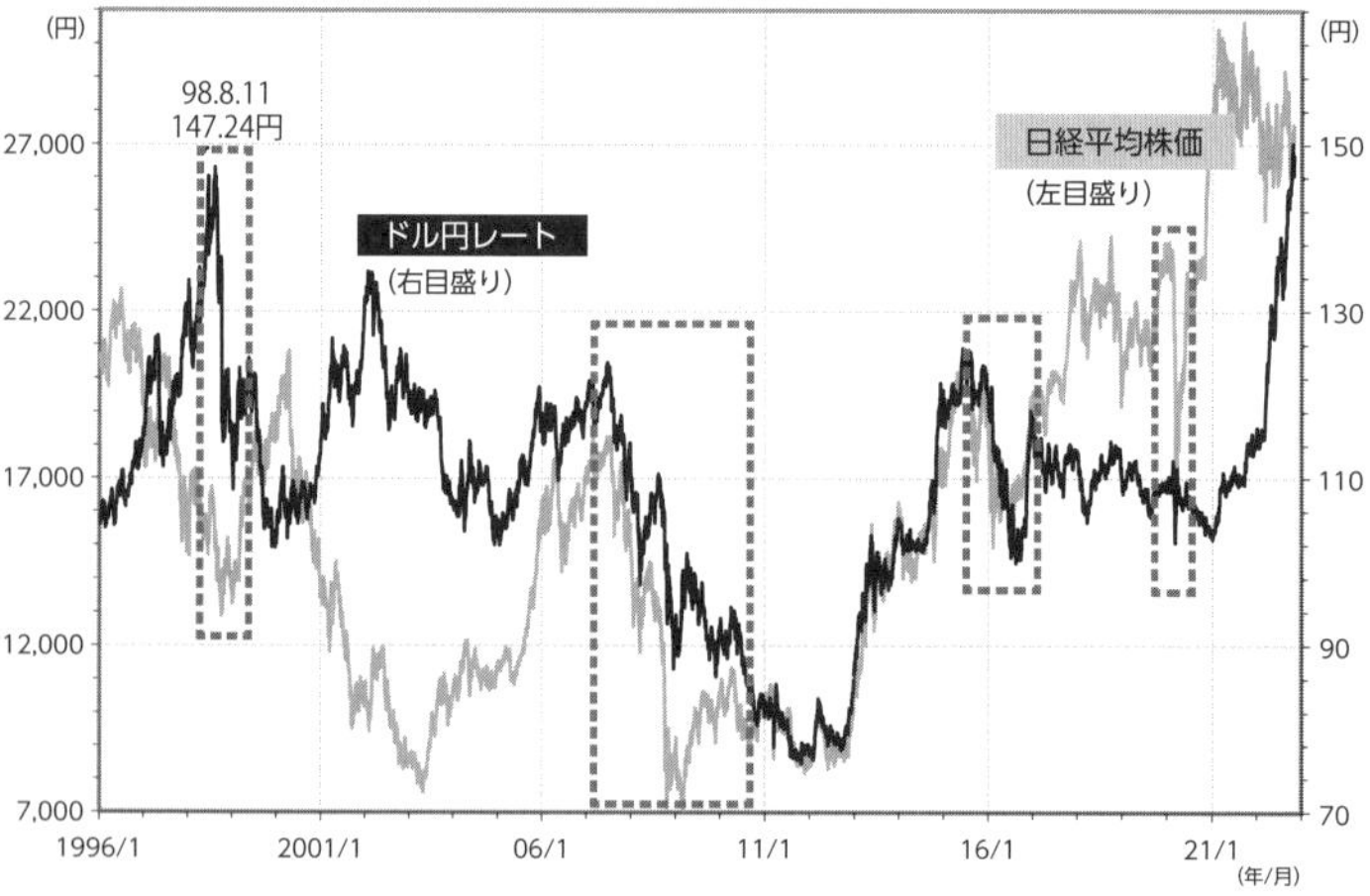

年は米国の金利引き上げの影響で、円安ドル高が進展しました。しかし、過去を振り返れば、90年代後半以降、世界同時株安のような事態が起きたときには、01年から02年にかけての時期以外は急激な円高になっています。たとえば、1ドル＝140円を超えて円安が進んだのは98年以来24年ぶりで、98年8月には1ドル＝147円を超えていました。その直後、ロシア危機が起こり、ロシア国債のデフォルトで米国のヘッジファンド大手ロング・ターム・キャピタル・マネジメントが破綻したとき、わずか2ヶ月で1ドル＝115円前後まで円高が進んでいます。

この先の為替相場がどうなるのかはもちろんわかりませんが、海外の株式を投資対象に組み込むことは抱えるリスクを拡大させる要因になることは間違いありません。株価も為替も変動が大きい新興国の市場が組み込まれていれば、より一層リスクは増大します。

## ■国内外に分散投資する効果は国による〝当たりハズレ〟リスクのカバー

そうすると、株価変動のリスクはあっても為替リスクのない日経平均株価よりも、新興国の株式が組み入れられている投資信託のほうがリスクは大きいと考えられます。ですから、それを「十分に幅広い分散投資をしていれば安定的な収益が得られる結果となる傾向がある」と解説している政府広報オンラインというウェブサイトを見たときには、仰天しました。NISA（現在の一般NISA）がスタートした14年のことです。投資に対する理解促進のためのページだったと思いますが、そこには図表2―9の上のグラフが出ていました。

　このグラフの中では激しく上げ下げしている「日本・先進国・新興国の株式と債券に6分の1ずつ分散投資」が安定的な収益だというのです。結果的には大きな利益が出ていますが、その途中で派手に増えたり減ったり、「安定的な収益」というより、むしろ不安定というほうが当たっているように思えます。資産額の変動の度合いでいえば、利益はあがっていないとしても「日本株・日本国債への分散投資」のほうがまだ安定的ではないでしょうか。

### 図表2-9　国内外の株式と債券に分散投資。「安定的な収益が得られる」のか

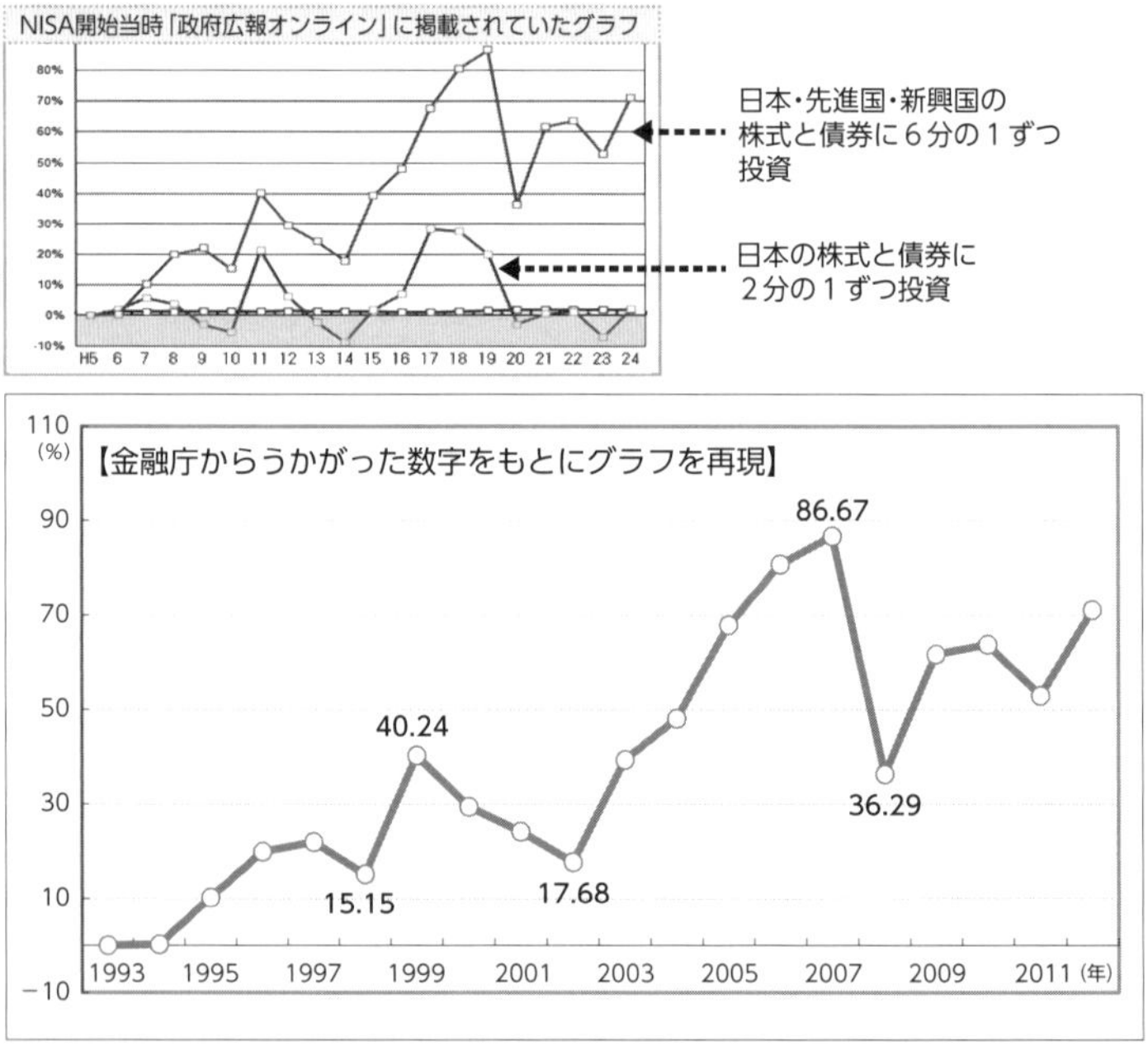

そこで、このグラフを作成したのは金融庁だというクレジットがついていたので、金融庁に直接問い合わせてみました。

『「6分の1ずつ分散投資』は日本株と日本債券の分散投資よりも値動きが不安定に見えるのですが」と率直に尋ねたところ、対応してくださった職員の方が「そうですよねぇ。為替ヘッジをつければまた違うんですけどね」と間髪入れずに答えてくれるではありませんか。為替がこの分散投資のボラティリティーを高めていることは、私ごときが質問するまでもなく当然ご承知なのです。

図表2―9の下に示している大きいグラフは、このときうかがった数字をもとに「日本・先進国・新興国の株式と債券に分散投資」を再現したものです。各数字は93年の価格を100として各年末時点での上昇下落率を累積しています。98年末には15％の上昇率だったものが翌年には40％台に跳ね上がり、それが4年で半分以下。そこから大反発して07年に5倍近くなったところが、翌年はまた半分以下。安定的どころか、不安定きわまりないではありませんか。

こんなリスクを負ってまで国内外に分散投資する意義はどこにあるのでしょうか。結局は、個別銘柄の場合と同じ、国・地域による〝当たりハズレ〟のリスクをカバーすることに尽きます。

その例としてよく取り上げられるのがリーマン・ショック後のリバウンド局面です。このとき日本市場のリバウンドは他国に比べると見劣りするレベル。米国市場は上昇トレンドになっていましたが、円高だったことから円換算するといまひとつ。しかし、新興国、とりわけBRIC's（ブラジル・ロシア・インド・中国）の株式市場は非常に勢いがありました。それによって、"十分に幅広い分散投資"は収益が大きくあがったようです。

しかし、繰り返しになりますが、国・地域が違っても「株」は「株」。値動きの方向性は同じ。少なくとも、90年代後半以降、長期的な相場の天井・大底が正反対になっている例は見たことがありません。

図表2―10は日経平均株価、米国のS&P500、新興国の株式市場の値動きを指数化したMSCIエマージング・マーケット・インデックス、それぞれに連動するよう組成されたETF（上場投資信託）の例です。15年から22年10月末までの推移を見ると、その時々で「どこの市場がとくに良い」といった強弱は確かにあります。が、15年から16年にかけて、18年から20年のコロナ・ショックにかけての世界同時株安局面では、多少の強弱はあるとしてもどれも悲惨な下落です。

それならば、国内外に分散投資するにしても、そうした世界同時株安を待てばいいのではないでしょうか。第1章で述べたのと同様、そのときは国内外どこの市場も超格安のバーゲンセール。どれもこれも投げ売り価格で買えるのです。株式と為替というダブルのリスクを覚悟し

## 図表2-10　グローバル分散投資も世界同時株安局面では無力

（2015年１月～ 2022年10月）

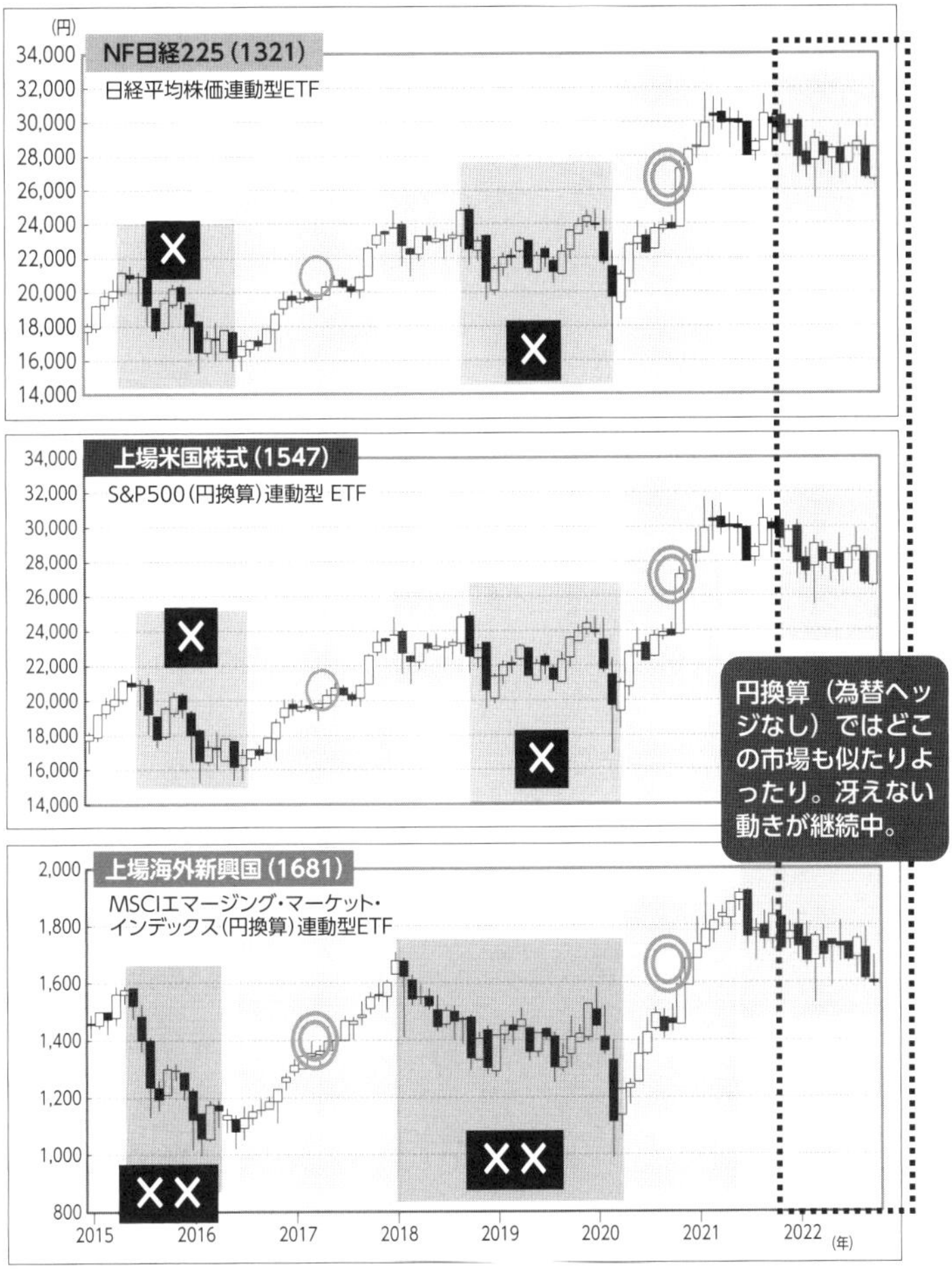

なければならない分散投資にとっては、バーゲンハンティングは文字通りうってつけではないでしょうか。

## ■投資対象を株式と債券に分散するのはどうなのか

銘柄を分散しても、国・地域を分散しても「株」のマーケットリスクは消えないことに対応する策として、株とは資産クラスの異なる市場に分散する方法があります。株式と債券の分散投資が最もわかりやすい例です。

株式と債券は、価格の方向性が逆になる傾向があります。「株価は上昇・債券価格は下落（＝金利上昇）」「株価は下落・債券価格は上昇（＝金利低下）」という傾向ですから、株式と債券に分散投資すれば、株価が上昇している局面では債券価格の下落によって収益が抑えられる反面、株価が下落している局面では債券価格の上昇で株の損失分が緩和される効果が期待できます。また、債券の利回りは全体の収益のプラスになります。これならば、「株」のマーケットリスクをカバーすることができそうです。

ただし、これは、格付けの高い債券に期待できる効果です。格付けの低い債券は、世界同時株安のような事態が起きるとデフォルト懸念が高まり、むしろ売られやすくなります。

となると、たとえば格付けの低い新興国債券が組み込まれている場合には、分散投資全体の

## 図表2-11　日米の株式と国債。値動きの方向性が逆行する傾向はある

（日経平均株価・日本国債、S&P500・米国債：2000年１月～22年10月末）

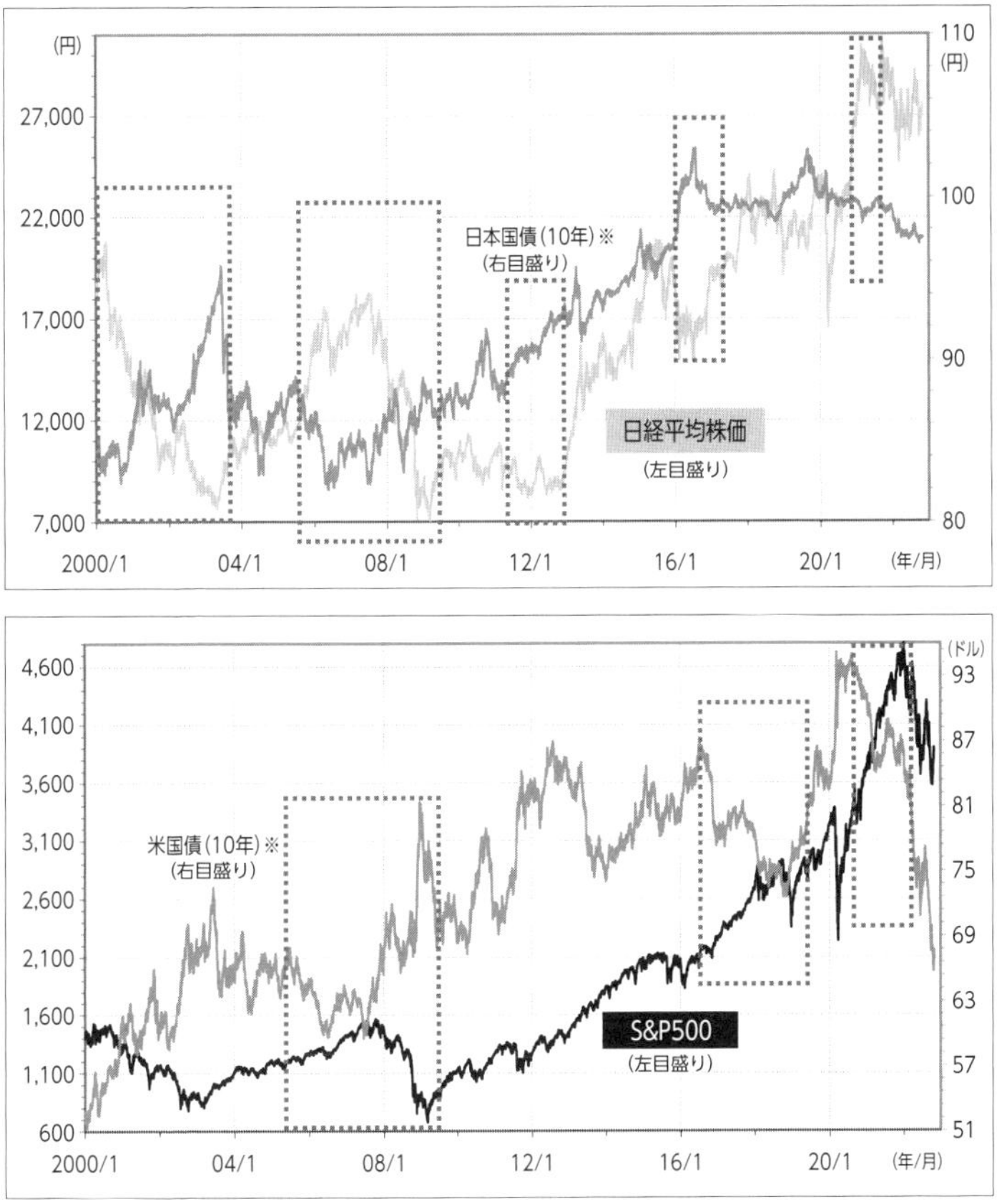


※日本国債・米国債ともに10年債利回りから債券価格を逆算。計算簡略化のためゼロクーポン債として算出しているため、実際の債券価格とは異なります。

リスクはより高まります。新興国の株式が入っているのであれば、もうすでに決して小さくはない為替のリスクが組み込まれています。それでもう十分ではないでしょうか。

先ほど見た「日本・先進国・新興国の株式と債券に6分の1ずつ投資」のグラフの激しい上げ下げも、新興国の株式と債券が一因と見られます。新興国を含めたグローバルな分散投資に関しては、たとえば金融庁のNISA特設ウェブサイトに掲載されている「つみたてNISA早わかりガイドブック」の中にも、「投資先の地域を分散することにより、より安定的に世界経済成長の果実（利益）を得ることが期待できます」と、似たような記述があります。〝当たりハズレ〟をカバーするために、そこまで大きなリスクを抱える必要があるのかな、というのが、国・地域の分散投資について感じる素朴な疑問です。

# 2-3 投資デビューも、投資再開も、超格安セールは絶好の場になる

## ■投資信託の分配金再投資は「無分配ファンドの持ちっぱなし」と同じ

ここ数年、資産形成の考え方について「長期」「積立」「分散」という言葉が3つセットで決まり文句のように登場している印象があります。おそらく、「つみたてＮＩＳＡ」のキーワードとしてこの言葉が用いられているからではないかと思います。金融庁の金融審議会・市場ワーキンググループがまとめた報告書「高齢社会における資産形成・管理」（いわゆる「2000万円問題」報告書）は、「長期」「積立」「分散」セットの連発です。

このうち、「長期」に関しては前章でふれていますが、投資信託の場合にはそれとは違った視点から「長期」の有効性が解説されることがあります。それは、投資信託の分配金の再投資による複利効果です。

投資信託は、原理原則的には、運用であがった収益を定期的に収益分配金（普通分配金）と

して、保有口数に応じて投資家に還元します。単純化したイメージで言えば、たとえば、当初の基準価格が1万円とすると、運用収益が10％の場合には基準価格が1万1000円になり、そこで分配金が1000円支払われます。基準価格はその分配金分が落ちて1万円になります。

この分配金はNISAを想定して非課税とします。最初に1万円でこのファンドを1口買った人がこの分配金を受け取った場合、手元の資産は基準価格1万円のファンド1口と現金1000円で、合計1万1000円。翌年も運用収益が10％あがったとすると、同じように基準価格は1万1000円になり、そこで分配金が1000円支払われ、基準価格はまた1万円に戻ります。手元の資産は、基準価格1万円のファンド1口と現金合計2000円。資産額は合わせて1万2000円です。

これに対して、分配金を再投資した場合、分配落ち後の基準価格1万円のファンドを分配金1000円で0・1口買うことになります。その結果、手元の資産は、基準価格1万円のファンド1・1口、資産額は1万1000円。この時点では、分配金を現金で受け取った人と同じです。

ところが、翌年あがった10％の収益の分配金は、保有口数が1・1口ですから1100円。この1100円で買える分配落ち後の基準価格1万円のファンドは0・11口。手元の資産は、基準価格1万円のファンド1・21口で、資産額は1万2100円。分配金を受け取った人よりも多くなります。これが、分配金の再投資による複利効果です。

複利効果は期間が長くなるほど大きくなります。よって、分配金を現金で受け取った場合よりもはるかに有利に資産を増やせる。分配金は受け取らずに再投資するのが正解、となりそうですが、そう断言できるのは、そのファンドが必ず収益をあげ、必ず定期的に分配金を還元する場合に限られます。

先の例で、その次の年は運用収益がマイナス10％だったとします。1万円の基準価格は9000円に下がり、収益がマイナスですから分配金は支払われません。すでに2000円の分配金を受け取っている場合、このときの手元の資産は、基準価格9000円のファンド1口と現金2000円の合計1万1000円。分配金を再投資していた人は、基準価格9000円のファンド1・21口で、資産額は1万890円と、分配金を受け取った人を下回ります。

さらに翌年も運用収益がマイナス10％ならば、9000円の基準価格は8100円に下がり、分配金はやはり支払われません。分配金を受け取っていた人の資産は、基準価格8100円のファンド1口と現金2000円。合計1万100円と、それでも投資額1万円からすればまだ利益は出ています。

ところが、分配金を再投資していた人は、手元の資産が基準価格8100円のファンド1・21口。資産額は9801円と、投資額1万円を下回り、含み損状態になってしまいます。分配金を再投資したほうが不利になるではありませんか。

そもそも投資信託の分配金とは何かというと、運用であがった収益分の言わば利益確定です。仮に、分配金を支払わないファンドが同じ運用実績だとすると、当初の基準価格1万円は翌年10％上がって1万1000円になり、その翌年も10％上がって1万2100円になります。

その翌年がマイナス10％ならば、基準価格は1万890円。そのまた翌年もマイナス10％となると基準価格は9801円。この無分配ファンドを1口持っている人の資産額は、収益の分配金を再投資した人と全く同じ。つまり、分配金が非課税の場合に再投資する効果とは、無分

**図表2-12　「再投資の複利効果」とは無分配ファンドの“持ちっぱなし”のこと**

(単位：円、口)

| | | | 収益 | | | |
|---|---|---|---|---|---|---|
| | | | 1年目 +10% | 2年目 +10% | 3年目 −10% | 4年目 −10% |
| 無分配ファンドを持ち続けるケース | 価格 | 10,000 | 11,000 | 12,100 | 10,890 | 9,801 |
| | 保有口数 | 1 | 1 | 1 | 1 | 1 |
| | 資産額 | 10,000 | 11,000 | 12,100 | 10,890 | 9,801 |
| 分配金を再投資するケース | 価格 | 10,000 | 10,000 | 10,000 | 9,000 | 8,100 |
| | 保有口数 | 1 | 1.1 | 1.21 | 1.21 | 1.21 |
| | 資産額 | 10,000 | 11,000 | 12,100 | 10,890 | 9,801 |
| 分配金を受け取って再投資しないケース | 価格 | 10,000 | 10,000 | 10,000 | 9,000 | 8,100 |
| | 保有口数 | 1 | 1 | 1 | 1 | 1 |
| | 分配金合計 | − | 1,000 | 2,000 | 2,000 | 2,000 |
| | 資産額 | 10,000 | 11,000 | 12,000 | 11,000 | 10,100 |

配ファンドを持ちっぱなしにしているのと同じ状態になれる、ということです。

株でもそうですが、値上がりし続けているならば利益確定などしないで持ちっぱなしでいるほうが有利に決まっています。しかし、株価が下落すれば、利益確定して現金化しておいたほうがよかった、ということにもなります。

先の例でいえば、分配金を受け取った人は10%ずつ利益確定しておいたお陰で、そのあと運用がマイナスになっても、資産額トータルではマイナスにならずに済んでいます。収益があがっているときに分配金を受け取ることによって事実上の一部利益確定しておくことは、抱えるリスクを増やさない、資産額の変動を緩和するという意味で堅実な策と言えます。

## ■「安定的な資産形成」とは何を意味しているのか

これまで述べてきた積立投資と分散投資の解釈、それに分配金の再投資の解釈を加えて「長期」「積立」「分散」を言い換えると、「世界中幅広く株と為替のリスクをダブルで取り」「すべてを相場に委ねて買い続け」「利益確定などせずに長く持ち続ける」となります。これは確実に抱えるリスクを増やしていきます。

だからといって「長期」「積立」「分散」による資産形成を否定するつもりは毛頭ありません。

何しろ、金融庁が過去の市場データをもとにシミュレーションしたところによれば、1985

年以降の各年に、毎月同額ずつ国内外の株式・債券に分散して積立投資を行った場合、積立期間20年の運用成果は年率にしてプラス2％から8％の範囲内に収まったというのです。どの年のどの月から積み立てをスタートしても20年後の損益はプラス。88年11月から始めて、あのリーマン・ショックの最悪期08年10月に積み立てを終了した場合でも運用成果がプラスとは。このように、20年続ければ大きな果実を誰でも手にすることができると、過去の市場データがお墨付きを与えているのです。平身低頭、否定する余地など寸分もありません。

ただ、その果実を手にするまで20年の道のりは決して平坦ではないことも、おそらく過去の市場データは語っていると思います。運用実績がマイナスになって資産額が前年よりも大幅に減ったり、場合によっては資産額が投資額を下回って損失状態になっていたりする年もあるはずです。少なくも、毎年2％～8％の運用成果を20年間きっちりあげ続けていることはないでしょう。

株や為替というリスクの大きい投資対象が組み込まれているからには、その変動の大きさが資産額に反映されることは避けられません。その結果、資産額の推移も不安定になります。抱えるリスクが増えていけば、その不安定さも増さざるを得ません。

ところが、先の政府広報オンラインに掲載されていたグラフの「日本・先進国・新興国の株式と債券に6分の1ずつ投資」について、**安定的な**収益が得られる結果となる傾向がある、と書かれています。先ほどの「つみたてＮＩＳＡ早わかりガイドブック」にあった記述も、「**より安定的に**世界経済成長の果実（利益）を得ることが期待できます」。また、いわゆる「2000万円問題」報告書では、これを「**安定的な**資産形成」と称しています。

一体、この「安定的」とはどういう状態を指しているのでしょうか。察するに、年換算の収益率が「2％〜8％」というような範囲内に収斂すること。投資期間の途中で資産額が激しく増減しても、時に損失状態になったとしても、最終的にはプラスの収益が得られること。これをもって「安定的」としているのではないでしょうか。

「安定的な収益」と聞いてごく普通にイメージするのは、多少のジグザグはあるにしても着実に資産残高が増えていく、穏やかな右肩上がりの推移だと思います。そのイメージを抱いて「長期」「積立」「分散」の資産形成を始めた人は、積み立てで買っている投資信託の価格が着実に上がっていれば「いいね」と思うでしょう。しかし、買っている投資信託の価格が下がり、資産残高が減って、さらには含み損状態になっていたらどう感じるでしょうか。

預貯金の積み立てであれば、利息は微々たる額でも残高は着実に増えていきます。ところが、自分がやっている積立投資は、毎月資金を投入しているにもかかわらず、資産残高が減っているのです。「こんなの全然よくない」と思うのではないでしょうか。それが積み立てを始めて10年といった時期だとすれば「よくない」程度では済まないでしょう。

そこでどうするか。損益が改善するまで我慢に我慢を重ねて、損失が利益に転じたら即、「もうこんなのはやめた」とばかりにすべて売却する人も少なからずいると思います。そうなると、もはやそこで「20年後の大きな果実」は消滅です。その売却した資金で常識では考えられない高利回りの詐欺まがい金融商品を購入したり、いかにも怪しげな投資話に乗ったりしようものなら、もう目も当てられません。

そうした行動に走らないように、ということなのでしょう。「長期」「積立」「分散」の解説には「一喜一憂せず」というフレーズが必ずと言っていいほど出てきます。しかし、そもそも資産を増やす目的で始めたことです。資産が増えて目的通りになっていれば嬉しい、目的とは逆に資産が減れば悲しいというのは、人として当たり前の感情ではないでしょうか。

拙速な行動を抑止するのであれば、「一喜一憂せずに」と言うよりも、「長期」「積立」「分散」は安定的に資産残高が増え続けるわけではない。20年間続ければ成果は十二分に期待できるとしても、その途中の道は険しい。時には損失状態になる可能性もある、という起こり得る難局を予め示すことのほうが効果的ではないかと思います。ですから本書では「長期」「積立」「分散」を「極めて大きな成果が期待できる資産形成です。ただし、資産残高が安定的かつ着実に毎月増えることはありません。資産残高が投資額を下回ることもあります」という表現で紹介します。大きな果実を手にするには根気と忍耐が必要です。

## ■含み損状態の時間は短いほど望ましい。そのために「機会を待つ」

積立投資でも一括買いでも、含み損状態になって「投資してよかった」と言う人はまずいないと思います。それが将来の資産形成のために始めた投資ともなれば、どうしてこうなるのか、と憤慨したり、後悔したり、含み損状態がなかなか改善しなければ、もう苦痛の種でしかなくなります。

含み損状態は、資産額の面だけでなく、精神面にも害悪をもたらします。投資をするからには、含み損状態になるのは仕方のないことですが、その状態にある期間は短ければ短いほど望ましいのは言うまでもありません。長期的な視点で「安く買う」機会を待つことは、まさにその好適な策になります。〝休むも相場〟になぞらえて言うならば、〝待つも相場〟です。

これまで述べてきた通り、国内外の株式市場が超格安になるのを待って買えば、そこから下げても値幅は限定的。市場が落ち着けば早々に利益に転じます。買った後の資産額や損益の増減が不安定であることは変わりませんが、利益が出ている状態であれば、それを苦痛にまで感じることはないと思います。

これが本書の提案するバーゲンハンティングです。これは誰にでもできる投資行動ではありません。いつ、いかように使っても、誰から何も言われない現金を持っている人に限られます。

個人投資家はまさにその立場にありますが、ただし、前章で述べたように、現在進行形で株式の売買をしている個人の大方は、市場が超格安になっているときには顔面蒼白、目の前は真っ暗。頭の中は真っ白です。おまけに、損切りに次ぐ損切りで資金も枯渇しています。バーゲンハンティングを実行したくでもできません。

ところが、株とは疎遠の人からすれば、あれも安い、これも安い、そこは現世の楽園です。いまは株から遠ざかっている人にとっては市場に復帰する絶好の機会になります。あるいは、株も投資信託も持っていない投資未経験者で、機会があったらチャレンジしてみたいという人には、このうえない投資デビューのステージではないでしょうか。

バーゲンハンティングは、そうした人たちに与えられた、言わば特権的な投資の手段です。機会を待って、その特権を存分に使ってみてはどうでしょうか。

# 第3章

# 過去の相場サイクルに学ぶ「天井」「大底」

## ～“ITバブル” 以降の市場を振り返る～

# 3-1

【1999年〜2003年】世界的な大熱狂は2年経たずに奈落の底へ

# 日経平均株価が底を打つ前に市場は動き始めている

さて、ここからはバーゲンハンティングを具体的にどう実践するかを考えていきます。まず、どういう状況で大底が形成されるのか。大底が近いことを知らせる何らかの予兆はあるのか、過去の相場を振り返ってみるところから始めましょう。

## ■市場ではトレンド反転を示唆する現象が起きている

第1章で述べた通り、世界同時株安の市場暴落が起きれば、おそらくメディアは一斉に取り上げます。「いま株が超格安状態になっている」ということは誰でもわかるでしょう。しかし、それが大底に近いのかどうかはわかりません。その超格安がまだ暴落の道半ばだとすれば、そのあとに超々格安で買える場面がやって

日経平均株価：1998年1月5日～2003年12月30日

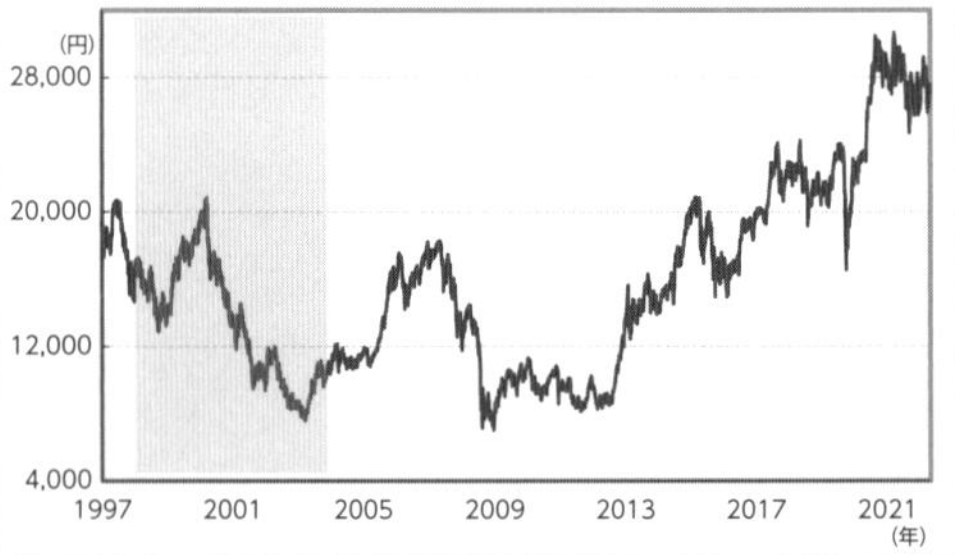

きます。ここから下げたとしても限定的だろうと見込めるところまで、できうる限り引きつけて行動に出たいところです。

とはいっても、大底圏や天井圏では、株価が乱高下するのが通常です。その果てに株価の方向性が反転し、最安値を下回らない、最高値を上回らないことが確認されて大底や天井が確定します。いかに日々つぶさに日経平均株価の動向をウォッチしていても、今日の安値で下げ止まる、今日の高値でピークをつけた、とズバリ判定することはできません。

ただ、市場全体を見渡せば、〝ズバリ〟ではないとしても、「大底（あるいは天井）が近い」「すでに大底（天井）をつけている可能性が強まっている」といった示唆が現れていることが間々あります。

99年に始まった世界的な大熱狂〝ＩＴバブル〟とその崩壊から底打ちまでのサイクルは、日経平均株価が大底や天井をつけるより先に市場が動き出していた、という形で先行きが示唆されています。

## ■株式市場の〝変化の胎動〟は98年10月に現れていた

あの大熱狂の前夜、世界の株式市場は大混乱に陥っていました。野村資本市場研究所の季刊誌に当時掲載されたレポートによると、98年8月17日、ロシアが緊急金融危機対策としてルーブルの実質切り下げと対外債務の一部凍結を発表。26日にはルーブルが取引停止となっています。これが中南米のエマージング国にも波及し、株式市場が急落。そうした国に投資していた欧米の金融機関、ファンドは多額の損失を余儀なくされることとなりました。

その中でもとりわけ市場に衝撃を与えたのが、米国の大手ヘッジファンドであるロング・タ—ム・キャピタル・マネジメント（ＬＴＣＭ）の巨額損失です。９月２日付けでその実情が顧客に伝えられています。

ＬＴＣＭは、それまで非常に優れた運用実績を出していたヘッジファンドです。また、ノーベル経済学賞を受賞したマイロン・ショールズ氏がアドバイザーを務めているなど、知性の高さの面でも欧米の金融機関から高い評価と信頼を得ていました。そのＬＴＣＭが破綻すれば、取引相手の金融機関、ＬＴＣＭに投融資していた金融機関も巨額損失を被りかねません。さらには、それが世界的な金融危機に発展する可能性も否定できません。

この事態を極めて重く受け止めたＦＲＢ（米連邦準備制度理事会）はＬＴＣＭに対する資本注入を決定。９月29日には米国の政策金利であるフェデラル・ファンド・レート（ＦＦレート）を０・２５％引き下げ。10月15日にさらにＦＦレートの誘導目標を０・２５％引き下げるとともに、公定歩合も０・２５％引き下げています。

この徹底した救済策と金融緩和が行われる中で、米国の株式市場は大底を打っています。後に熱狂のシンボル的な存在となる米国のナスダック市場は98年10月8日が大底でした。

日本では97年から大手金融機関の破綻が相次ぎ、金融不安がなおも続いていたことが関係していると思いますが、日経平均株価は10月9日の最安値で、一旦底を打ったかのような動きになったものの、2ヶ月で失速。翌99年1月にダブルボトム型の二番底をつけて、保合い的な動きの後、3月からようやく上昇基調が鮮明になります。

とはいっても、日本の株式市場の反転が米国より数ヶ月遅かったわけではありません。たとえば、当時の東証2部指数は、98年10月15日に大底をつけ、そこから上昇相場が始まっています。東証2部市場は、2022年4月4日から新市場区分となったことから廃止されましたが、この指数はインデックスの中で最も市場の実態に近い指数

図表3-1　日経平均株価は99年初のWボトム的パターンから上昇軌道に乗り始める

(日経平均株価：週足1998年1月〜2000年3月31日)

だったという印象が強くあります。

しかも、この指数は値動きが非常に素直で、上昇軌道に乗り始めると陽線が続く傾向があります。10月15日の大底以後の動きもその傾向がうかがえます。日経平均株価の上昇基調が鮮明になった99年3月は連続陽線で98年の高値を超え、7月には最安値の2倍以上の水準にまで上昇しています。

改めてこの東証2部指数の値動きを見て思い出したのは、98年11月に当時の堺屋太一経済企画庁長官が記者会見で「景気は厳しい状況が続いているが、変化の胎動も感じられる」と、ご自身の見解を語られたことです。〝変化の胎動〟という表現に関しては、大臣発言としてどうなのか、と疑問視する声もあったようですが、その後の景気動向を見れば明らかな通り、その先

## 図表3-2　東証２部指数は98年10月からすでにトレンドは上向き

（東証２部指数：週足1998年１月～2000年３月31日）

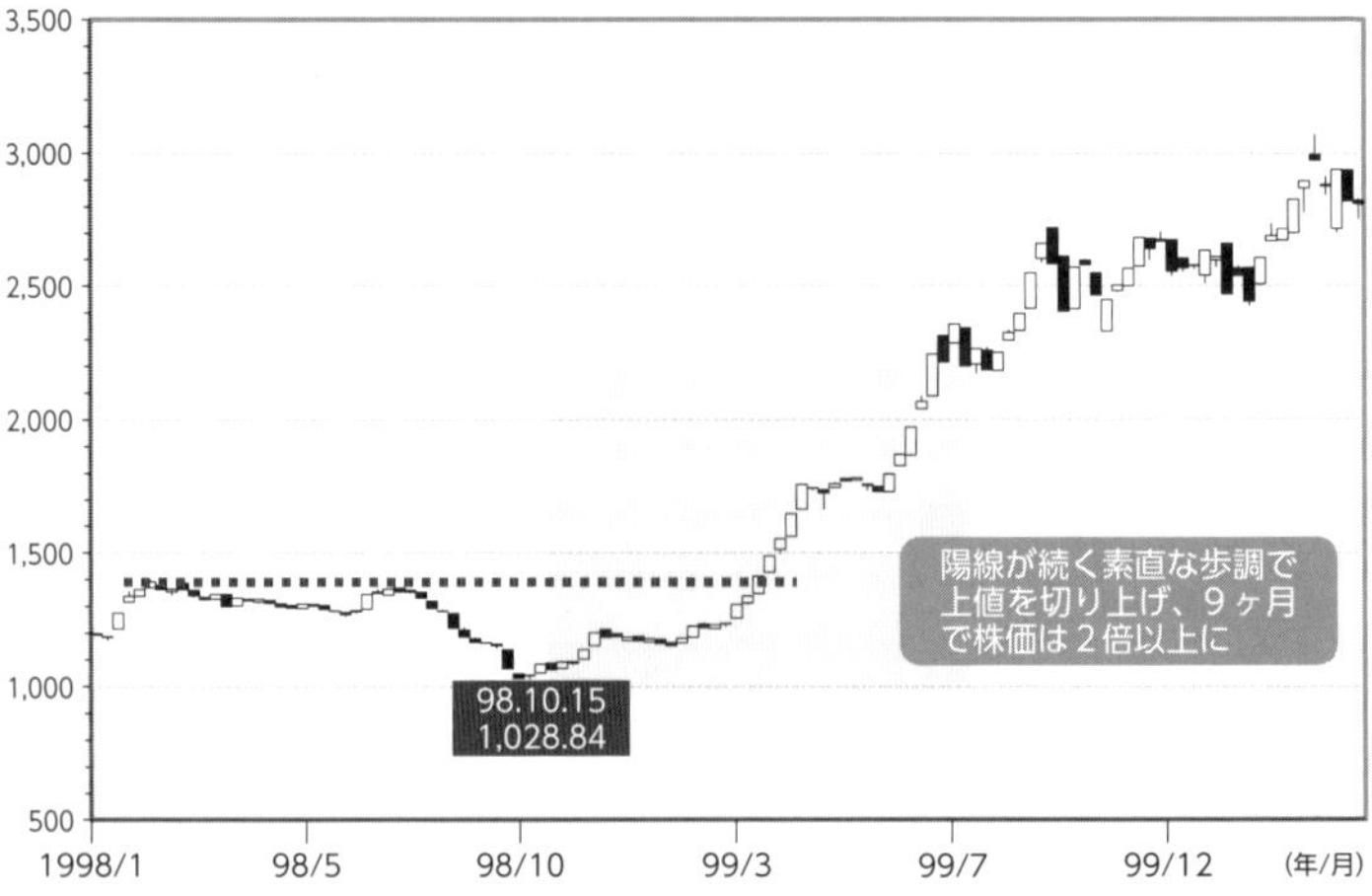

見の明には脱帽するよりほかはないでしょう。

奇しくも同じ時期、株式市場にも〝変化の胎動〟が起きていました。それは東証2部指数だけではなく、後に紹介しますが個別銘柄にも現れています。

## ■99年7月から生じていた日経平均株価と市場実態との乖離

99年、世界中の株式市場が熱狂の渦に包まれました。それまで利用者が限られていたインターネットをはじめとする情報通信技術が誰でも利用できるようになり、経済社会は一変する。ニューエコノミー時代の幕開けだと、ＩＴ関連、ネット関連、ニューエコノミー関連に括られた銘柄の株価は急騰。利益成長が未来永劫続くかのごとく、足元の業績が赤字でも、尋常とは思えないほどの割高水準まで値上がりしていても、なおも買われる。それによって株価はさらに上がっていきます。ＩＴ関連さえ買っておけば間違いない、すぐにも大金持ちになれる。誰もがそう思っているかのような凄まじいブームでした。

その大熱狂も00年春に泡と化して消えてしまいます。日経平均株価は4月12日の2万833円をつけた翌週から大下げ。それから約1年半にわたって安値更新を続けることとなります。

それまで買われに買われていた銘柄は一転してことごとく爆下げです。その象徴的な例として多くの人の記憶に残っているのは光通信（９４３５）でしょう。98年12月末の株価６９５０

## 図表3-3　2万円を超えていた日経平均株価は約1年半下げ止まる気配も見えない

（日経平均株価：週足1999年10月～2001年９月28日）

## 図表3-4　20日連続ストップ安。２年半後の株価は270分の１

（9435光通信：月足1998年１月～2003年12月30日）

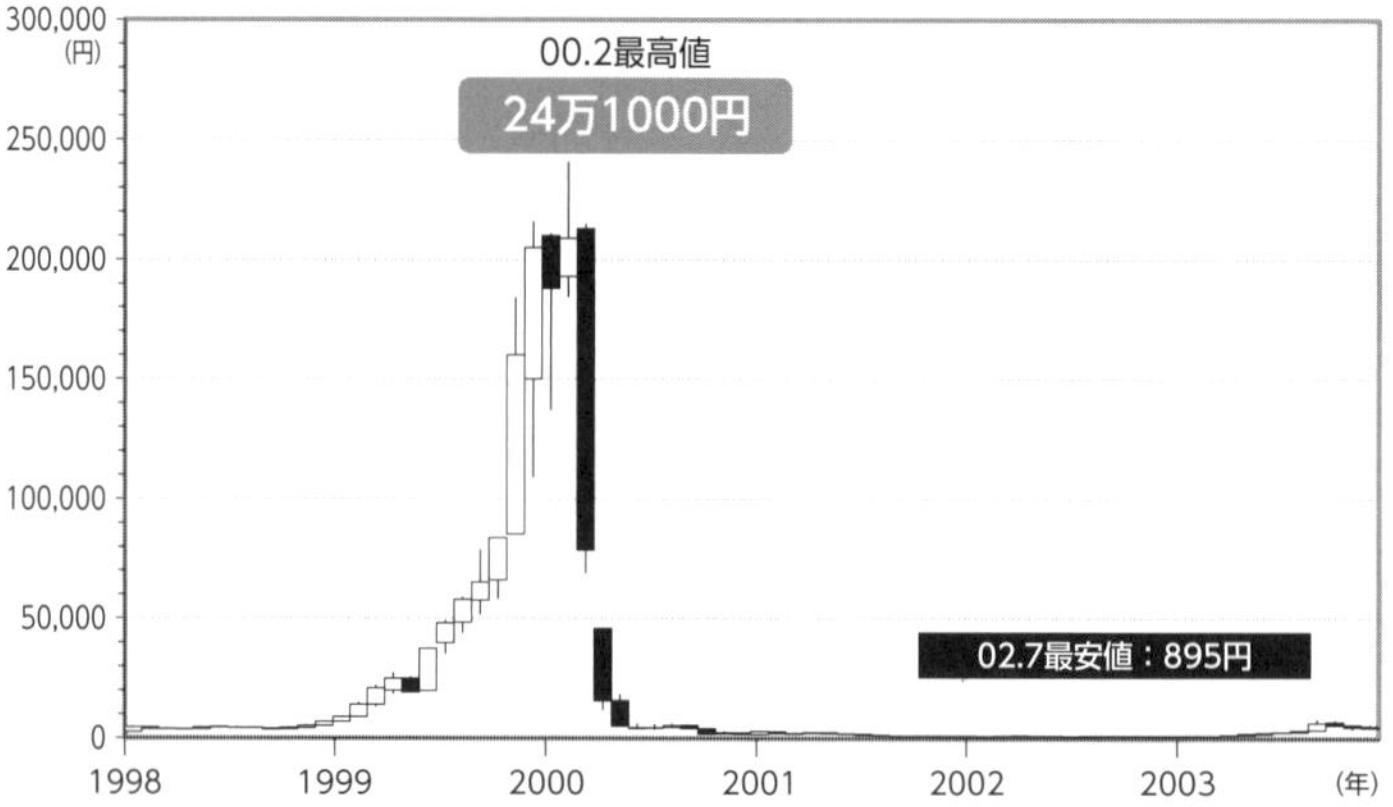

円が、00年2月15日に24万1000円、実に35倍近くにまで爆騰しています。さすがに高値警戒感からか、そこから株価は下がりますが、それでも2月末時点では20万円台を維持していました。

ところが、3月に架空契約疑惑が一部週刊誌に報じられ、株価の下落が次第に加速。そして3月30日に業績を下方修正した翌日から20営業日連続でストップ安という恐るべき記録を樹立するに至ります。ちなみに、その着地点は02年7月につけた安値895円。最高値の270分の1です。

この銘柄ほど激しくはないとしても、この時期に株価が急落した銘柄の中には、将来の利益成長は計り知れないと信じていたところが、発表される業績が全く良くない。期待と現実の落差があまりに大きく、その失望感が背景となっているケースが少なくありません。また、それによって急落する銘柄が続出すれば、その損失を埋めるために今度は他の銘柄を売るという負の連鎖も拡大します。

その結果、日経平均株価も先に見た通り、4月12日を境に強烈な下げ相場に一変しています。が、株式市場全体が一夜にして様変わりしたわけではありません。日経平均株価が最高値をつける半年以上も前から市場は勢いを失い、99年11月にはすでに市場の実態は悪化していたのが実情です。

過去1年来の高値安値更新銘柄数の動向を見ると、その様子がよくわかります。これは折にふれて紹介しているデータですが、日経平均株価だけでは捉えきれない個別銘柄の実態を知ることができます。

図表3―5は98年1月から00年12月末までのデータをグラフ化したものです。まず、ITバブルの前夜、金融不安が市場を覆っていた98年、安値更新銘柄数の増勢は10月1日で止まり、そこから安値更新銘柄数は明らかに減少傾向となっています。そして11月に入ると、わずかずつながらも高値更新銘柄数が増加しています。話が前後しますが、これも日経平均株価の底打ち以前に現れていた〝変化の胎動〟のひとつでしょう。

99年3月以降は高値更新銘柄数が安値更新銘柄数を上回る状態になり、以後、日経平均株価の水準が切り上がるとともに高値更新銘柄数も増加していま

**図表3-5　市場実態のピークは99年7月。11月にはすでに安値更新銘柄が増勢**

（過去1年来高値安値更新銘柄数：1998年1月～2000年12月29日）

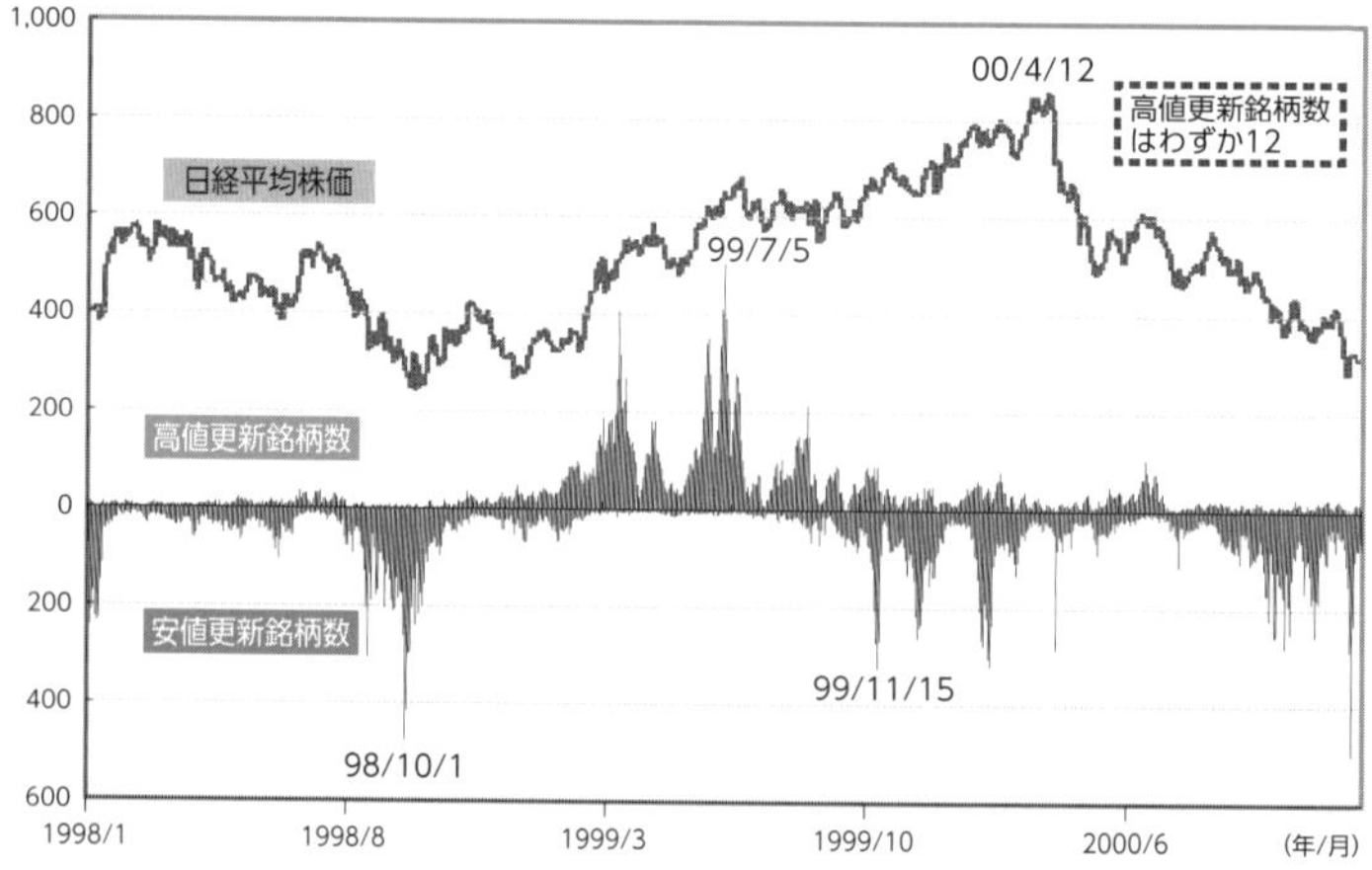

す。これが言わば健全な状態です。ところが、99年7月5日をピークに高値更新銘柄数は減少傾向となり、日経平均株価がさらなる高みを目指す動きとなっていた11月には安値更新銘柄数が高値更新銘柄数を上回る状態に逆転。日経平均株価が最高値をつける4月12日まで、日経平均株価が上がっても高値更新銘柄は大して増えず、日経平均株価が押し目的に下げると安値更新銘柄数が大幅に増えています。最高値をつけた4月12日の高値更新銘柄数はわずか12です。

つまり、99年7月以降、値上がりし続けていたのはＩＴ関連を中心とした一部の銘柄だけで、そのグループに入れなかった銘柄はあの大熱狂の中でむしろ売られていたのです。これは、市場全体の趨勢を表しているはずの株価指数と、市場を構成する個別銘柄の実態が乖離している、歪みが生じている状態と言えます。

いかに一部の銘柄が買われに買われて株価指数を押し上げていたとしても、市場の実態が劣化し続けていれば、その押し上げも遅かれ早かれ限界に達します。ましてや、買われに買われてきた銘柄に大失望感を誘う悪材料が出ようものなら、株価指数の上昇基調も一気に崩れてしまうでしょう。

こうしてＩＴバブルは崩壊してしまいました。その半年も前から現れていた市場実態の悪化は、いずれそうなることを示唆していたようです。

## ■日本の比ではない米国ナスダック市場の壮絶なバブル崩壊

ＩＴバブル崩壊によって日本の多くの投資家が痛手を負うこととなりましたが、米国はおそらくその比ではなかったでしょう。ＩＴ関連銘柄、ニューエコノミー関連銘柄が多数上場するナスダック市場を見ると、その崩壊は何とも痛烈です。

まずもってＩＴ相場華やかなりし頃の熱狂ぶりが半端ではありませんでした。ナスダック指数は98年10月８日の最安値１４１９ポイントを起点に上昇相場が始まり、00年３月10日につけた最高値は５０４８ポイント。起点となった最安値の３・５倍以上という、先進国巨大市場のインデックスとは思えないほどの上げ幅です。

その大相場が最高値を境に強烈な下げ相場に

図表3-6　2000年3月10日を境にナスダック市場はまさに「天国」から「地獄」

(NASDAQ指数：1998年１月〜2003年12月30日)

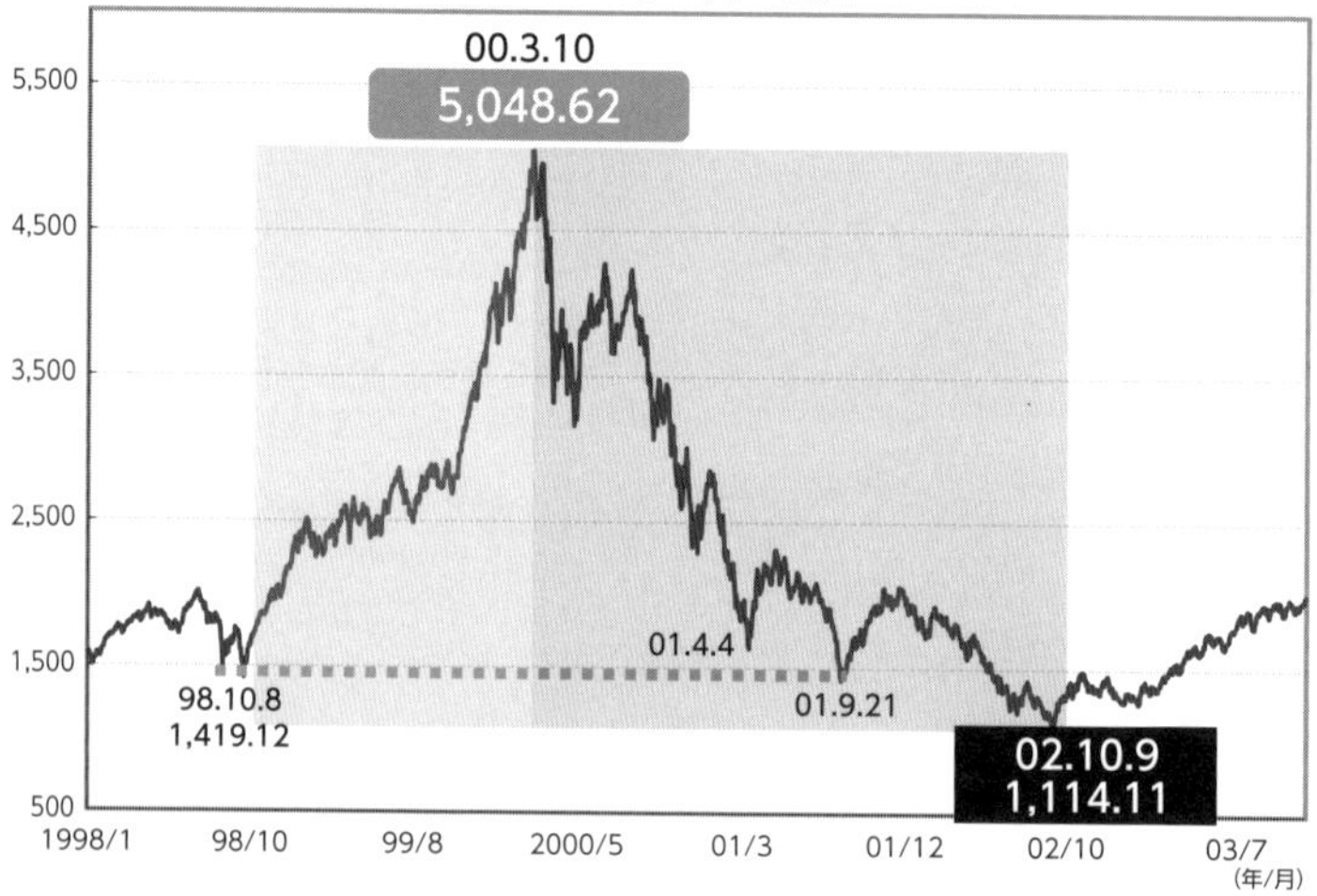

一変。これぞまさしく「天国から地獄」の絵図でしょう。それでも00年8月末までは戻す場面もありましたが、9月以降は戻す動きが出ても早々に終わって下落が再開しています。

それから1年後、01年4月にようやく反転か、という動きが出たところが6月から再び下げはじめ、そこに今度は9・11同時多発テロです。その直後、9月21日に98年10月の最安値水準まで下げて反転の兆しが現れたものの、02年1月からまたも下落再開。02年10月9日まで安値更新を続けることとなっています。その最安値は1114ポイントと、最高値の実に4・5分の1。インデックスですらこれほどの下げ幅ですから、IT関連、ニューエコノミー関連と囃され買いまくられていた個別銘柄がどれだけ悲惨なことになったか、想像するにも及びません。

この最安値まで下げて、ようやく基調が変化しています。翌03年3月以降は堅調な推移です。ここから新たな相場サイクルが始まっています。

## ■日経平均株価が安値更新を続ける中で垣間見えた躍動感

一方、日経平均株価はどうだったかといえば、やはり01年の同時多発テロの直後9月17日から反転の動きとなっていますが、12月にして早くも反落。02年2月6日にダブルボトム的なパターンを形成して「今度こそ本格反転だ」と期待されたところが、02年6月から下落再開。ダブルボトムの安値を叩き割り、03年4月28日まで安値更新を続けています。

しかし、このときも98年と同じように、日経平均株価が最安値を更新する中で、市場は新たな相場サイクルに向けてすでに動き始めていました。

東証2部指数は図表3―8の通り、02年12月24日で下げ止まり、日経平均株価が最安値をつけた時期には上昇軌道に乗っています。月足を見れば、03年4月からこの指数らしい連続陽線です。

また、個別銘柄にも、良い意味で気になる動きが02年に出現していました。ソニーやホンダといった優良銘柄が弱い動きを続けていた中で、レナウンルックや日本バルカー、ニチモウ等々、機関投資家は関心を示さないであろう小型株・低位株が躍動していたのです。自分自身のことでいえば、この時期かなりワクワクした気分で市場に参加していた記憶があります。同じように感じて売買していた個人投資家は決して少数ではないと思います。

**図表3-7　Wボトムも底打ちにならず、以後1年以上も安値更新が止まらない**

(日経平均株価：日々終値2001年１月～03年12月30日)

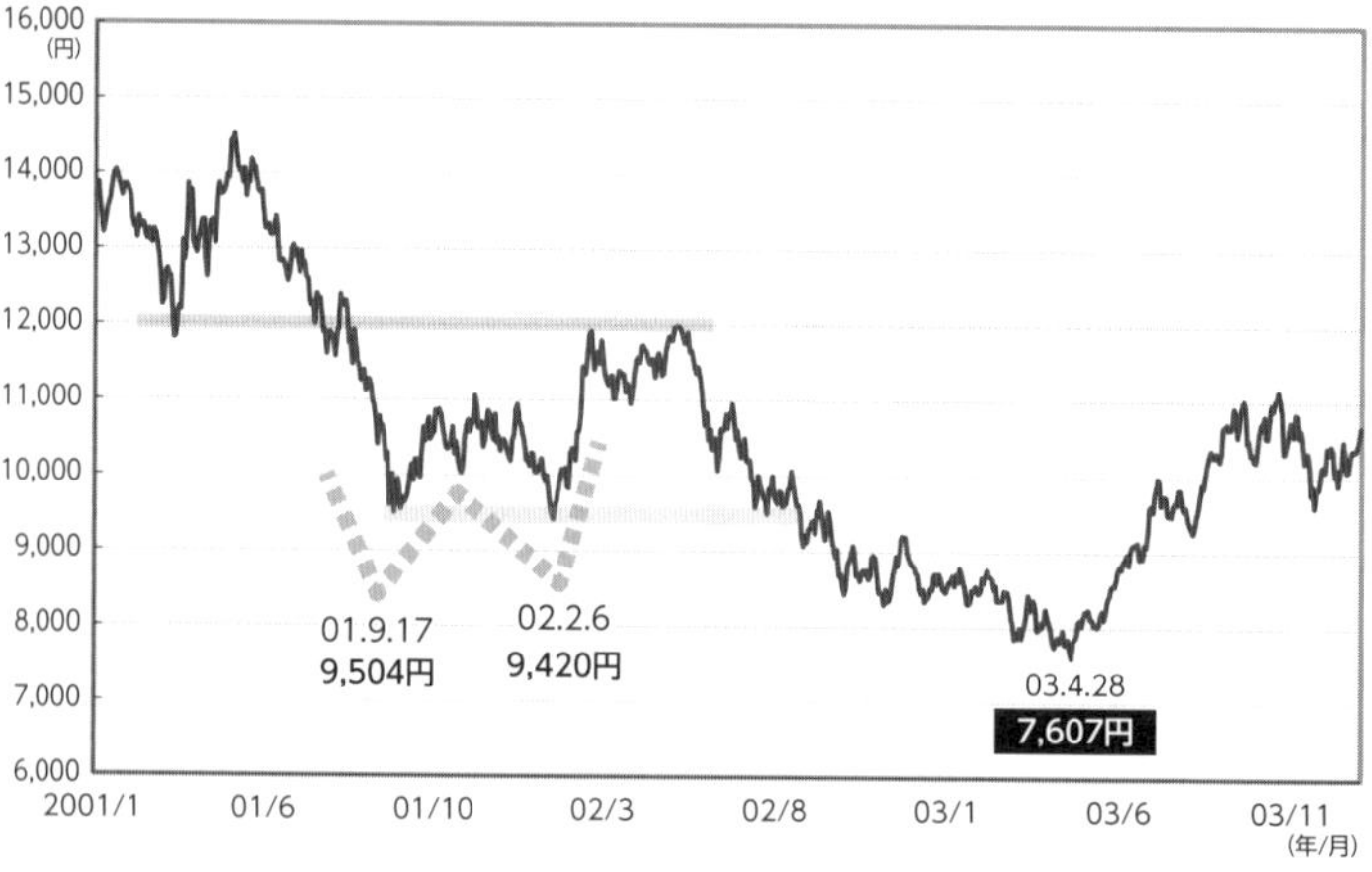

後になって、そうした銘柄の多くは有名な仕手株グループが手掛けていたことを知りましたが、仕手はともかく、こうした状況になると個人投資家は活気づきます。おそらく、この時点ですでに、個人投資家は売るべきものは売り切り、市場から去る人は去っていたのではないでしょうか。となれば、個人投資家のほかに売買する主体がほとんどいない

**図表3-8　02年末で下げ止まり、03年5月以降は軽快なトレンドに**

（東証２部指数：日々終値2001年１月～03年12月30日）

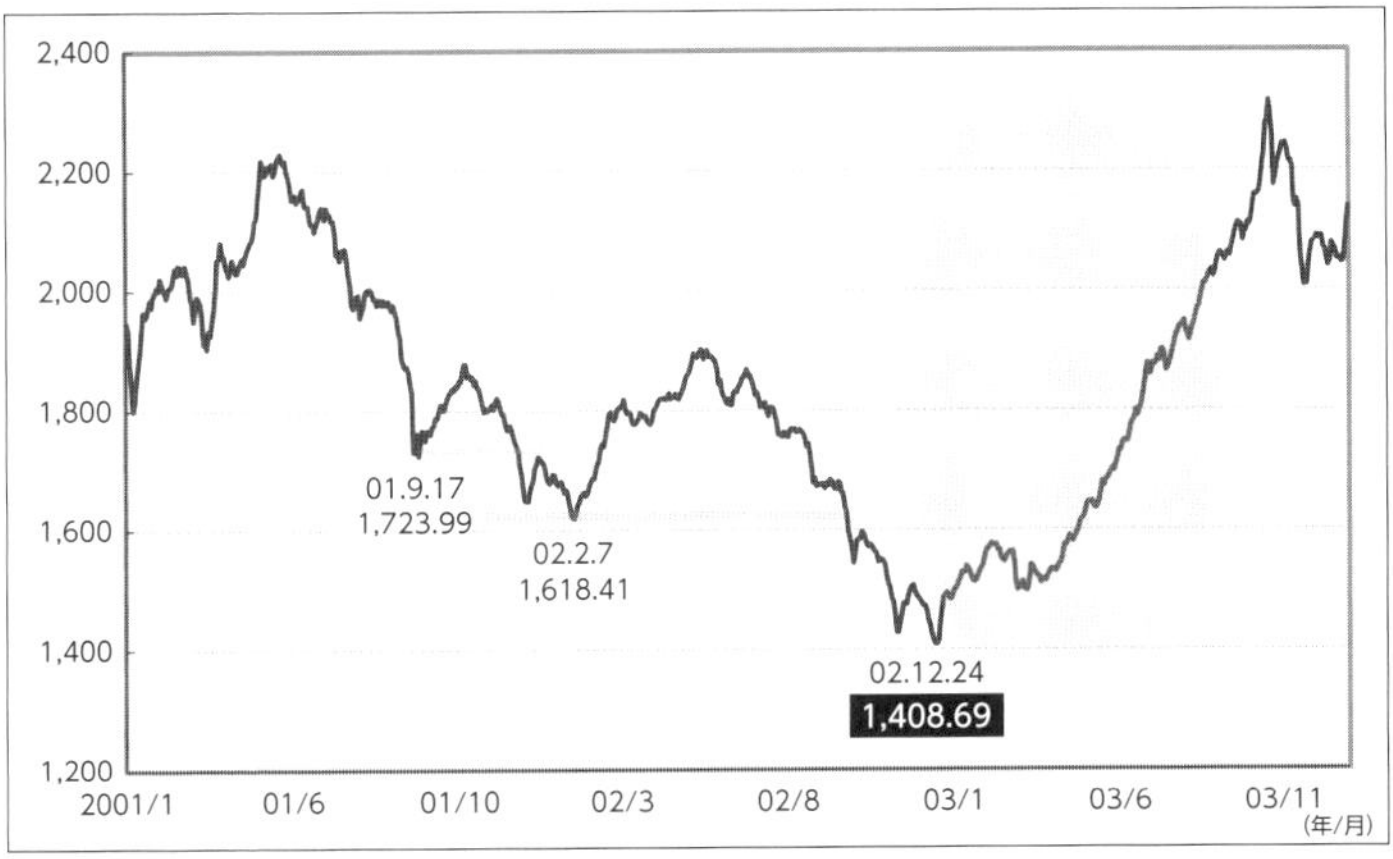


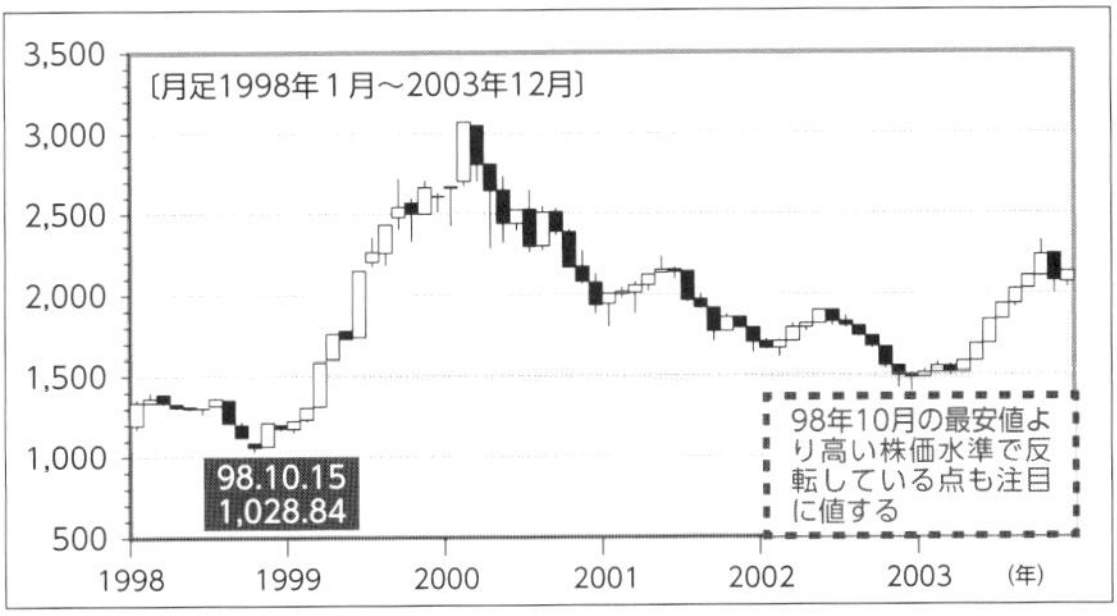

銘柄は、もう売られない。多少のまとまった買いが入ろうものなら、途端に動意づき、足取りも軽やかに値上がりすることは大いにあり得ます。

もちろん、そうした動意株に群がるべし、などとは言いません。日経平均株価が弱い動きを続けていても、活況を呈する小型株がわずかずつでも増えていけば、その恩恵に浴する参加者も増えます。それによって売買の余力も増え、他の銘柄も買われやすくなるという好循環も生まれます。

そうして市場実態の底が固まっていけば、いずれ日経平均株価も下げ止まります。市場の中心にはない銘柄、個人投資家が売買しやすい小型株の躍動は見逃せない底打ちの兆候です。

**図表3-9　日経平均が安値を更新する中、すごいトレンドが始まっていた銘柄も**

(8029レナウンルック：週足2002年１月～03年９月28日)

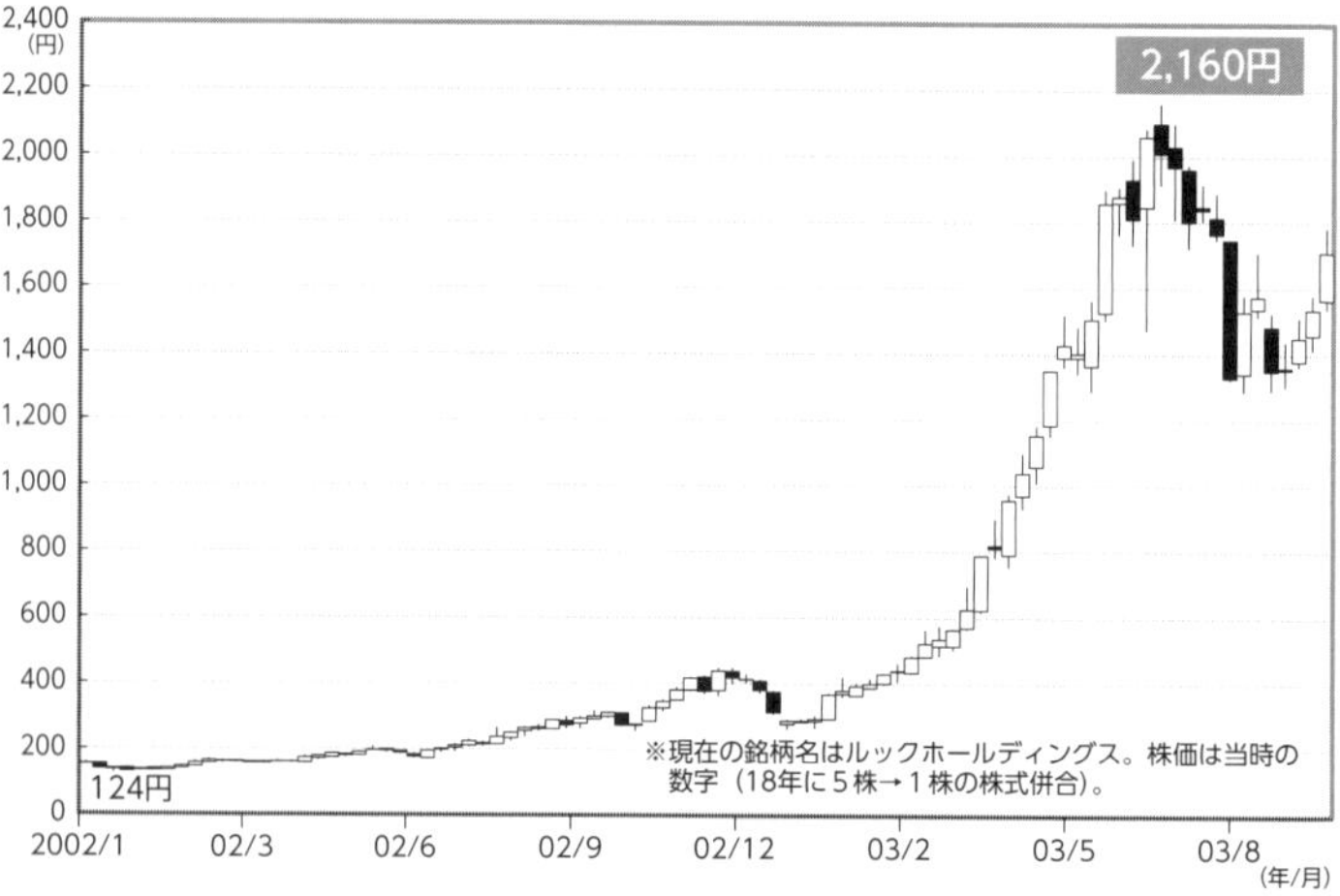

# 3-2 【2004年〜2008年】戦後最長の好景気の先に待っていたのは歴史に残る市場崩壊
# 下げ相場は段階を追って進展する。クライマックスは大暴落

## ■市場は逆方向の動きをはさみながらトレンドを形成する

下げ相場は大底をつけて終了し、そこから新たな相場サイクル、上昇相場が始まります。株価チャートを見るとわかる通り、その上昇相場は、方向性としては右肩上がりになっていても、その途中には、ある程度の期間下げる調整局面、いわゆる押し目があります。それが一段落すると再び上げ始め、前の高値を更新することによって、右肩上がりの方向性が維持されます。

天井をつけた後の下落相場にしても、方向性としては右肩下がりになっていても、その途中には大きく戻す場面もあります。が、それは長くは続かず、再び下げ始め、前の安値を更新して右肩下

日経平均株価：2004年1月4日〜08年12月30日

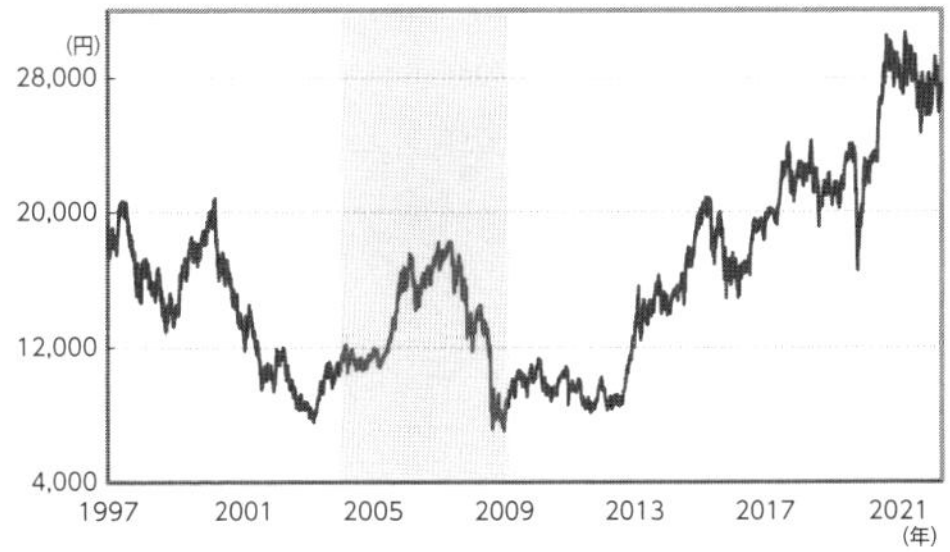

がりの軌道に戻ります。そうした逆方向の動きをはさみながら相場サイクルの中での方向性が形成されていきます。

では、上昇相場の「上げては押してまた上げる」、下落相場の「下げては戻してまた下げる」という動きはどのくらい繰り返されて終了に至るのでしょうか。バーゲンハンティングに出るならば、最後に到来する「戻してまた下げる」を待ちたいのは言うまでもありません。

これも大底や天井の判定と同様、「これが最後の下げだ」とズバリ事前に言い当てることは不可能ですが、その可能性をうかがううえで非常に役立つ先人の教えがあります。米国の経済紙『ウォールストリート・ジャーナル』の発行元であるダウ・ジョーンズ社の設立者の1人、チャールズ・ダウの分析をまとめた「ダウ理論」です。

ダウ理論では、1サイクルの中での方向性を主要トレンドと称し、上昇（強気）トレンド・下降（弱気）トレンド

図表3-10　先人の貴重な教え「相場は３段階で進展する」

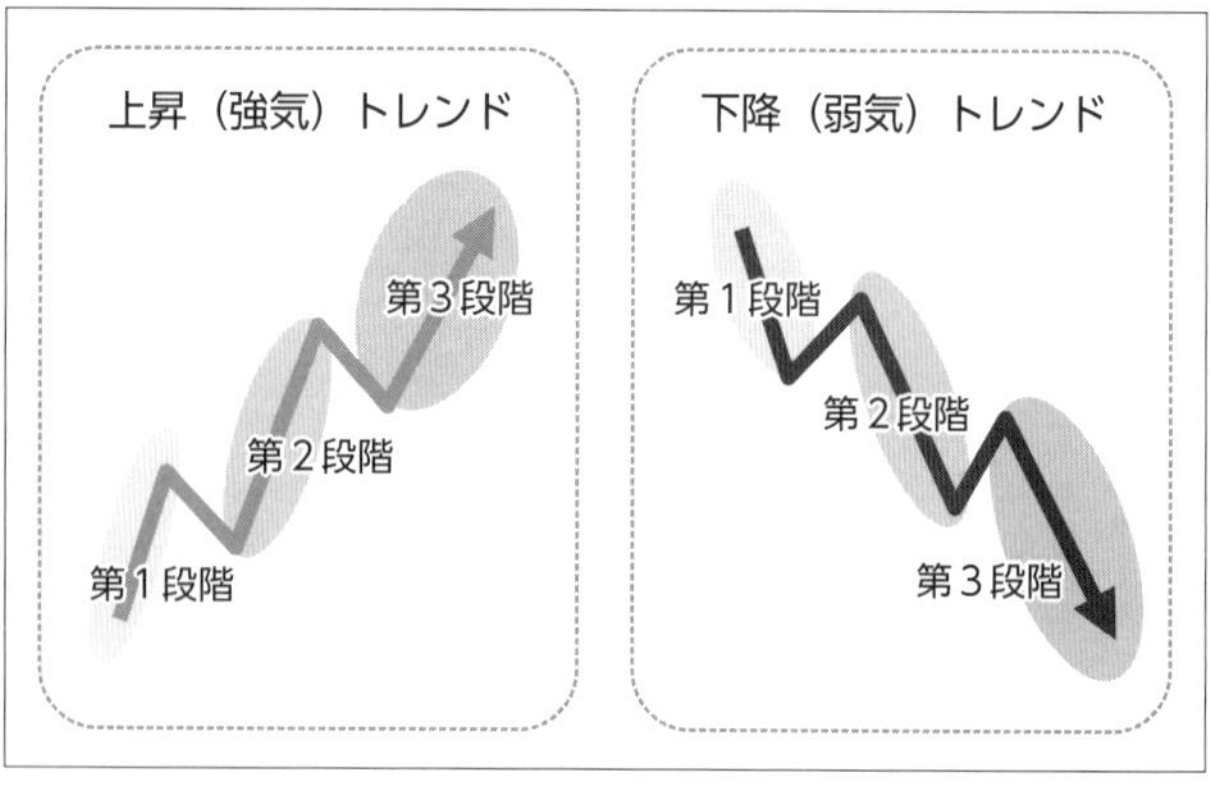

ンドともに3段階で進展する、と指摘しています。

もちろん、実際には3段階ではないこともありますが、とくに下降トレンドにおいては3段階で進展するケースが少なからず出現しているのは確かです。たとえば、図表3―8で見た東証2部指数の月足は、ITバブル崩壊後の下落相場が3段階で終了しています。日経平均株価も、ITバブル崩壊の次に訪れた強烈な下落相場、08年のリーマン・ショックまで動きは3段階で進展しています。

## ■日経平均株価は07年7月まで高値を維持。2部・新興市場は06年1月に「終了」

その第1段目の下落は、〝いざなみ景気〟と名づけられた戦後最長の景気拡大局面のさなかに始まっています。

それ以前の市場動向から振り返っておくと、03年4月28日の最安値から上昇トレンドに転換した日経平均株価は、04年は横ばいに近い冴えない動きでしたが、05年半ばから上昇トレンドが再開。7月以降は快調に上値を切り上げるところとなります。

ところが、06年に入ると、まず1月16日に証券取引法違反容疑で当時のライブドア社長だった堀江貴文氏宅に東京地検特捜部が捜索に入るという〝ライブドア事件〟が起こり、翌17日に株価は大下げ。日経平均株価はこの大下げを直後に取り戻し、3月から上昇軌道に復帰しますが、4月早々で頭打ち。5月半ばから強く下げています。

この下落は6月半ばに収まり、再び上昇基調となったところが、翌07年2月26日に上海市場が1日で9％近くも暴落する〝上海ショック〟が起きて、世界中の株式市場が連鎖的に急落。しかし、このショックも約1ヶ月で収まり、日経平均株価は再び上昇基調となって、6月には2月の高値水準まで戻しています。

このように、日経平均株価は大きな下落をはさみながらも07年2月まで03年にスタートした上昇相場の最高値を更新し、07年6月に最高値水準に戻って7月までその水準を維持しています。よって、上昇トレンドと称して差し支えない動きは07年7月まで継続していたと言えます。

ところが、株式市場全体の光景は06年1月16

**図表3-11　06年5月からの大下げを切り返し、07年2月に最高値を更新**

（日経平均株価：週足2006年１月～07年９月28日）

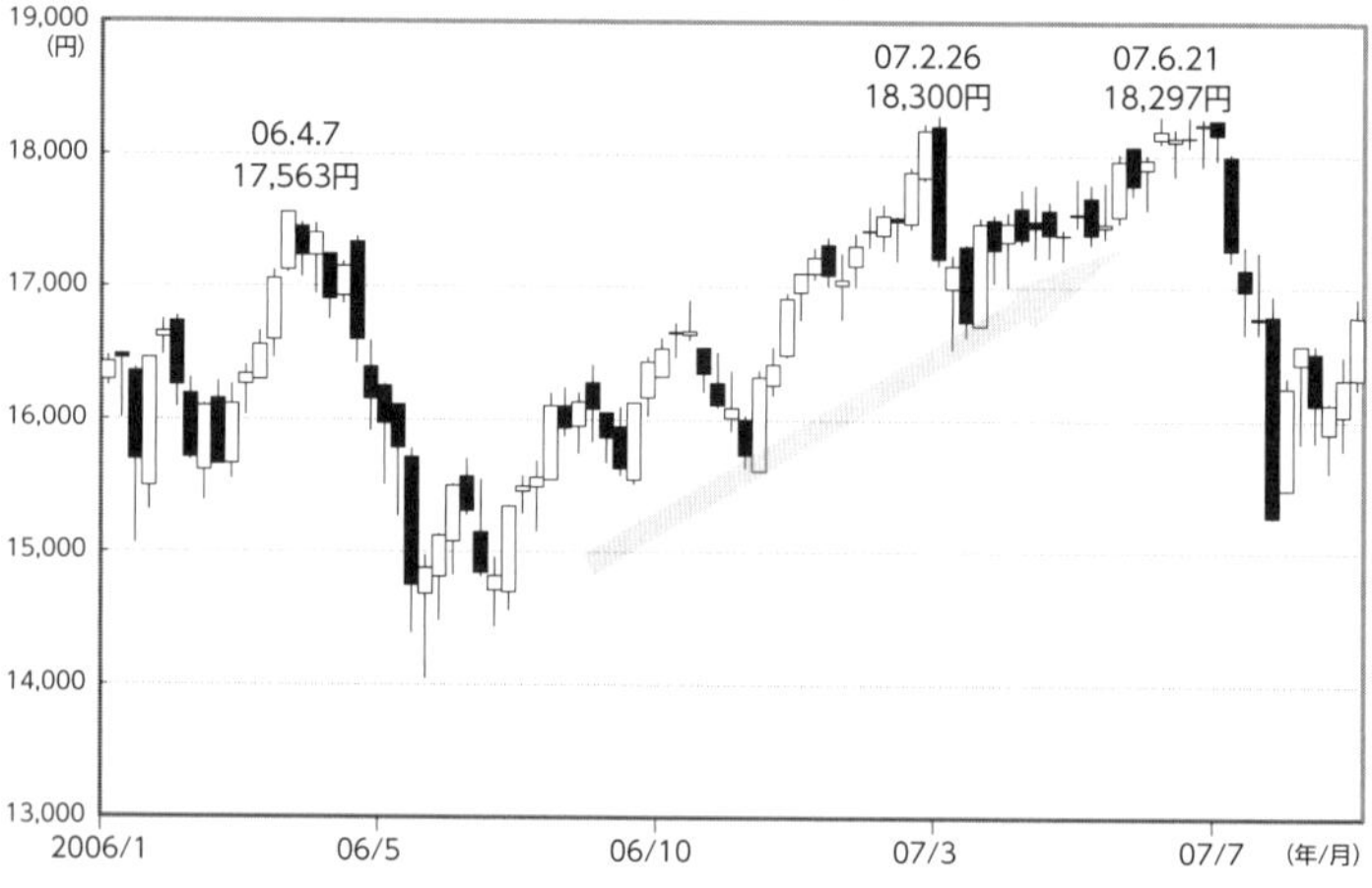

日を境に一変していました。ライブドアや関連銘柄が上場していた東証マザーズ市場は翌17日から爆下げ。以後、戻しらしい戻しもない完全な下降トレンドと化しています。

それが波及したのかもしれません。マザーズ市場の上場銘柄以外の小型・新興株も売られるところとなり、東証2部指数や日経ジャスダッ

**図表3-12　2部・新興市場は06年早々から下降トレンドになっていた**

(週足2006年1月～07年9月28日)

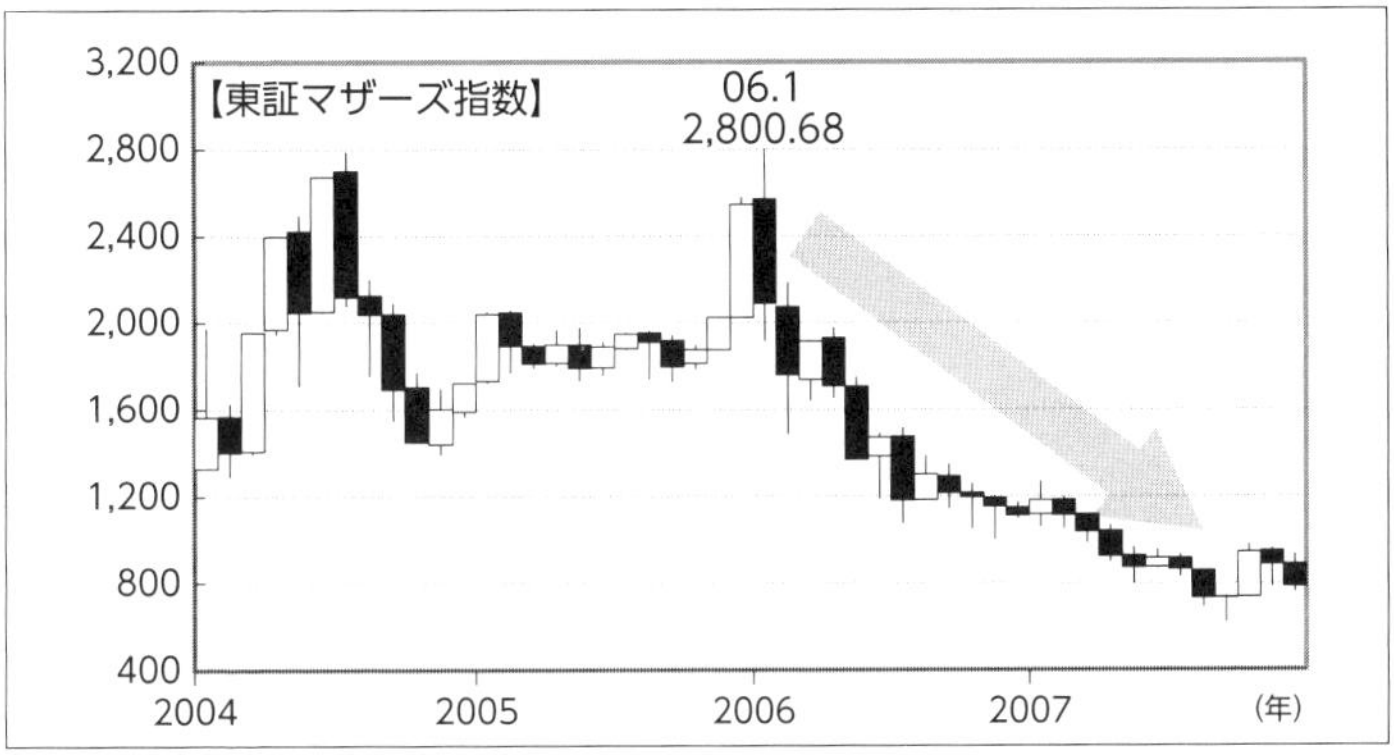


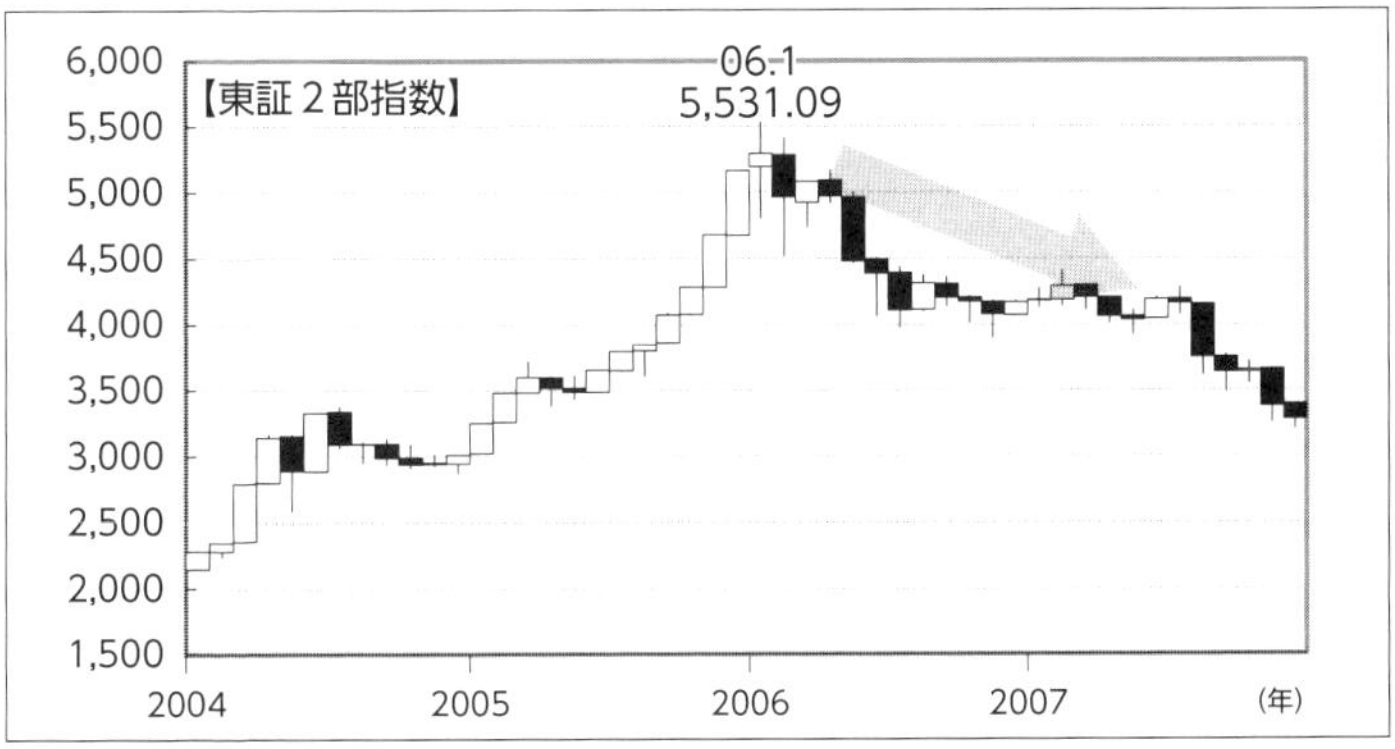

ク平均も06年1月から下降トレンドです。

過去1年来の高値安値更新銘柄を見てみれば図表3―13の通り。高値更新銘柄数は1月16日を境に激減。他方、安値更新銘柄数は日経平均株価が上値を伸ばしている中でも増加基調をたどっています。この時点で、日経平均株価と2部・新興市場の値動きの方向性が逆行、日経平均株価と市場の実態は乖離していたことがわかります。

## ■“100年に一度”の市場崩壊の引き金となったサブプライムローン問題

この逆行・乖離は、米国のサブプライムローン問題が表面化したのを機に解消に向かいます。

このサブプライムローンとは、低所得者層向けの住宅ローンの呼び名で、所得が十分にある人の住宅ローンはプライムローンと呼ばれます。米国では90年代半ばから住宅価格の上昇が続いていましたが、

**図表3-13 “ライブドア・ショック”を境に高値更新銘柄数が激減**

(2005年1月～09年3月31日)

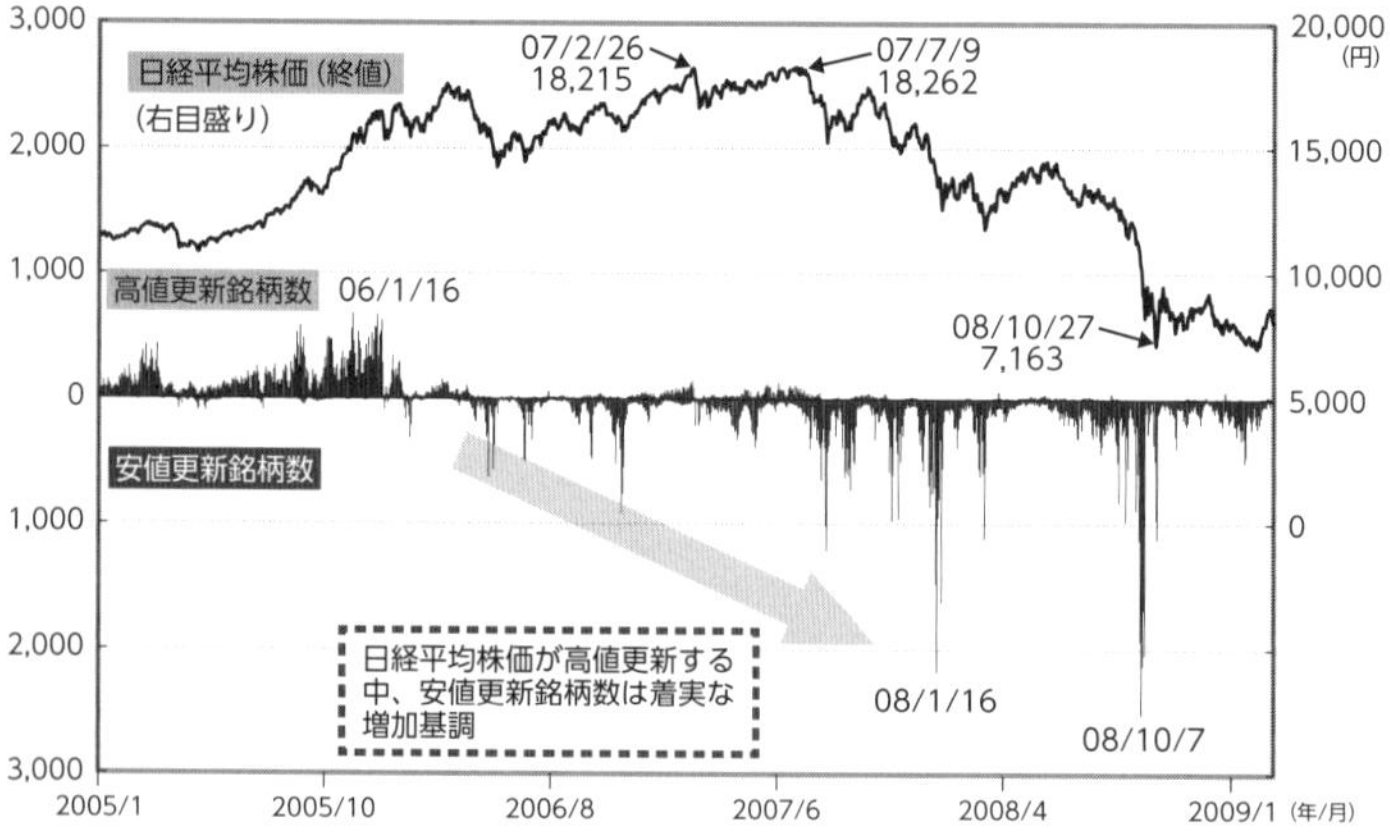

とくに00年に入ってからは、サブプライムローンが言わばその原動力となっていたようです。

従来より、住宅ローンを貸す金融機関は、貸し倒れのリスクを減らすために、借り手に十分な返済能力があるか、信用力を厳しく審査します。融資が決まった住宅は、土地や建物を担保に取り、抵当権付き貸付債権とします。これを小口に証券化した金融商品が抵当証券で、抵当証券会社がこれを投資家に販売することによって、融資した金融機関は借り手のデフォルトに備えることができます。

この従来型の方式が00年に入った頃から変貌します。住宅ローンをはじめ自動車ローンやクレジットカードのローンといった貸付債権、社債のような金銭債権を裏付け資産とする債務担保証券（CDO）が多様化し、さらには、それを切り刻んで他のパーツとミックスしてより複雑な証券化商品を組成する手法が拡がったのです。この手法を用いれば、デフォルトリスクの高い住宅ローンが組み込まれていても、その証券化商品自体は「AAA」の高格付けにもなります。実際、CDOの9割がAA以上の高格付けだったともいわれます。米国の住宅価格が上がり続けていた折も折、その高格付けの証券化商品に欧米の機関投資家が積極的に投資していても不思議ではありません。

他方、この手法ならば、貸し手側の金融機関は融資に対する審査を厳しくする必要はなくなります。また、クレジット・デフォルト・スワップという、債務不履行によって被る損失を保証する保険的なデリバティブ契約も90年代半ばに開発されています。融資する金融機関は、この契約で「債務不履行が起きたときに損失額分を受け取る権利」の買い手になれば、もはや審査自体必要ありません。となれば、返済能力が疑わしい低所得者であろうが、所得がない人であろうが融資することができます。その頃、米国では〝ＮＩＮＪＡ〟と呼ばれるローンが行われているという話を聞きました。ＮＩＮＪＡとは、「no income, no job, no asset」のことだそうです。

こうして拡大していたサブプライムローンの利用者の多くは、当初の返済額を低く抑え、数年後から月々の返済額が増えるタイプでした。住宅価格が上昇していれば、購入した住宅の担保価値も上がり、それによって低利のローンに借り換えることができます。これならＮＩＮＪＡでも問題はありません。

ところが、06年に住宅価格の上昇が止まり、07年には下落が止まらなくなります。そうなるとサブプライムローンを借りたＮＩＮＪＡの人は借り換えができません。その結果、返済不能となるケースが増大し、これがサブプライムローン問題として報じられるところとなりました。

サブプライムローンのデフォルトとその影響に対する警戒感が日増しに拡大し、米国市場は07年7月20日に急落。日経平均株価は翌週明け23日から本格的な下落が始まっています。これが日経平均株価にとってダウ理論で言う「下降（弱気）トレンドの第1段目」となっています。

## ■第1段目の下落は押し目にも見える。第2段目では我慢を強いられる

もっとも、この下落局面は、後々になれば「第1段目だった」とはっきりわかりますが、その時点では主要トレンド転換の始まりなのか、それとも高値圏からの強い押し目なのか、その判断はつきません。この高値圏に至るまでの間に収益をあげてきた人からすれば、「絶好の押し目買いのチャンス」に見えたのではないでしょうか。

しかし、上昇トレンドにあったときとは異なり、株価が反発しても最高値水準まで戻すことはできず、そして第2段目の下落が始まります。

この第2段目が厳しい下げ局面となっています。何しろ、5週、6週と週足陰線が続き、戻しがあっても2週間ともたない。そんな状況が

図表3-14　段階を追うごとに厳しさを増す下げ相場。最後に訪れた大暴落

（日経平均株価：週足2007年７月～08年12月30日）

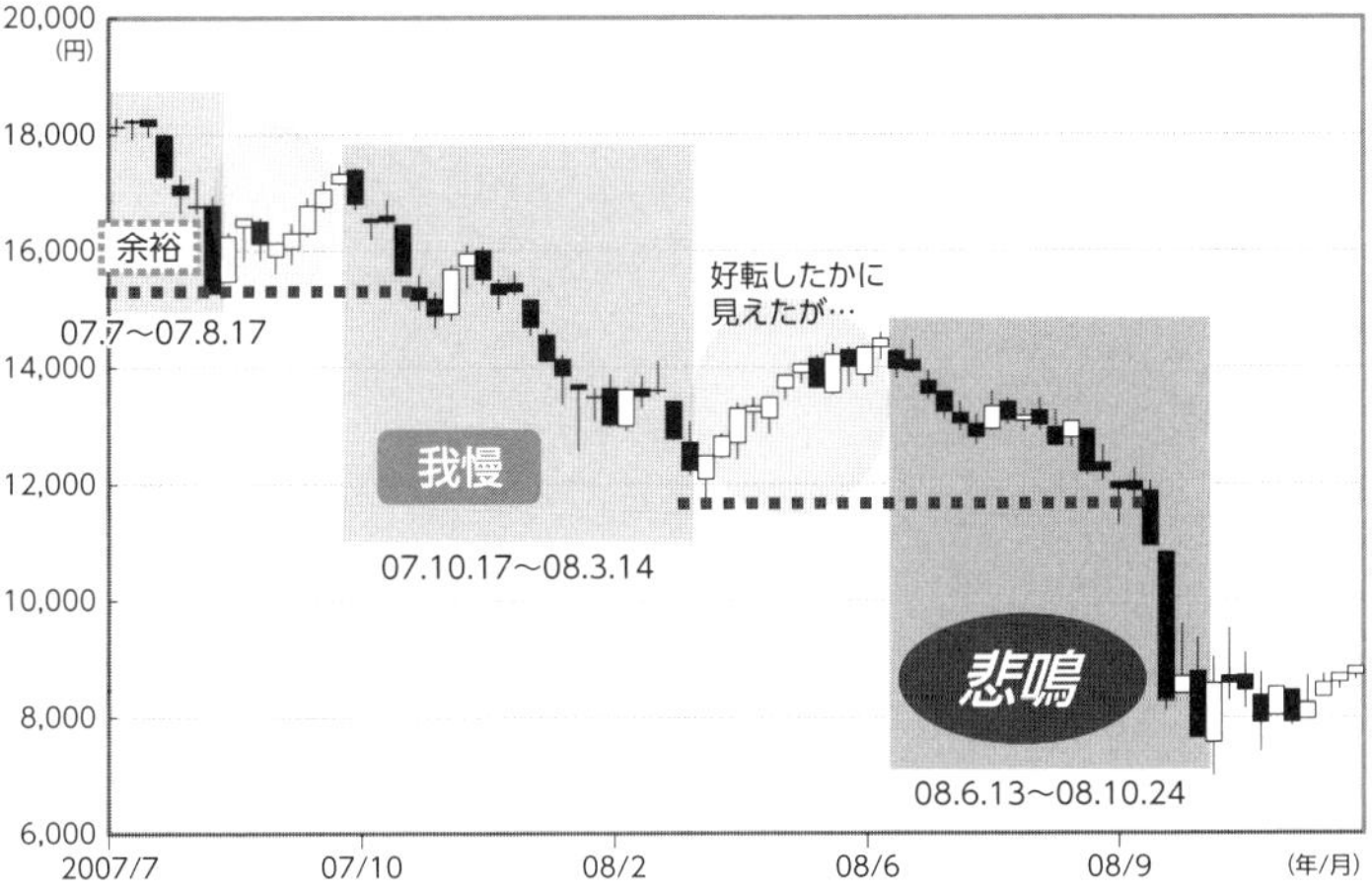

約5ヶ月も続いています。そうした中、もう限界だと市場から出ていく参加者がいる一方で、「これだけ強烈に下げ続けるのは、どう考えても異常だ。この下げで大底を打つ」と我慢していた参加者もいたはずです。余力が残っている参加者の中には、「ここで安値を拾って逆襲だ」とばかりに、果敢な逆張り買いをしていた人もいるかもしれません。

そして、その見通しが的中したかのような反発が3月後半に訪れます。久々に目にする週足陽線の連続。おそらく、果敢な逆張り買いに出た参加者はここで損益が大幅に改善したことでしょう。より果敢な人は、「下落相場は大底をつけて反転した。ここから新たな上昇相場が始まる」と、積極的に買い増しに出ていたに違いありません。

## ■〝擬似好転〟の後にやってきた暴落の御本尊

ところが、無情にもその反発は3ヶ月で終わり、6月後半から、より一層苛酷な第3段目の下落が始まります。

このときの状況は、登山で言うところの擬似好天という現象に似ています。悪天候の中、一時的に好天になるものの、その後に猛吹雪や暴風雨など、その前にも増して大荒れの天気になる。それを本当に天候が回復したと思い込んで山に出ると非常に危険な目に遭いかねない、という注意を喚起する言葉です。3月後半から3ヶ月続いた反発は、これで下落相場は終わったと思いたくもなる、確かにしっかりした動きでした。それが〝擬似好転〟だったとは。その後に待っていたのは、想像を絶するほど残忍な市場崩壊です。相場が本格的に好転したと見込んで買いに出た参加者にとっては、まさに危険にさらされる、むごい仕打ちとなってしまいました。

この第3段目が始まった頃、米国ではサブプライムローン問題が金融機関の不良債権問題に発展し、地銀の破綻が相次ぎました。世界の株式市場は下げが止まらなくなり、日経平均株価ももはや戻す動きがあっても1週間も続かない、ほとんど下げっぱなし状態です。

そして9月15日、米国の有力投資銀行、リーマンブラザーズが破綻します。リーマンブラザーズは、サブプライムローンを証券化して販売していましたが、住宅価格がそれこそバブル崩壊のような下落となったことから負債が拡大し、負債総額約6000億ドル（約64兆円）という、とてつもない規模の破綻となっています。

その破綻は他の大手金融機関の経営危機を招き、10月に入ると世界中の株式市場が連日大暴落。もはやパニック状態となります。このとき日本市場では、8時45分に先物市場の売り爆撃が始まり、9時に開く株式市場は夥しい売り気配で30分経っても寄り付かない銘柄多数。ストップ安の個別銘柄が数百を超える日は1度や2度ではなく、日経平均株価採用の大型株ですらストップ安銘柄が50に及ぶ日もありました。

下落第1段目のスタート直前に1万8000円を超えていた日経平均株価はついに10月27日の場中に7000円割れ。08年10月は1ヶ月で40%を超える下げ幅です。それこそ悲鳴しか聞こえない、酸鼻極まる光景でした。

## ■〝恐怖指数〟に見る大暴落の最終局面

この大暴落がいかに世界中の投資家を震撼させ、恐れおののかせたのか、〝恐怖指数〟とも呼ばれる米国のVIX指数（ボラティリティー・インデックス）にありありと現れています。VIX指数は、米国の株価指数S&P500を対象とするオプション取引価格の変動率をもとに算出されています。オプション取引には、買う権利（コール）の売買と、売る権利（プット）の売買があり、市場が急落するとプットの価格が急騰します。

日経平均株価に置き換えて言うと、たとえば日経平均株価が2万5000円のときに、「2週間後の期日に日経平均株価を2万円で売ることができる権利」は価値がほとんどありません。この権利は、期日の日経平均株価が2万円よりどんなに安くなっていても「2万円で売ることができる」というところに価値があるからです。期日の日経平均株価が2万円より高ければ、この権利を使っても意味がありません。よって権利は放棄され、値段はゼロ円。期日まで多少なりとも時間があれば、日経平均株価が2万円より安くなっている可能性がないわけではない、ということで値段はつきますが、1円、2円といった程度です。

ところが、日経平均株価が暴落して、もしかすると期日に2万円より安くなっているかもしれない、という思惑が拡がり、この権利を買う参加者が増えれば価格は急上昇します。2円だった価格が仮に100円になったとすれば、変動率は4900%。こうした急変動を反映してVIX指数も急騰します。

平常の相場状況では、VIX指数は概ね10台後半から20前後の推移で、30にまで上昇するのはかなり市場が荒れて、急落に対する警戒心が非常に高まっているときです。リーマン・ショックに至る3段階の下落では、第1段目と第2段目で30前後まで急上昇しています。

それが第3段目の下落では、9月からVIX指数は爆騰状態となり、ピーク時には80にも達しています。

**図表3-15　最終局面の暴落では“恐怖指数”が尋常ではない数値に急騰**

(VIX指数：2003年1月〜09年12月31日)

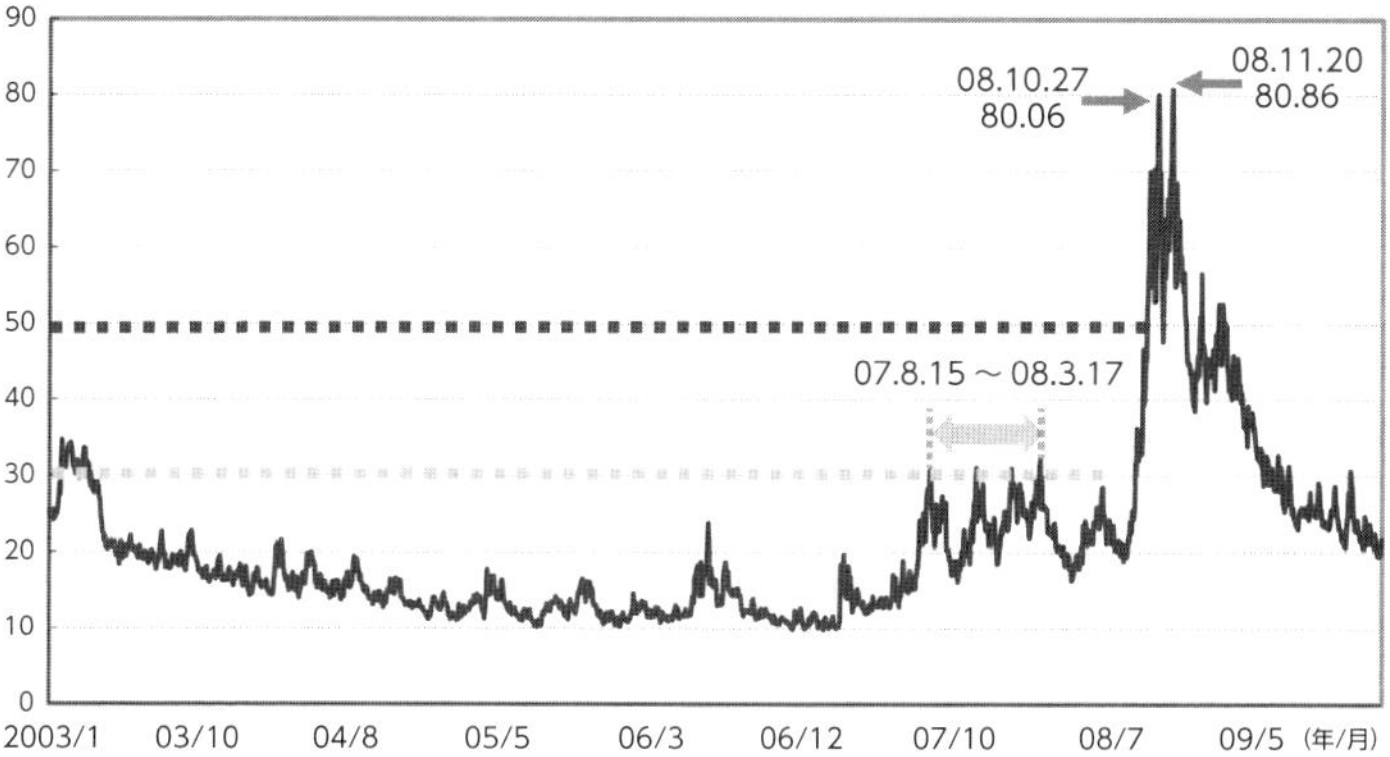

この火山の爆発のような超絶な噴き上げが市場の恐怖の頂点。１９２９年の大恐慌をしのぐ世界的市場大暴落のクライマックスとなりました。

もちろん、ＶＩＸ指数が80を超えたからといって、それがクライマックスだと決まったわけではありません。場合によっては、さらに上昇することもあり得ます。しかし、株価下落は第3段目で大暴落のパニック状態、そしてＶＩＸ指数は尋常ではない水準まで爆騰しているという状況は、第1章でふれた「ボラティリティーから想定される振れ幅をはるかに超えている」、下に振れまくっている局面であるのは確かです。市場の中にいる人は、それがどこまでもエスカレートするようにしか考えられなくなっていますが、市場の外から冷静に見ている人ならば、もはや正気の沙汰ではないことに気付くと思います。それが、ここからさらに下げたとしても限定的ではないか、との見通しを立てることに結びつきます。

# 3-3

【２００９年～２０１２年】４年に及ぶ暗黒時代は「解散」「総選挙」で幕を下ろす

# 「安値を試しに行く動き」を捉える

## ■最安値からの反発の後、「その最安値が本物の大底か」を試す動きが出る

よく、「大底をつけるときには『コツン』という音が聞こえる」などと言われたりします。しかし、実際に体感する音は、そんな可愛いものではありません。下落相場の最終局面では、最安値を更新した直後に強いリバウンドがあったり、それがすぐに強烈な下落に変わって最安値をさらに更新したりと、ドカドカ爆音を立てるかのように乱高下します。

後々になって「大底」と確定される最安値をつけた後でも、大リバウンドしたかと思えば、大きく下げて最安値水準まで戻してしまうケースが多く観測されます。ダブルボトムや逆ヘッド・ア

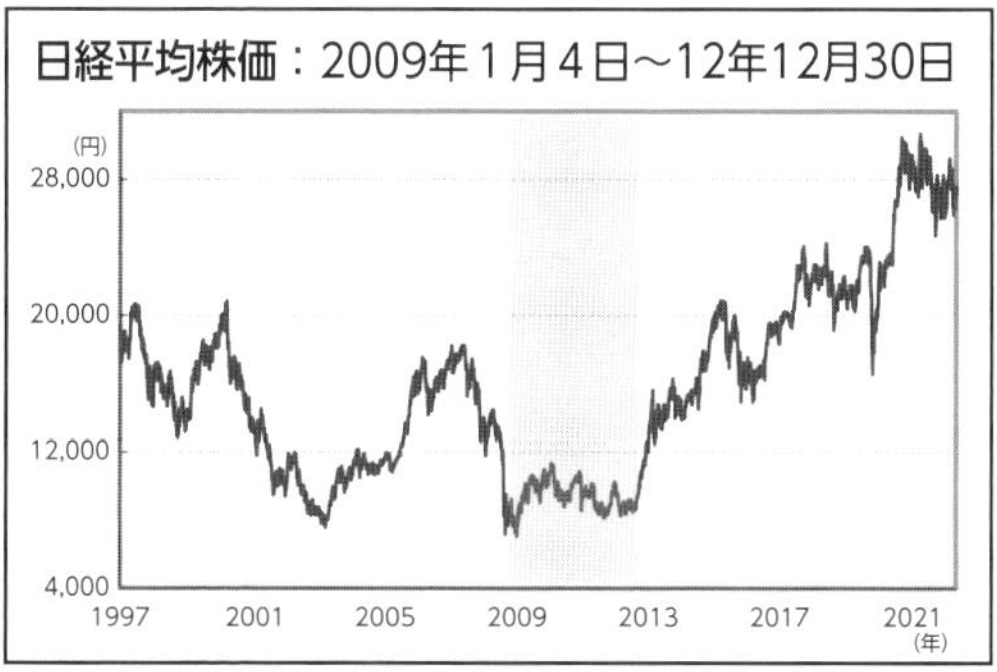

ンド・ショルダーなど、チャートの教科書に出てくる底値圏形成パターンはその状態を指しています。

一旦反発した株価が、先につけた最安値水準をめがけて下げることは「安値を試しに行く動き」などと表現されます。要は、先につけた最安値が本物の大底なのか、それを確かめるかのような下落です。確かめに行った結果、先の最安値を下回ることがなければ、その最安値が大底である条件が取りあえずひとつ満たされることになります。

とはいっても、そこから本格的な上昇相場にV字型で転換するわけではありません。先に見た日経平均株価のＩＴバブル崩壊後のように、底打ちかと思われたダブルボトムを抜けて下げることもあります。また、それが結果的に大底圏を形成するパターンになったとしても、その後何度か安値を試す動きを繰り返し、なかなか上昇相場に転換しないケースが多いのが現実です。

そうした安値を試す動きは、株を買っている参加者にとって虚しい以外の何ものでもありません。何しろ、やっと株価が上向いて損益が改善してきた、と安心したのも束の間、それまでの上げ幅がチャラになってイチから出直しです。それが一度ならず二度ならず、今度こそは、と期待しても裏切られるともなれば、凹みに凹まされて、果ては、心の糸が切れたような精神状態にもなります。

しかし、株を持っていない人からすれば、安値を試しに行く動きは大底圏で買える機会の再来にほかなりません。それが何度か繰り返されれば、大底圏で買値をしっかり固めることができます。しかも、「先につけた最安値」という下値の目印もあります。安値買いを堪能できる、大歓迎の局面です。

## ■米国市場は早々に好転。日本市場は延々と脆弱な相場が続く

リーマン・ショックの大暴落の後、09年から次の上昇相場が始まるまでの約4年間が、まさにそうした状況でした。

08年10月27日まで最安値を続けていた日経平均株価はその後、乱高下しながらも反発の様相となっていましたが、09年早々に反落。その下落は08年10月の最安値とほぼ同水準で3月10日に止まり、ダブルボトム型のパターンを形成します。そこから相場の好転を思わせる値動きにはなりますが、1万円に到達した途端に大きく下げる。その後、1万円を超えたところがまた大きく下げる。そこから何とか1万1000円を超えるまで上値を切り上げたところが、10年4月にギリシャの財政危機が欧州諸国に連鎖する懸念が拡がったことを背景に大下げ。ここから日経平均株価は上値・下値をジワジワ切り下げる動きに変わります。

11年の東日本大震災時の急落はその直後に大きく戻していますが、大震災前の高値には届か

ず下落再開。脆弱きわまりない動きは11年終盤まで続いています。

米国市場を見てみれば、そのときには不安定ながらも上昇トレンドの様相です。大下げする場面があっても、下値を切り下げずに反転し、上値を切り上げる。10年時点で08年7月の水準にまで到達しています。この頃、「米国が下げれば日本も下がる。米国が上げても日本は下がる」とよく言われていたものです。

なぜ日米がこうも違っていたのかといえば、やはり経済・金融政策の差でしょう。09年以降、なりふり構わず金融緩和政策を強力に推し進めていた米国に対して、当時の白川方明日銀総裁はそれほど金融緩和に積極的ではない。むしろ、デフレ脱却に向けた金融緩和に消極的と受け取られかねない見解もありました。この温度差は、日米金利差縮小要因であ

図表3-16　2010年4月以降は上値・下値を切り下げる不安定な推移

（日経平均株価：日々終値2008年７月～12年７月31日）

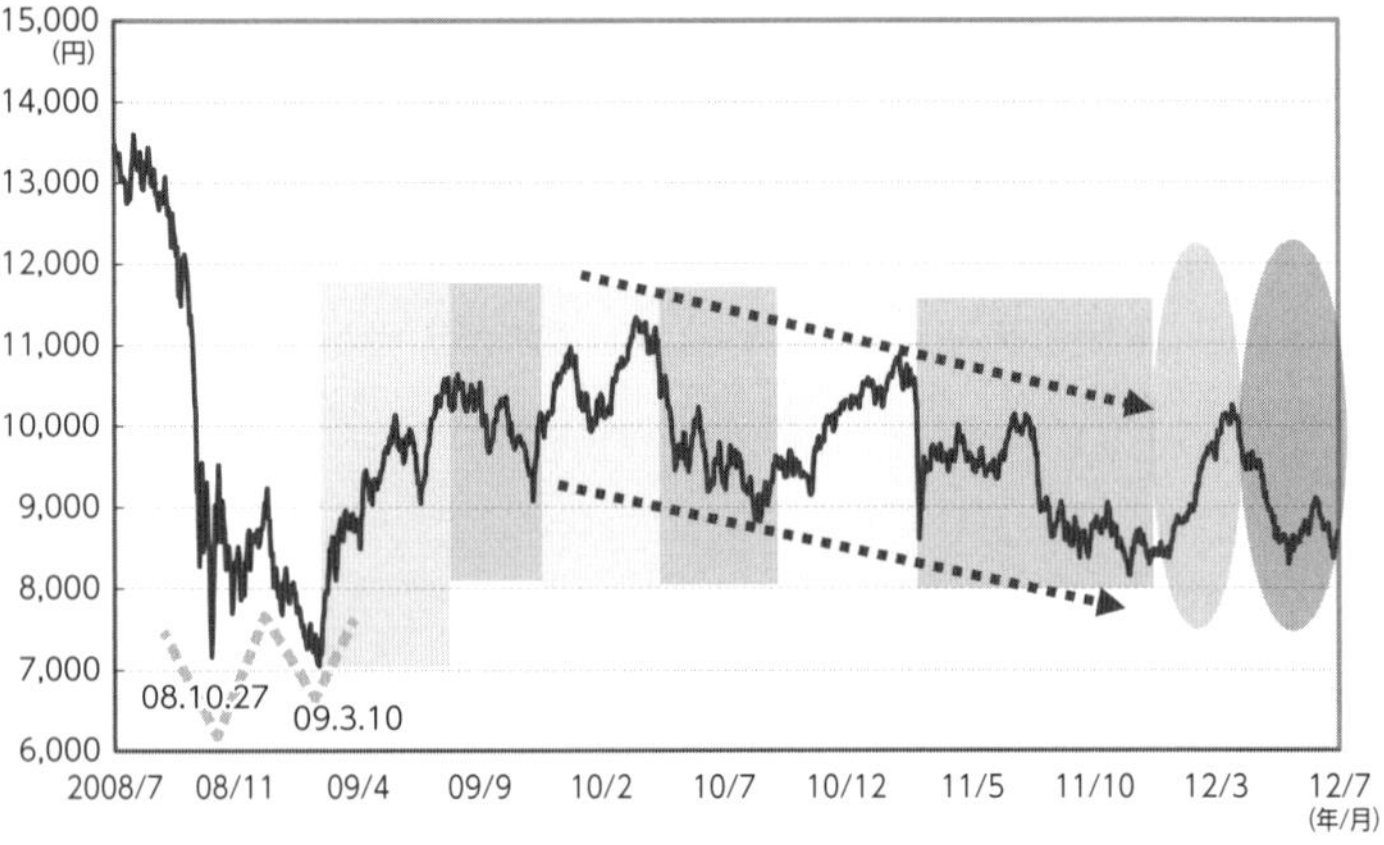

**図表3-17① 米国市場は09年3月を境に上昇トレンドの様相となっていたが**

(S&P500：日々終値2008年7月〜12年7月31日)

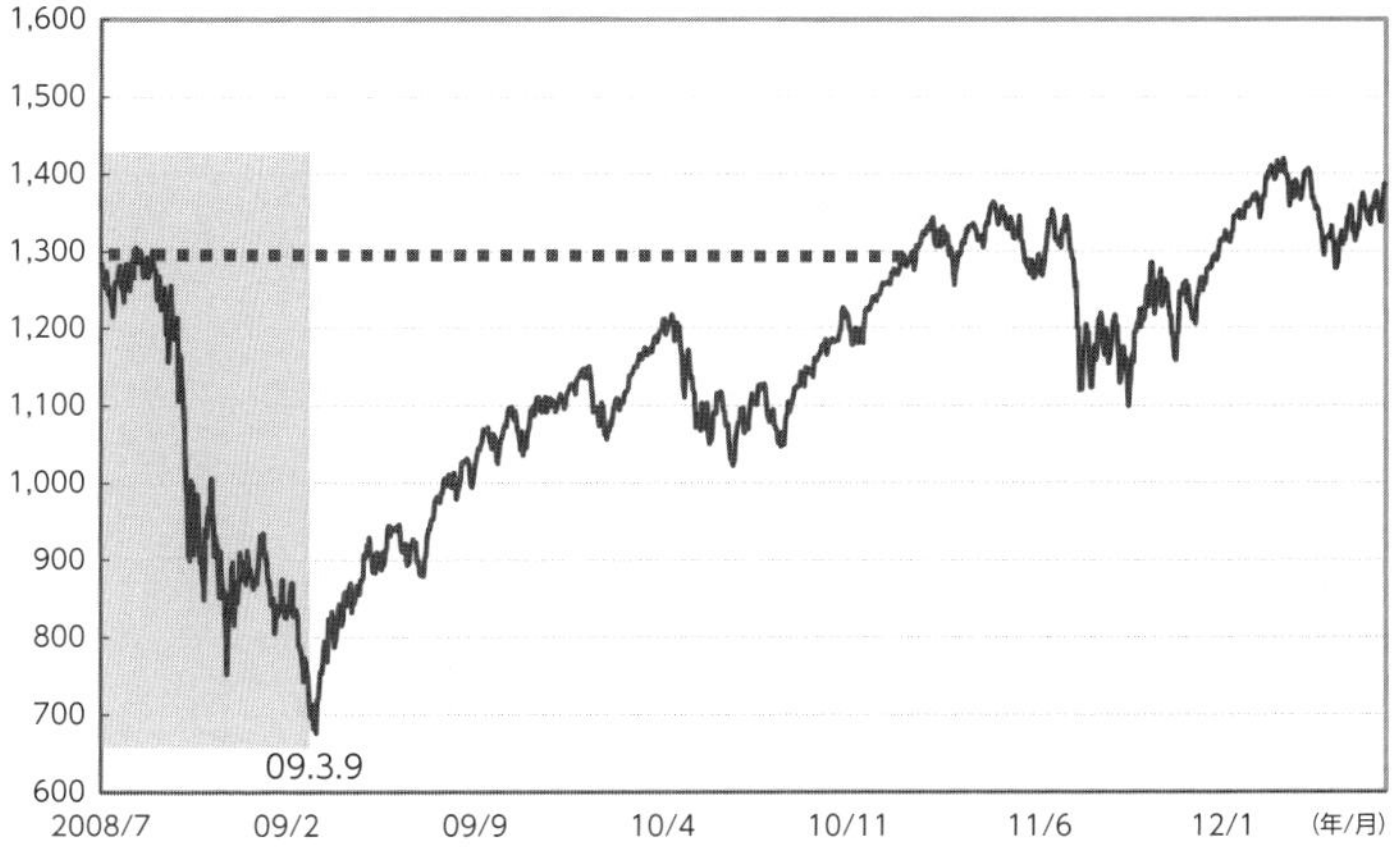


**図表3-17② 円換算すると日経平均株価より"ややマシ"レベル**

(S&P500円換算：日々終値2008年7月〜12年7月31日)

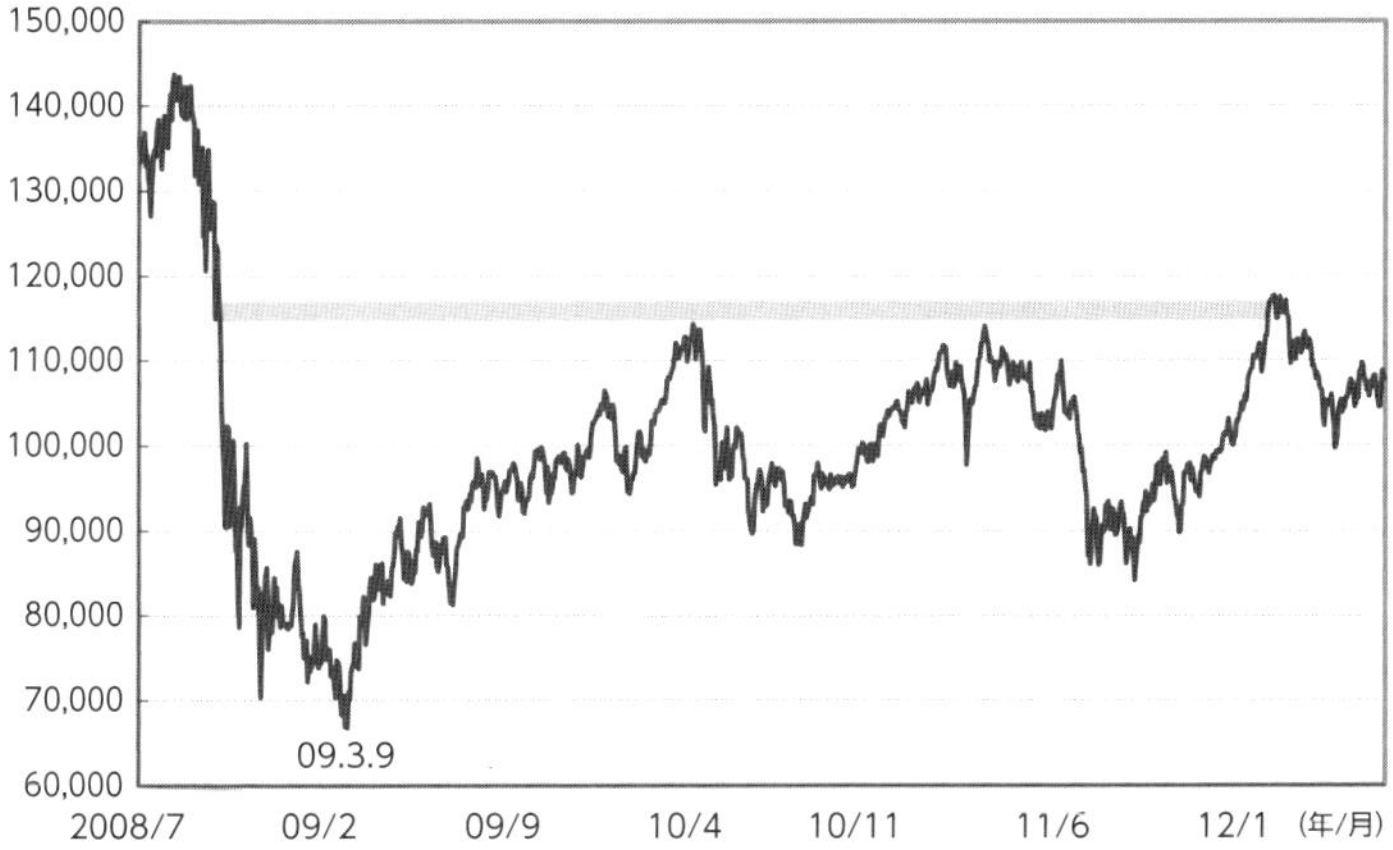

り、ひいては円高ドル安要因です。実際に、ドル円レートは11年10月に75円台をつけるという超円高になっています。前章でもふれた通り、これが株安の大きな背景です。

少々話が逸れますが、この超強い円で米国市場のS&P500を換算してみたのが図表3―17②です。日経平均株価に比べればまだいいとしても、魅力的な動きとは到底言えません。米国市場が上昇トレンドの様相になっていても、円高ドル安のもとで米国市場に投資するとこうした結果になります。

## ■勢いある上昇は3ヶ月にして終了。TOPIXは〝リーマン〟最安値割り込む

ドル円レートが75円台をつけた後、円安ドル高方向に戻す動きが出ます。と同時に、日経平均株価の脆弱な動きにも変化の兆しが現れました。その変化が誰の目にも明らかになったのが12年1月です。市場全体が〝押し目待ちに押し目なし〟のような勢いで上昇し、3月には大震災後の戻り高値を超えるに至っています。10年4月以降、前につけた高値を上回ったのはこれが初めてです。このとき「長年待っていた夜明けがついに来た。ここから本格的な上昇相場が始まる！」と確信し、心を踊らせた人も多かったことでしょう。

ところが、4月に入るとその勢いが幻だったかのように消え失せてしまいます。5月には下げが加速し、6月4日、日経平均株価は1月の上昇スタート地点まで全戻し。本格的な上昇相

場への転換を確信していただけに、それが超絶な〝ぬか喜び〟に終わったショックは甚大でした。

このショックにさらに拍車をかけたのがＴＯＰＩＸです。ＴＯＰＩＸは４月からの下落が強烈で、全戻しどころか、こともあろうに09年３月につけたリーマン・ショック時の最安値をわずかながらも６月４日に下回ってしまったのです。

前章で「明けない夜があるのではないか、と本気で考えたこともあった」と述べましたが、それがこの日、忘れもしない12年６月４日です。最安値を下回るというのは、下降トレンドがまだ継続している、下落相場が再開することを示唆します。ここからリーマン・ショックの下落相場が再開したら、どこまで下げるのか。日経平均株価は５０００円で済まないのではないか。そのとき個別銘柄の株価はどういうことになるのか。自分の損益

## 図表3-18　「安値を試しに行く動き」シンガリは12年6月4日のTOPIX

(TOPIX2008年７月〜日々終値12年７月31日)

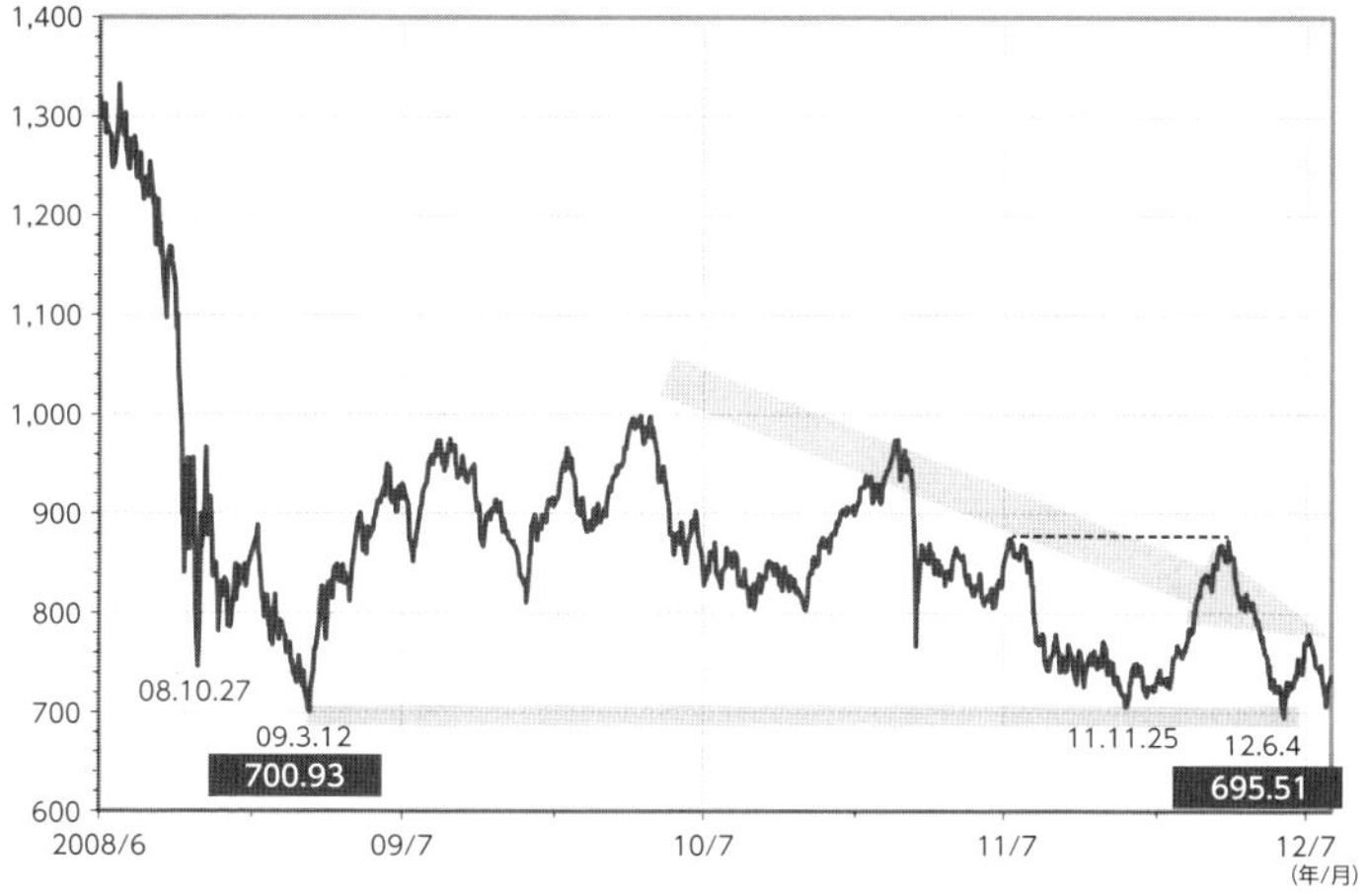

がどうのこうのはもはや通り越して、もう絶望。日本の株式市場に何の希望も見出せない。言いようのない虚無感に襲われたことをいまでも時々思い出します。

## ■「解散」「総選挙」で夜が明ける以前に現れていたささやかな吉兆

「夜明け前が一番暗い」という相場の格言がありますが、後になって振り返れば、ＴＯＰＩＸの最安値がまさにその夜明け前だったようです。

その後、日経平均株価もＴＯＰＩＸも不安定ながら安値を更新することはなく、底這いのような動きになります。この底這い状態の結末がはっきりと見えたのは5ヶ月後。11月14日、当時の民主党代表・野田佳彦内閣総理大臣が安倍晋三自民党総裁との党首討論で、衆議院議員削減法案に賛同してもらえるならば16日に衆議院を解散する考えがある、と表明する大サプライズ。これが伝わった翌15日から日経平均株価は連続ギャップアップで上昇。総選挙前日まで上値を切り上げ続けます。

12月16日に行われた総選挙は自民党が圧勝。「選挙が終われば上昇も一服だろう」との見方も出ていましたが、選挙結果が出た後も、押しをはさみながらの上昇基調が続き、大納会高値で12年を終えています。株式市場がどれほど「解散」「総選挙」を待ちわびていたか。11月15日以降のギャップアップに次ぐギャップアップは、それが現実になった歓喜そのもののようではありませんか。

そして13年はご承知の通り、安倍新政権のもと勢いのある上昇相場で始まっています。苦渋に満ちた4年間、株式市場の暗黒時代はこうして幕を下ろしました。その一番の立役者は、やはり、大惨敗を覚悟のうえで解散を決断した野田総理大臣でしょう。

もっとも、暗黒時代とはいっても、株を持っていない人にとってはこの時期こそが願ってもない好機でした。「一番暗い夜明け前」の6月4日から底這いの動きをしていた場面が、大底圏で買う最後の機会となっています。

実際にそこで買いに出ることができたのか、と言えば、冷静に市場を見ていた人ならば十分なし得たと思います。というのは、日経平均株価やTOPIXが脆弱きわまりない動きをして

**図表3-19 「解散」「総選挙」で長い長い夜がついに明ける**

(日経平均株価：日足2012年９月３日～12月28日)

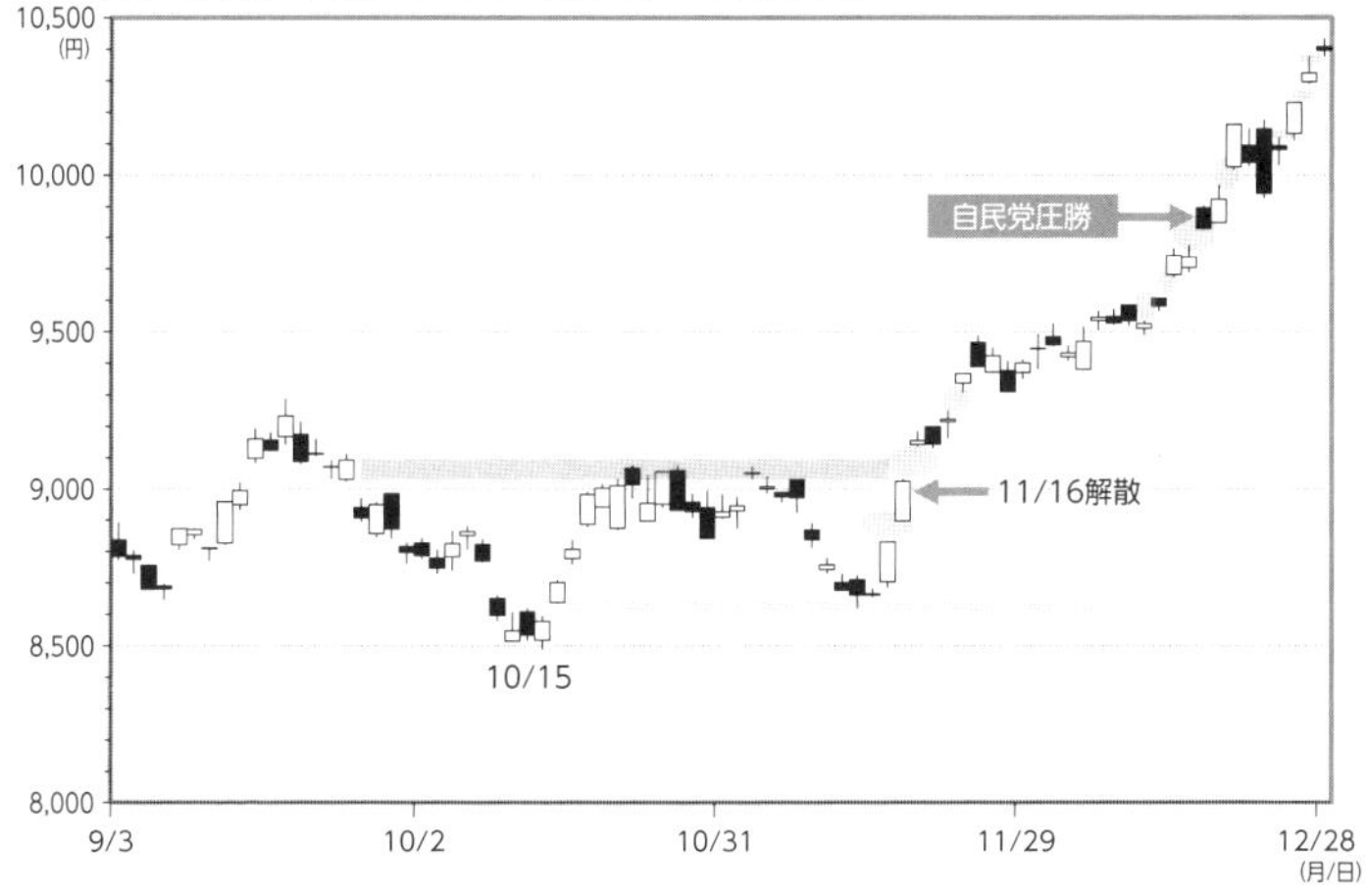

いた時期、そして12年6月に日経平均株価は年初からの上げ幅を全戻し、TOPIXは〝リーマン〟時の最安値を割り込むという極めてネガティブな展開となっていたときに、株式市場の中には前向きな兆しが現れていたからです。

そのひとつが、またしても東証2部指数です。09年3月以降、この指数も日経平均株価やTOPIXと同じように、上げては戻す動きを繰り返していましたが、東日本大震災時の大下げを除けば、下値は切り下がっていません。その一方で、上値はわずかずつながらも切り上がっています。さらに、12年4月からのショック甚大な下落局面では、その前の安値、11年11月の2046ポイントよりも高い位置で下げ止まっています。この時点で、上値・下値が切り上がるという、上昇トレンドへの転換を示唆する形になっています。

**図表3-20　東証2部指数はすでに明るい兆しが現れていた**

（東証2部指数：月足2008年1月～13年12月）

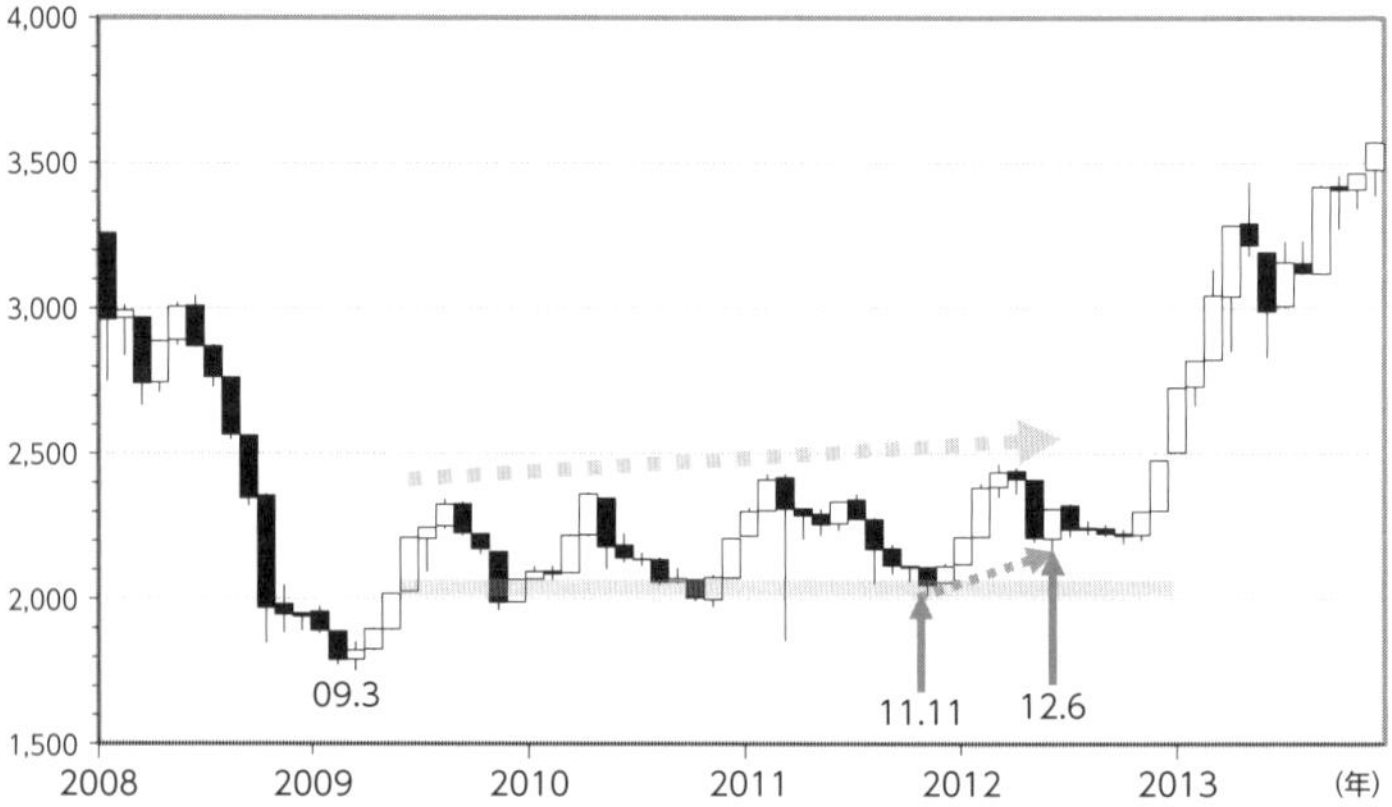

6月4日に全戻しとなった日経平均株価は、場合によってはさらに下げたかもしれません。TOPIXは、結果としては09年3月安値と12年6月安値がかなり期間をおいてのダブルボトム型になっていますが、これも場合によっては底割れして最安値を更新していたかもしれません。しかし、そのとき決して市場全体が総崩れになっているわけではない。市場の中心ではない、中小型株・新興株に明るい兆候が現れている状況ならば、仮に日経平均株価やTOPIXが底割れして下げたとしても、もはや下値は限定的と見込むことができます。買いに出ることを大いに検討していい場面です。

なお、先にもふれた通り、非常に残念なことに、市場の実態を知る貴重な手掛かりを与えてくれていた東証2部指数は、新市場区分移行によってこの世から姿を消してしまいました。また、後に出てくる日経ジャスダック平均も、東証2部指数に勝るとも劣らない、市場実態に近い値動きをする実感の強かった指数ですが、ジャスダック市場の廃止にともない算出終了となっています。

指数を算出していた東京証券取引所や日本経済新聞社としては、対象市場が廃止されたのだから株価指数をなくすのは当然と、何ら躊躇することなく算出を終了したと思います。しかし、相場情報としての有用性という観点からすれば、歴史と実績を持つこの2つの株価指数が葬り去られた損失は計り知れません。

新市場区分移行後、東証2部市場とジャスダック市場に上場していた銘柄の大半は東証スタンダード市場に上場しています。その東証スタンダード市場指数は22年6月27日からまともに4本値が算出されるようになり（それ以前は16時に引け値だけを公表するという、株価指数としてはちょっと信じ難い算出でした）、これが東証2部指数と日経ジャスダック平均の代替になることを期待していたのですが、どうも違うようです。

まだ新市場ができてから1年も経っていないので断言はできませんが、東証スタンダード市場指数は、東証プライム市場指数に近い値動きになっています。おそらく、日本オラクル（4716）をはじめ、時価総額の大きい旧東証1部上場銘柄が複数、東証スタンダード市場に入ってきたからでしょう。これらの旧東証1部上場銘柄がTOPIX構成銘柄であることも関係していると思われます。

これは困りました。この先、日経平均株価だけではわからない市場の実態にどうやって目測をつければいいのか。何か代わりになるインデックスはないのか。この点については後に考察します。

# 3-4

【2013年〜2017年】長期上昇相場の途中に出現する強烈な下げ局面

# 「反転」するのか、「継続」するのか。その試金石

## ■長く続く「二次的調整」は上昇トレンド途中で格安で買い増す機会

1つの相場サイクルの中で、右肩上がりになっている、右肩下がりになっている、という方向性を、ダウ理論では「主要トレンド」と呼んでいることは先に述べた通りです。これは1年以上継続する動きであると定義されています。

加えて、ダウ理論では、その主要トレンドの中に「二次的調整」という動きがあるとしています。これは、上昇トレンドにある中での下落、下降トレンドにある中での上昇のことで、数日間の押し目や戻しではなく、3週間程度から数ヶ月も続くような大きな逆方向の動きを指しています。

日経平均株価：2013年1月4日〜17年12月30日

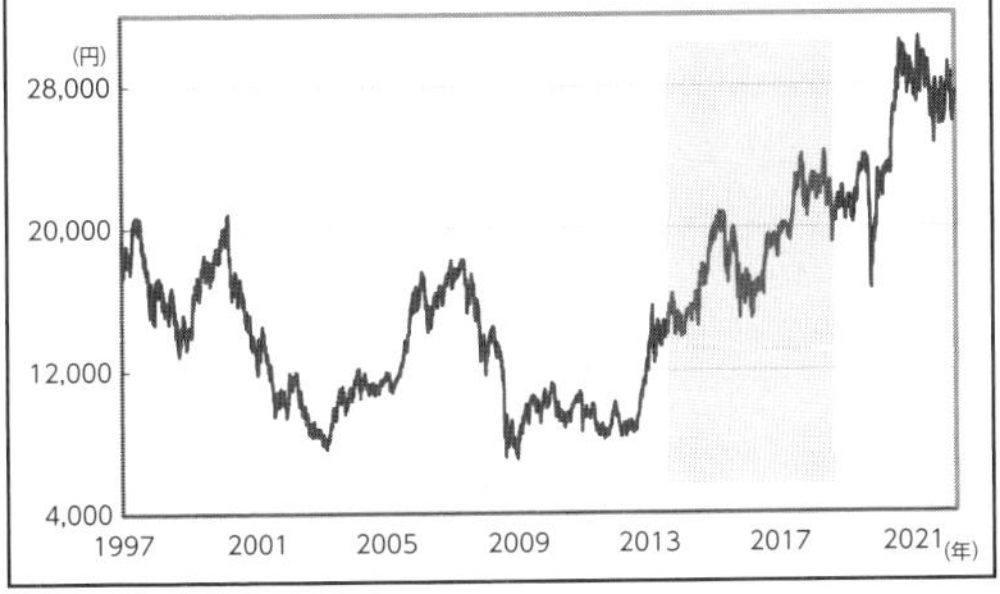

この逆方向の動きというのが非常に厄介で、「調整」と言ってはいますが、本当にそれが上昇トレンドの途中の調整であって、上昇トレンド自体は継続するのか、それとも「調整」ではなく、すでに下降トレンドに反転しているのか、その時点ではわかりません。

もし、その調整の後に上昇軌道に復帰し、それまでの上昇トレンドが継続するのであれば、その安いところを拾うのが上策です。しかし、すでに下降トレンドに転換しているとすれば、その後に訪れるもっと安く買える場面を待ったほうがいいのは言うまでもありません。そのどちらなのか、リアルタイムでは判断できないというところに、株式投資の難しさがあります。

しかも、その二次的調整は数ヶ月どころか、1年近く続くこともあります。それほど下げ止まらない状況が続いているともなれば、上昇トレンドは終わってすでに下降トレンドに転換しているという判断にもなるところです。しかし、その後に上昇トレンドが再開する、すなわち「継続」で終わることがあります。調整していた期間が長かった分、その反動も大きく、再開した上昇トレンドが非常に強い基調になることもしばしばです。

そうすると、長期間続く二次的調整の最終局面は、上昇トレンドの途中で格安に買える機会ということになります。バーゲンハンティングとは少々違うかもしれませんが、たとえば買い増しを検討するのであれば、そうした大きな二次的調整は一考に値します。

では、その大きい逆方向の動きの果てに確定するのは「反転」なのか、「継続」なのか。その試金石はどこにあるのか。「解散」「総選挙」の後、17年まで続いた上昇相場の中にそのヒントがあります。

## ■弱い動きが続いていても下値が切り下がらなければ「継続」につながる

13年、日本の株式市場は明るい上昇基調で始まりました。3月終盤にその勢いも一服か、という動きになったところに、4月5日、黒田日銀総裁がいわゆる〝異次元緩和〟、量的・質的金融緩和策を発表。これで市場は再び活気づきます。

異次元緩和前に1万2000円台だった日経平均株価は1万5000円を超え、5月23日の寄り付き直後、1万6000円目前まで上昇。これは凄い、夢のようだ、と思ったその瞬間でした。何があったのか、そこから市場全体が豹変。あれよあれよという間に株価が下げに下げて止まらない。激しく市場が下落する中、日経平均先物はサーキットブレイカーが発動し、一時取引停止になっています。この日、日経平均株価は1万4483・98円で安値引け。寄り直後の高値からの下げ幅は実に1458円です。

この日からの下落基調は4週間続き、株価は1万2000円台に逆戻り。その後下値は切り上がっていますが、上値は押さえつけられ、保合いのパターンになります。この方向性の出ない状態が続くこと約5ヶ月。11月18日にようやく上値をブレイクして上昇トレンドが再開。12

月15日に〝幻〟と化していた5月23日の高値を超え、高値更新が続く中での大納会となりました。

これなら新年も明るく始まるだろう、と誰もが思ったのではないでしょうか。ところが、大発会から市場は下げ基調に一転。2月4日に1万4000円ギリギリで一旦下げ止まりますが、戻す動きは継続せず、4月11日に1万4000円割れ。そこからの反転も上値を切り上げることができず、5月21日にまたも1万4000円割れ。この3度目の安値を最後に、ようやく基調が上向きに転換します。

この局面が結果として二次的調整であり、上昇トレンドが再開、すなわち「継続」となった要因は、まず、13年6月の安値を下回らなかったこと。さらに、2月4日の安値を試す動きを

**図表3-21　上昇トレンドは順風満帆に進展しない。時に“まさか”の大下げも**

（日経平均株価：週足2013年１月～14年７月31日）

繰り返す中で、その都度つける安値は2月4日の安値をわずかに下回る程度でとどまり、直後に反転していることです。

つまり、上昇トレンドが継続するならば、第一には、前回の二次的調整の動きでつけた安値よりも高い位置で下げ止まる。そして第二は、上値が伸びない、あるいは上値が切り下がっていても、下値が完全に切り下がるまでには至らない。これが、「反転」か「継続」かの重要な試金石になります。

## ■第3段目の下落でつけた安値が決め手になった〝上海ショック〟からの長い調整

5月21日を境に上昇トレンド再開の動きとなった日経平均株価は、8月上旬に一旦押しを入れて、上昇軌道に復帰します。その上昇は、13年の大納会高値を超えた9月19日に止まり、10月から強い下げ基調に一転します。

この下落局面が非常にネガティブだったのは、8月8日の安値をしっかりと下回っていることです。しかも、10月17日の安値1万4529円は、2月4日から5月21日の安値水準が視界内という位置。ここからさらに下げれば、「解散」「総選挙」からの上昇トレンドは終了。下降トレンドに反転するというシナリオが現実味を帯びてきます。

その「下降トレンドに反転」シナリオを完膚なきまでに粉砕したのが、10月31日に黒田日銀総裁が発した〝バズーカⅡ〟。量的・質的金融緩和の拡大です。この日の爆上げで一気に年初来高値を更新。ここから本格的に上昇トレンドが再開します。

この上昇トレンドは15年に入ると調子をあげ、5月にはついに2万円超え。これは07年の最高値を超えたという点で超長期トレンドにおいても重大な意味があります。80年代バブル崩壊からリーマン・ショックまでの18年間、日経平均株価は高値・安値を切り下げ続ける超長期の下降トレンドの中にいました。それが、このとき初めて前回の高値を超えたのです。この動きは、超長期の下降トレンドが上昇トレンドに転換したことを示唆しています。実におめでたい出来事です。

ところが、そのおめでたさは、ひと月後に吹

**図表3-22　弱気シグナルを完全撃破した“バズーカⅡ”**

(日経平均株価：日足2014年8月1日～11月28日)

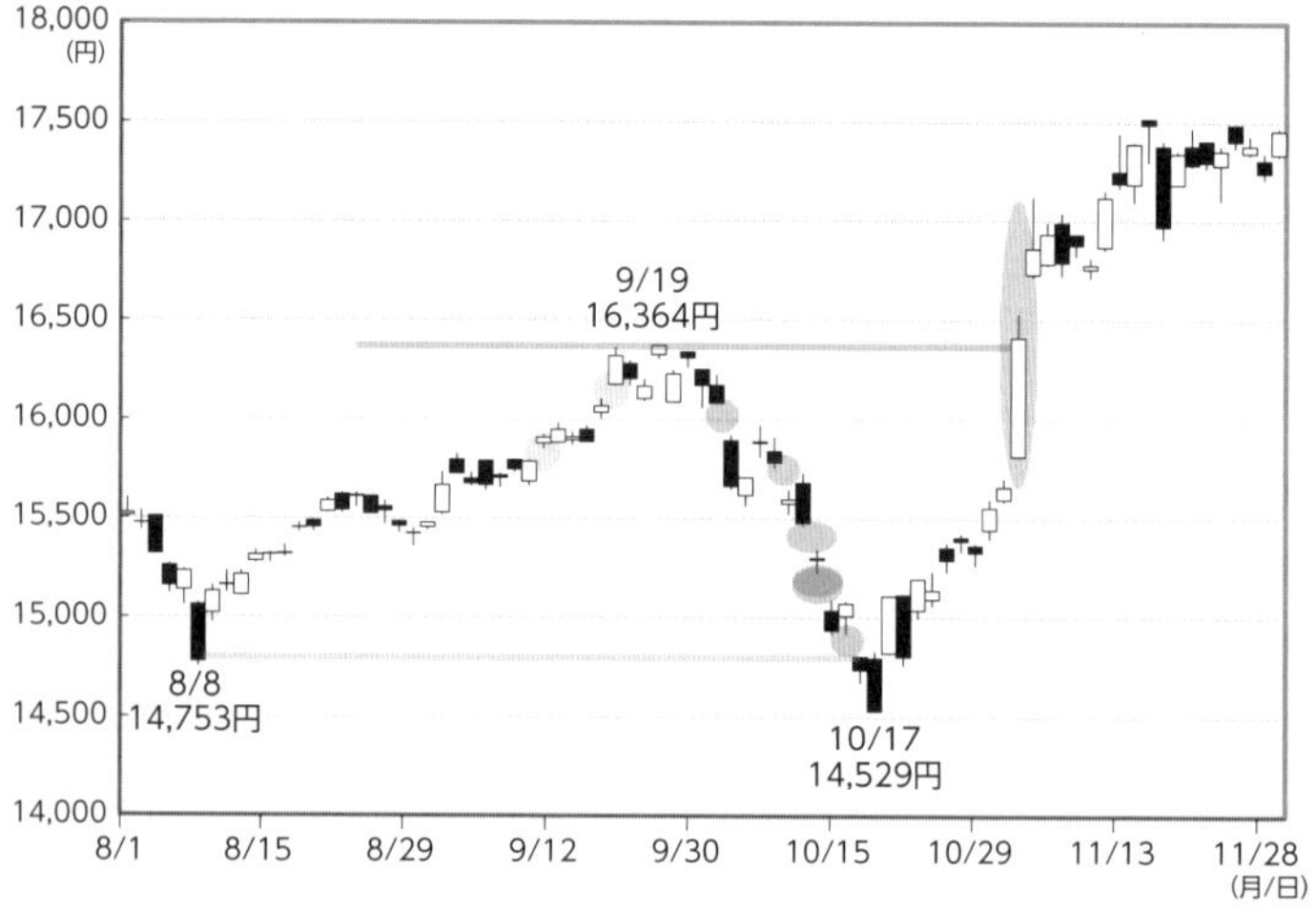

き飛ばされてしまいます。引き金は中国株式市場の大暴落。上海総合指数は6月12日から約1ヶ月で35％近く下落したことから、〝上海ショック〟などと呼ばれます。

ただ、このときの下落は世界的な株安にまでは発展せず、日経平均株価も早々に値を戻しています。そして8月には高値水準に復帰したのですが、8月11日を境に強烈な下落が始まります。この日、中国の中央銀行にあたる中国人民銀行が、人民元の対米ドル基準値を大幅に引き下げたことがその背景です。このとき、上海総合指数は1週間で30％近く下落。ここから世界同時株安の様相となります。

日経平均株価の下落は8月12日から始まり、19日から下げが加速。9月29日に1万7000円を割り込んでリバウンドの動きとなりますが、2万円目前で失速。16年初から下落が再開して、ここで9月29日の安値を下回ってしまいます。1月29日に黒田日銀総裁がマイナス金利付きの量的・質的金融緩和策を新たに打ち出しましたが、この下落局面はバズーカの威力をもってしても食い止めることはできませんでした。

下落が一旦止まったのは2月12日。9月29日の安値を大幅に下回る1万4865円、14年10月17日の安値も目の前という水準です。その翌日からのリバウンドは4月25日に終わり、またしても下落が再開します。15年8月の急落を第1段目とすれば、リバウンドをはさんで16年初めから2月12日までの下落は第2段目。ここから下げるならば第3段目です。これまでの間、上値はしっかりと切り下がっています。もし、ここからの下落が2月12日の安値を完全に下回れば、上昇トレンドから下降トレンドに反転したという、極めて強い示唆になります。この第3段目の下落には、かくも重要な意味がありました。

折り悪くも、6月に入ると今度は英国のEU離脱が懸念されるようになります。事前予想ではEUに残留するだろうという見方が多かったのですが、6月24日の国民投票の結果は、何と「離脱」。いわゆるBrexitです。

この結果を受けて、日経平均株価は爆下げ。引け値は前日比1286円安の1万4952円。場中につけた安値は1万4864円と、2月12日とほぼ同じ。しかも、この日は15年6月の最高値からちょうど1年。ここで下げ止まら

**図表3-23　上値は切り下がるも下値は切り下げず。お陰で「反転」は回避**

(日経平均株価：週足2015年1月～16年12月30日)

なければ、ダウ理論の主要トレンドの定義「1年を超える動き」にも合致する下降トレンドです。

この日経平均株価の動きからすれば、トレンドが反転した可能性のほうが圧倒的に高く、「継続」はほとんど期待できない、というのが王道的な解釈ではないかと思います。ところが、ほとんど期待できないことが起きます。その後、6月24日の安値を下回ることなく水準が一段切り上がり、横ばいの動きを経て、11月9日の「トランプ氏当選」を機に上昇トレンドが本格的に再開。第3段目の下落が安値を切り下げなかったことによって、1年近い下落局面が「上昇トレンドの中の二次的調整」になったという結末です。

## ■6月24日の市場の実態は2月12日よりも明らかに改善していた

おそらく、日経平均株価の6月24日の安値が2月12日安値とわずか1円違い、ほぼ同値だったことは〝たまたま〟でしょう。しかし、主要トレンドが反転に至らず、それ以前の上昇トレンドが継続したことは〝たまたま〟ではなく、なるべくしてなった、と言えるかもしれません。

まず、東証2部・新興市場の株価指数はいずれも6月24日の安値が2月12日の安値を上回っています。さらに、日経平均株価は10月終盤まで冴えない横ばいの動きを続けていましたが、その他の株価指数はその時点ですでに上昇トレンドが再開しています。2月12日の安値をもっ

## 図表3-24① 2部・新興市場は2月12日よりも安値が切り上がっていた

(日経ジャスダック平均：日足2016年２月１日～６月30日)

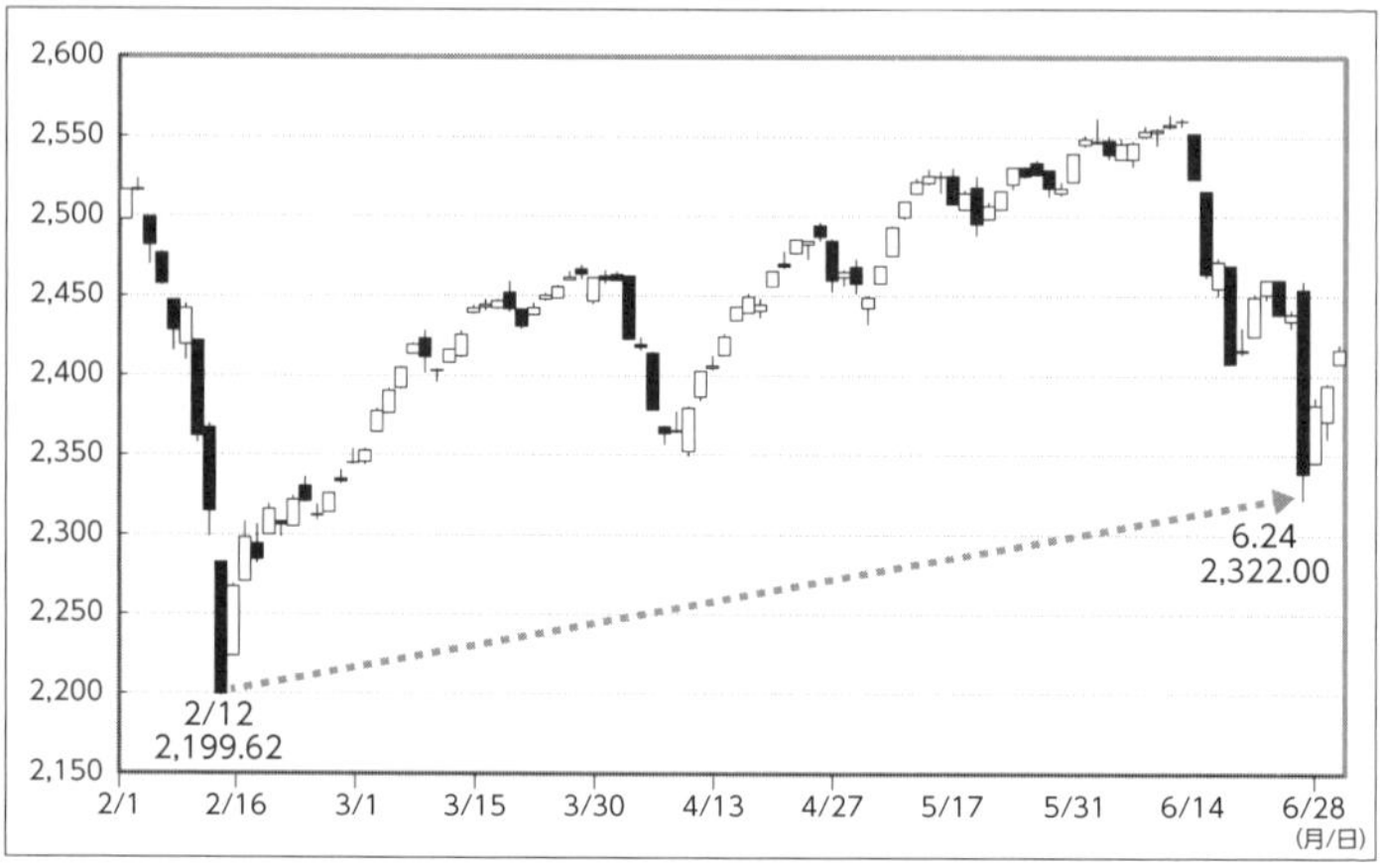


## 図表3-24② ８月後半からは素直な値動きで上昇トレンドが再開

(日経ジャスダック平均：日足2016年６月１日～10月31日)

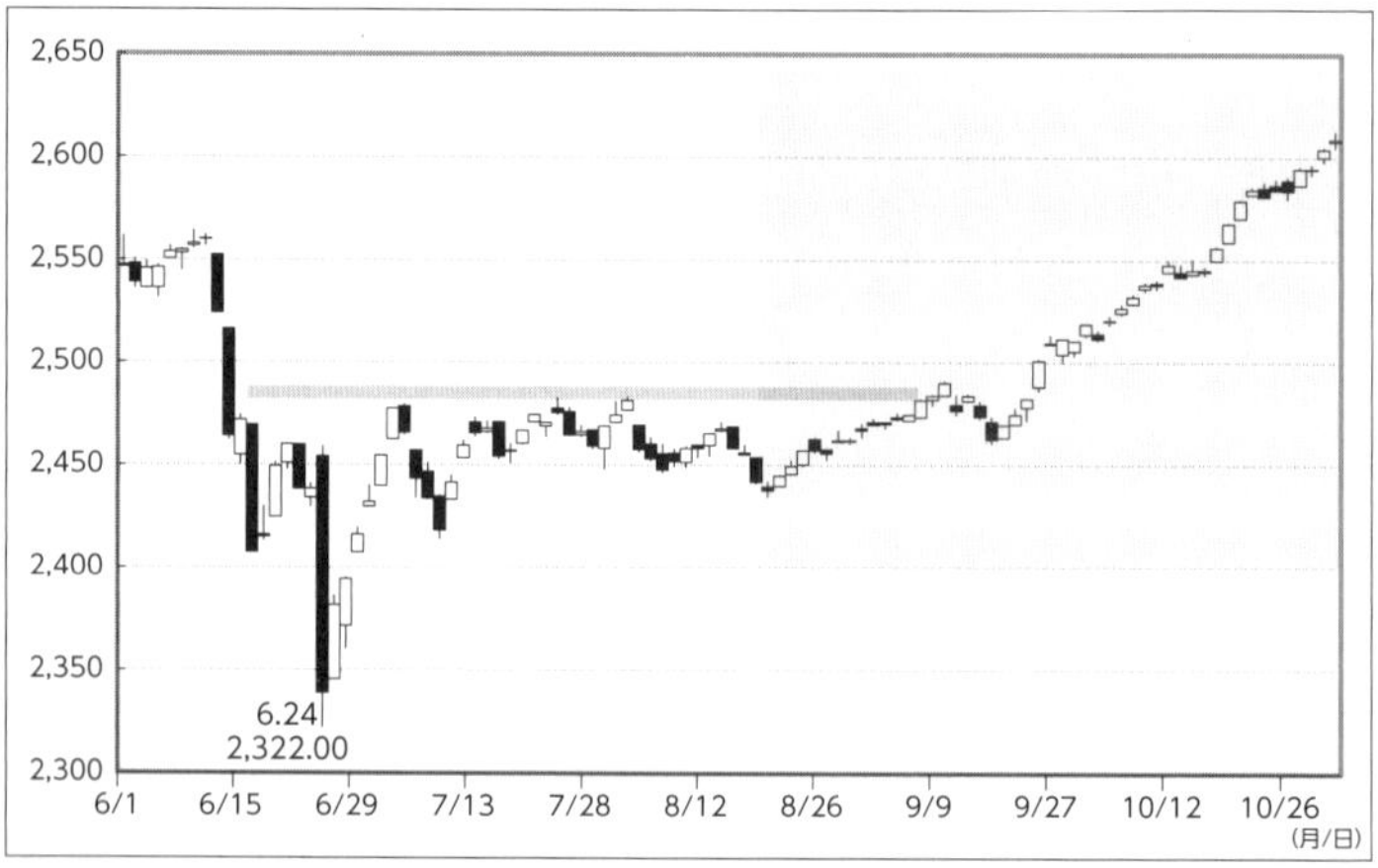

て二次的調整は完了していたのです。

他方、過去1年来の安値更新銘柄数を見ると、16年1月から始まった第2段目の下落局面では確かに爆増しています。しかし、6月24日までの第3段目の下落では、安値更新銘柄数は半減。ちょうど1年前の最高値よりも日経平均株価は30%も安くなっていたにもかかわらず、です。つまり、日経平均株価は第3段目の下落で「反転」か「継続」か、極めてきわどい状況になっていても、市場の実態にはすでに改善傾向が現れていたことになります。

この状況ならば、日経平均株価の動きはさておき、安値を拾いに行くのも無謀な行動ではないと思います。つまり、市場実態は改善しているか否か。これが、大きい下落局面の先行きを「継続」と見込んで行動するうえでの最後の試金石です。

**図表3-25　6月24日の過去1年来安値更新銘柄数は2月12日から半減**

（日経平均株価・過去１年来安値更新銘柄数：2015年６月〜16年６月24日）

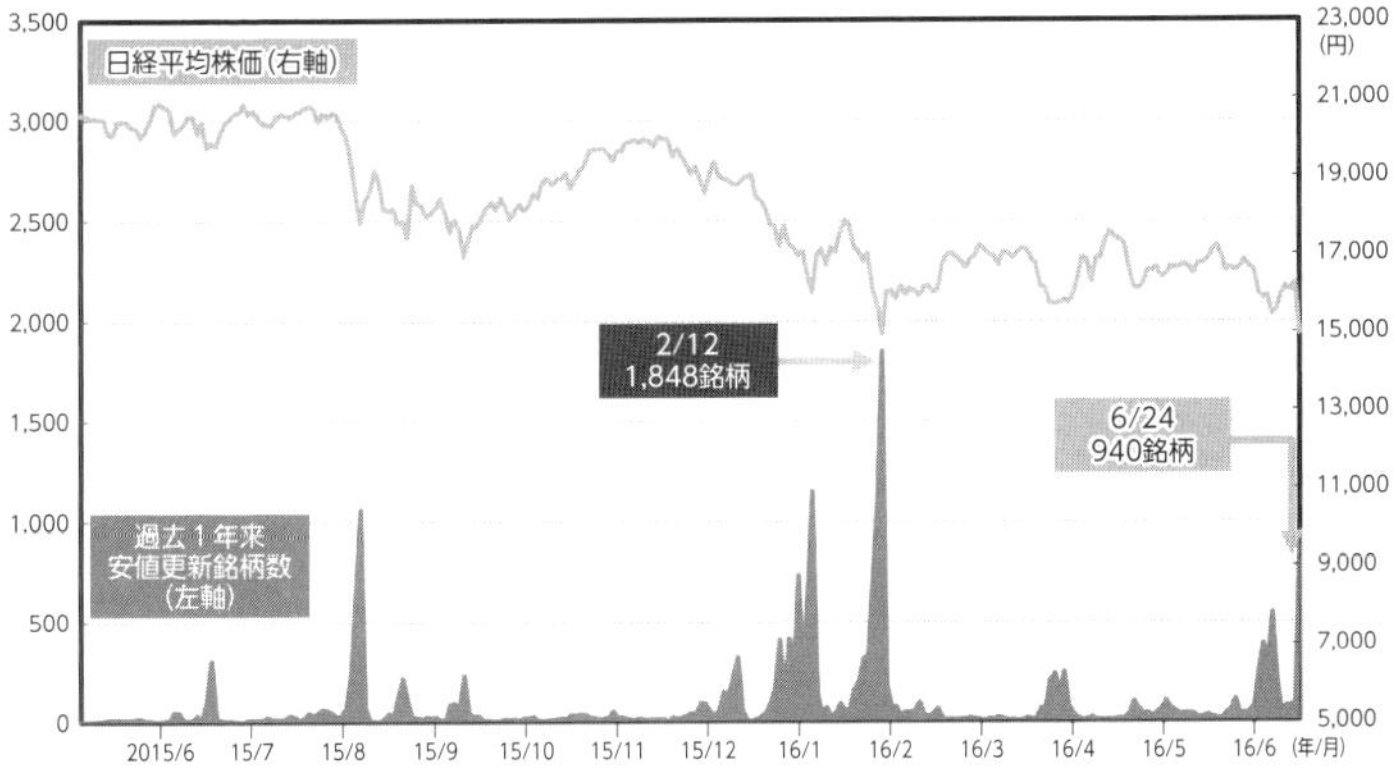

# 3-5

## 【2018年～2021年】下落相場は〝VIXショック〟に始まり、〝コロナ・ショック〟で終わる

# 「市場好転」の信憑性を疑う

### ■「日経平均株価だけが値持ち、値戻しがいい」好転は疑わしい

前節では、上昇トレンドは継続するのか、下降トレンドに反転するのか、日経平均株価がきわどい動きをしていた中で、市場実態は改善していたケースを見ました。これは、いずれ市場全体が好転する予兆の〝好ましい乖離〟といえます。

これとは正反対のケースも時に起こります。たとえば市場全体が好転したかのような動きになっていても、日経平均株価だけが突出して調子よく上値を伸ばしている。市場の実態が日経平均株価についていけない、といった状況です。その場合、本当に市場全体が改善しているのか、「好転」の信憑性に疑いが持たれます。

日経平均株価：2018年1月4日～21年12月30日

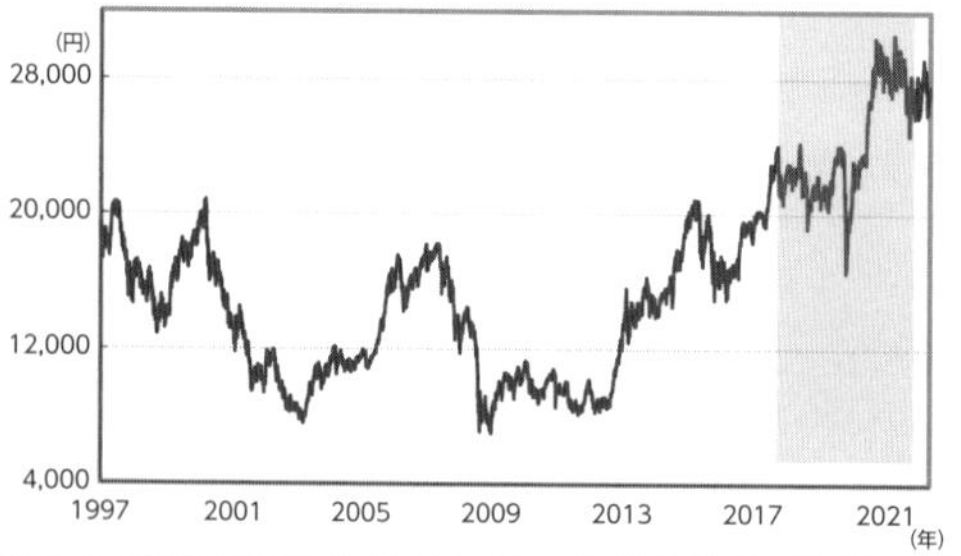

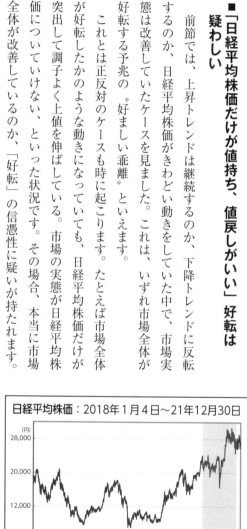

それは後に市場全体が暗転する予兆、〝好ましくない乖離〟かもしれません。

18年以降の下落相場の中には、そうした疑わしい市場好転、日経平均株価と市場実態の〝好ましくない乖離〟が何度か出現しています。そして、その乖離は凄惨な形で解消されています。

## ■1年以上続いた〝適温相場〟に冷や水を浴びせた〝VIXショック〟

16年11月の米国大統領選挙でドナルド・トランプ氏がまさかの当選を果たしてからというもの、メディアのトランプ氏批判とは裏腹に株式市場は非常に良好な推移をたどるところとなりました。バブルのような過熱感もなく、時折ほどほどの押しを入れて上昇基調が継続した17年は、〝適温相場〟や〝ゴルディロックス〟（イギリスの寓話「ゴルディロックスと3匹のくま」に登場する少女ゴルディロックスがくまの家で飲んだちょうどよい温かさのスープになぞらえた表現）などと呼ばれています。

ところが、18年2月早々にその適温に冷や水が浴びせかけられます。発端は2月2日に発表された雇用統計が強い数字だったことのようです。これで利上げ観測が広がり長期金利が急上昇、株式市場は大下げしています。

この下落に油を注いだのが、先にリーマン・ショックの話の中にも出てきたVIX指数です。VIX指数は〝適温相場〟の中では10台という低い水準でした。この状況は、オプション取引で「売る権利（プット）」の売り手が収益をあげやすいのですが、2月5日に情勢が一変します。その権利の価格が急騰し、それを反映してＶＩＸ指数が2月5日に突如30を超え、翌6日には一時50を超えるまで爆騰したのです。こうなると、〝適温相場〟で収益をあげていたプットの売り手は一転して大損失を被ります。損失を抑えようと買い戻しを行えば、それでまたＶＩＸ指数が上昇する。原資産の株価指数Ｓ＆Ｐ５００の先物は売られる、株式市場全体が売られる、という連鎖が拡大して、米国市場はハチの巣をつついたような大混乱。それが世界中の株式市場に飛び火して世界同時株安です。18年1月に2万４０００円を超えるまで上値を伸ばしていた日経平均株価は、３月26日に2万３４７円をつけるまで下落が続きました。この2月からの大荒れ相場は、後に〝ＶＩ

**図表3-26　2月に起きた"VIXショック"。日経平均株価は4月から回復**

（日経平均株価：週足2017年７月〜18年10月28日）

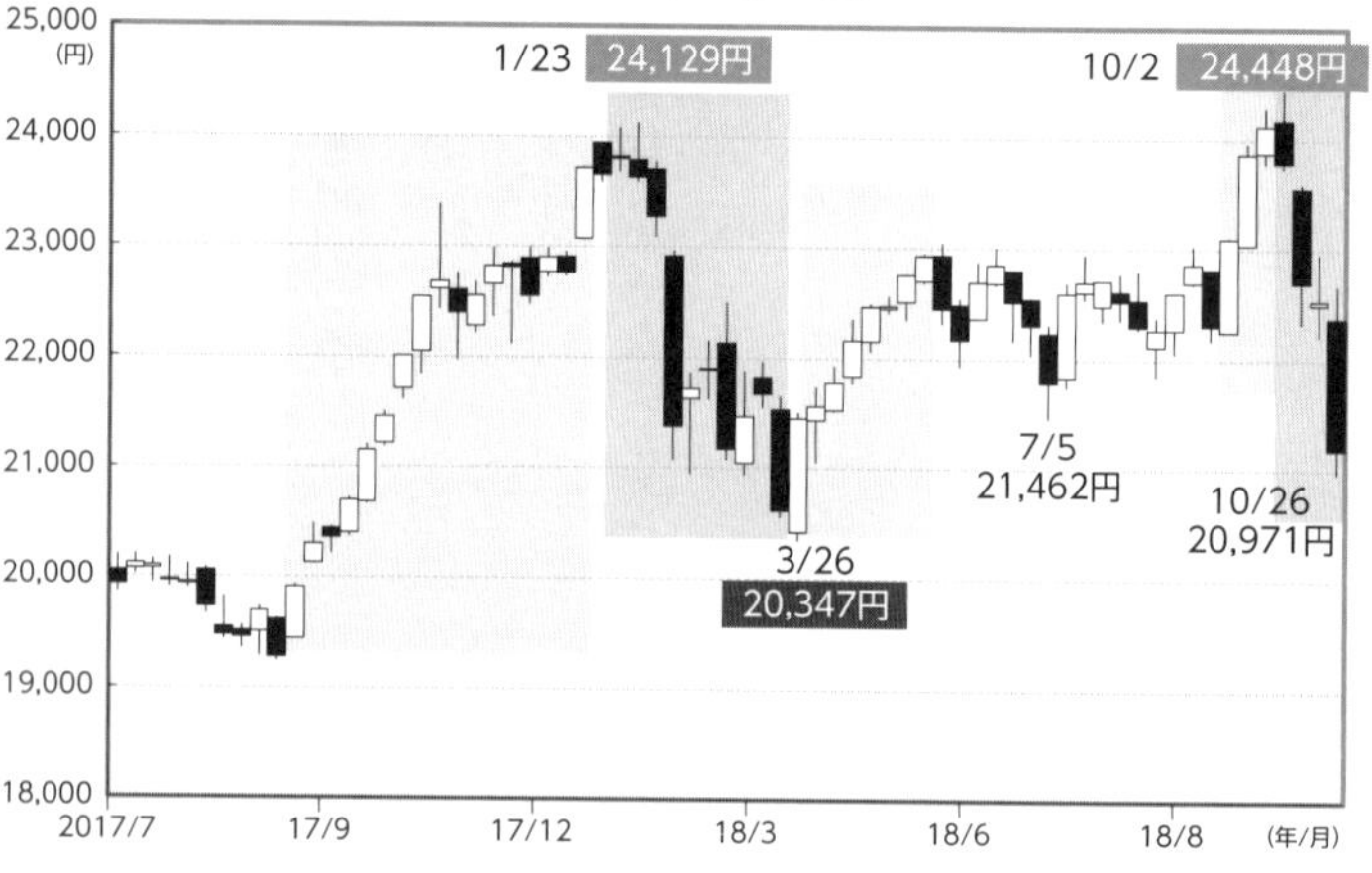

Xショック〟と呼ばれるようになります。

意外な動きが現れたのは、3月26日の安値からのリバウンドです。日経平均株価はしっかりした動きで5月後半には2万3000円水準を回復。そこから伸び悩んだものの水準を下げることなく、9月半ばから強い上昇が再開。9月28日に1月の高値を超え、10月2日には2万4448円という、何と、27年ぶりの高値をつけています。これは、18年1月までの上昇軌道に復帰した、12年11月からの上昇トレンドは継続していることを意味します。

このとき、メディアで先行き強気の論調をたびたび目にしました。なかには、「日経平均株価が4万円を目指す上昇相場が始まった」という超強気論もありました。日経平均株価が27年ぶりの高値をつけたとなれば、強気論も当然と言えば当然ですが、ところが、市場全体は強気になれる状況ではありませんでした。

## ■7月時点ですでに下降トレンドへの転換が示唆されていた新興市場

本来ならば、ここで「同じ時期の東証2部指数は……」と言いたいところですが、このときの東証2部指数はかつての値動きではなくなっていました。16年8月にシャープ、17年8月に東芝という、問題を抱えていた巨大時価総額の銘柄が東証2部市場に押し込まれたためです。おかげで、東証2部指数の値動きはシャープと東芝に振り回されることになってしまいました。

シャープと東芝を除外した〝実質〟東証２部指数を算出して欲しかったのですが、東証がそんな面倒なことをしてくれるはずはありません。

そこで注目するようになっていたのが、先にもふれましたが、ジャスダック市場の株価指数である日経ジャスダック平均です。

17年に悠々と高値を更新していた日経ジャスダック平均は、18年1月29日の最高値から急落。その当初は、大下げすれば大きく戻し、日経平均株価よりもむしろ勢いがありました。乱高下はしていましたが、うまく拾えば短期で結構な値幅が取れる、個人投資家にとってはかなり妙味のある相場だったと思います。

それが、日経平均株価が強いリバウンドに転じた3月26日の安値を境に、力のない動きと化していきます。３月26日からのリバウンドは半月と続かず、４月17日には3月と同じ水準の安値をつけるという、日経平均株価に逆行する弱い動き。その後は、下値は崩さず、横ばいのような動きとなっていたのですが、７月２日の下落で堅かった下値が崩壊。７月５日まで４日続落で３７００円を下回るまで下げています。これは、１月29日の最高値をピークに、上昇トレンドが下降トレンドに転換した最初の示唆です。

７月５日の安値以降も水準を切り上げることはできず、レンジ内での動きが続きます。日経平均株価が27年ぶりの高値をつけたときは、そのレンジの上端に戻すまでで限界。その翌日、

10月3日から市場全体が強烈な下落となり、この局面で7月5日の安値を更新。これによって下降トレンドへの転換の可能性が一段階強まることとなります。

日経ジャスダック平均以外の株価指数はどうかと言えば、東証マザーズ指数は3月26日の安値から上値・下値を切り下げる動きとなり、4月17日に早くも下降トレンド転換の示唆が出ています。また、9月まで下値は崩れていないながら上値を伸ばせないでいたTOPIXは、日経平均株価が最高値をつけた10月2日も1月の最高値には遠く及ばず。そして10月3日からの下落でついに2月につけた安値を更新。この時点で、下降トレンドへの転換が示唆されています。

一方、日経平均株価は、この10月3日からの下落局面で大きく下げたものの、3月26日の安値よ

**図表3-27　新興市場はすでに下降トレンドが始まっていた**

(日経ジャスダック平均：週足2017年7月〜18年10月28日)

り高い位置で下げ止まっています。よって、この時点で、日経平均株価だけが下降トレンドへの転換が示唆されない、唯一値持ちしている状態でした。

## ■日経平均株価と市場実態との乖離は市場全体の暴落で解消される

その日経平均株価も12月に入ると、ついに力尽きます。12月3日から市場全体が爆下げ。日経平均株価は12月20日に完全に10月26日安値を下回り、21日には3月26日の安値を更新。ここで下降トレンドへの転換が示唆されるところとなります。

この市場全体の強烈な下落は12月26日の安値をもって終息します。その過程で、市場の実態は改善していない、むしろ悪化している中で日経平均株価だけ値動きが良い、値持ちしているという〝好ましくない乖離〟が解消されています。

この乖離の解消パターンは、このときに限ったことではありません。ITバブル崩壊もそうでしたし、サブプライムローン問題によって起きた第1段目の下落もそうでした。さらに、この18年12月の後も、〝好ましくない乖離〟を解消する、とてつもない大暴落が起きています。

19年の前半まで、18年12月の最安値は下回らないものの、上値を切り上げることもできない、市場全体が冴えない状態になっていました。明るい兆しが見えたのは10月です。市場全体に買われるムードが拡がり、やっと上昇トレンドに戻ったのではないかと、このとき大いに期待した人も多かったはずです。

日経平均株価は快調に水準を回復し、12月には2万4000円台に乗せて、翌20年1月17日に、18年1月高値および18年10月の最高値に迫る2万4115円まで上値を切り上げています。ここまで株価が戻っているともなれば、18年2月からの下降トレンドは終了したように見えます。

ところが、他の株価指数の下降トレンドは明らかに終わっていなかったのです。TOPIXは19年に入っても、18年1月の高値はおろか10月の戻り高値にも届かない。日経ジャスダック平均も同様です。東証マザーズ指数に至っては、19年10月からの上昇に勢いがなく、まだ安値圏にとどまっています。要は、「日経平均株価だけが値戻しが良く、市場の実態はついていけていない」という乖離状態です。

**図表3-28　10月2日の最高値から日経平均株価は本格的な下落相場と化す**

（日経平均株価：日足2018年９月～12月28日）

## 図表3-29　日経平均株価だけが他の指数のトレンドと違っていた

(月足2017年１月～21年12月30日)

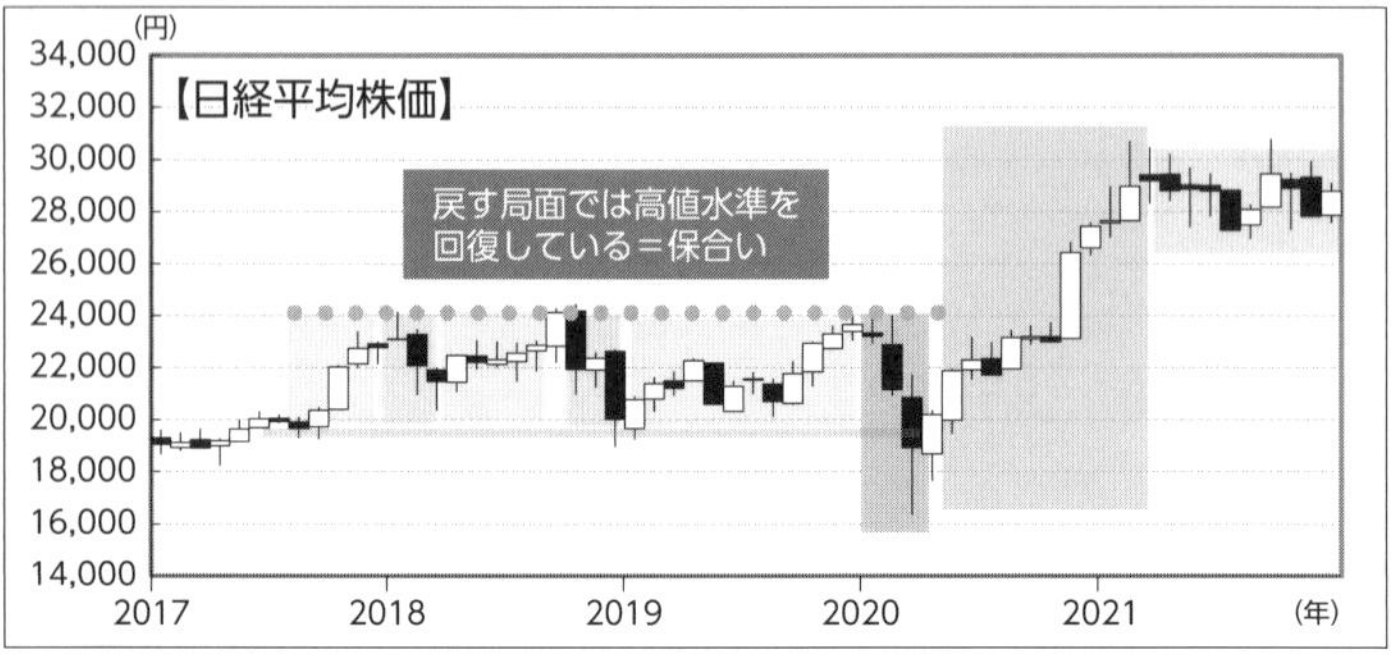


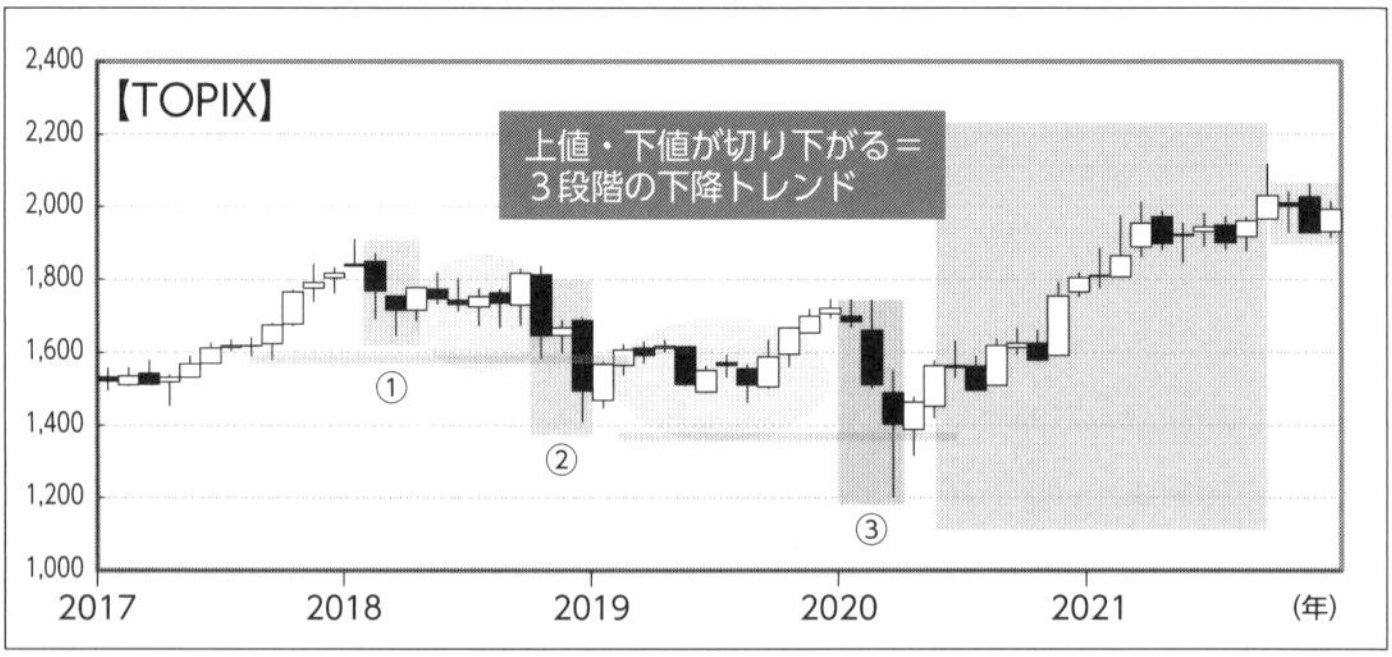


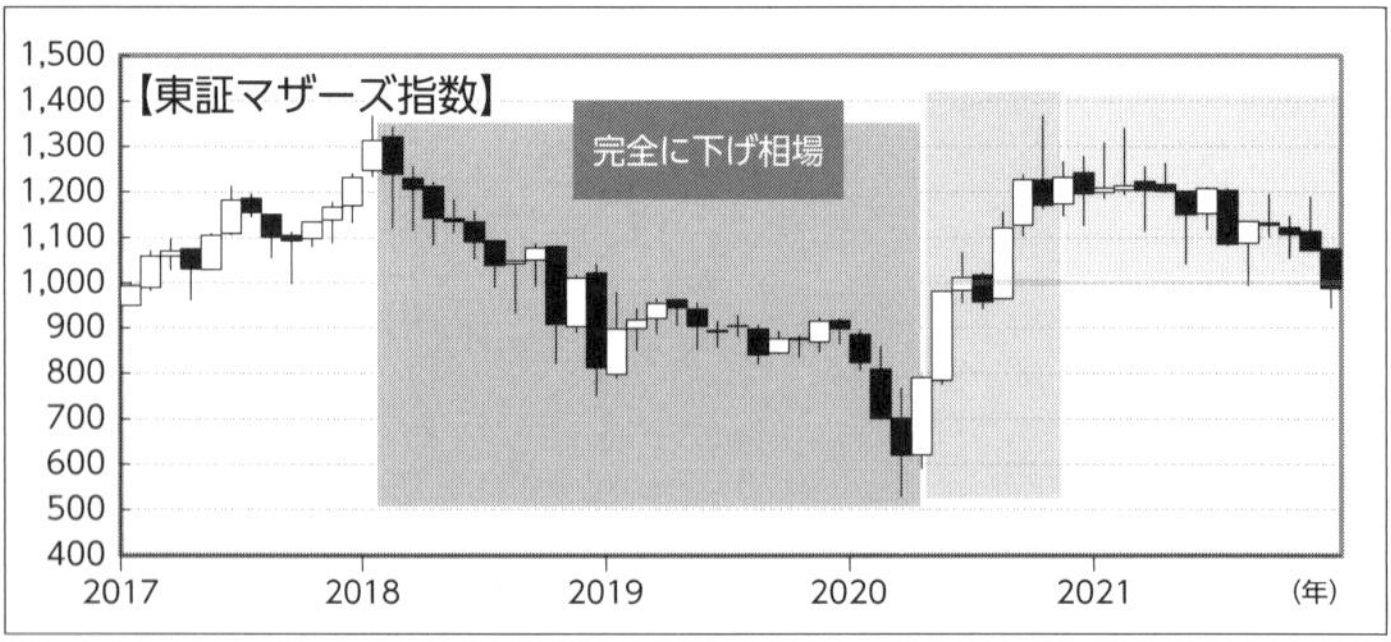

この日経平均株価と市場の実態との乖離を完全解消に向かわせたのが、あの〝コロナ・ショック〟の大暴落です。18年1月の高値水準に戻っていた日経平均株価からすれば、100年に一度あるかないかの大災禍によって突如起きた大暴落にも見えます。しかし、上値を切り下げていたTOPIXにとっては、18年2月からの下落が第1段目、10月からの下落が第2段目、それに続く第3段目です。東証マザーズ指数からすれば、18年2月から2年を超えて続いていた下降トレンドにとどめを刺す一撃のようではないでしょうか。

もちろん、結果的にそうなっただけだろう、と言われればその通りです。新型コロナ感染の世界的拡大という異常事態が起きなければ、どういう展開になっていたかわかりません。ただ、市場全体が一丸となるかのごとく激落し、そのクライマックスの底打ちを経て、今度は市場全体が一丸となって強い上昇に転じるというのは、ひとつの相場サイクルが終わり、新たなサイクルが始まるパターンそのものであることは確かです。

結果論ではありますが、高値圏に復帰していた日経平均株価からすれば突然降って湧いたような暴落でも、市場の実態からすれば18年2月から続いていた下降トレンドのこれが最終局面になっています。日経平均株価の動きが際立って良いという、疑わしい「市場好転」に遭遇したときには、もう一段の下落、それも強烈な下落を想定しておいて損はありません。実際にその場面が訪れた暁には、これが本物の大底ではないか、という目測のもとで超安値を拾いに出ることができます。それは、先にふれた〝擬似好転〟対策のひとつにもなります。

もし、想定した強い下落がなければ買いに出ないまでです。コストは1円もかかりません。

# 3-6 相場の転換点をうかがう手掛かり

## ■信用残高の評価損益率で「投げ売り」「強制売却」の噴出を推し測る

ここまで、大底や天井という相場の転換点、あるいは「継続か、反転か」の可能性を探るポイントとして、主に日経平均株価と市場実態との乖離に着目してきました。加えて、とくに大底をうかがう局面では、需給面のデータとして信用取引関連の数字が大いに参考になります。

日本取引所グループのサイトの『マーケット情報』には「信用取引残高等」としていくつかのデータが掲載されています。第1章の中で紹介した信用倍率や評価損益率は、そのうちのひとつ、「信用取引現在高」の数字から算出されます。

信用倍率は、東証と名証、2市場合計の信用買い残高が信用売り残高の何倍になっているかを示す数字で、「買い残高÷売り残高」（いずれも株数ベース）で計算されます。信用買いの増加、および信用売りの減少は信用倍率を高める要因、逆に、信用買いの減少、および信用売りの増加は倍率を低下させる要因です。

評価損益率は、2市場合計の買い残高（金額ベース）と、社内対当（いわゆる店内食い合い）、証券金融会社の融資残高、証券会社の自己融資残高の各金額から図表3―30の式で算出されます。この計算式は、2市場合計の買い残高は約定代金ベース、そのほかの残高は時価評価となっているところがミソです。

約定金額ベースの買い残高はすでに確定している金額ですから、その後、市場が上昇しても下落しても影響されません。他方、時価評価されている「社内対当＋証券金融会社の融資残高＋証券会社の自己融資残高」は、市場が上昇すれば大きくなり、逆に、市場が下落すれば小さくなります。つまり、この式の分子は何かといえば、信用買い残高トータルの損益です。市場

**図表3-30　信用倍率と評価損益率の算出方法**

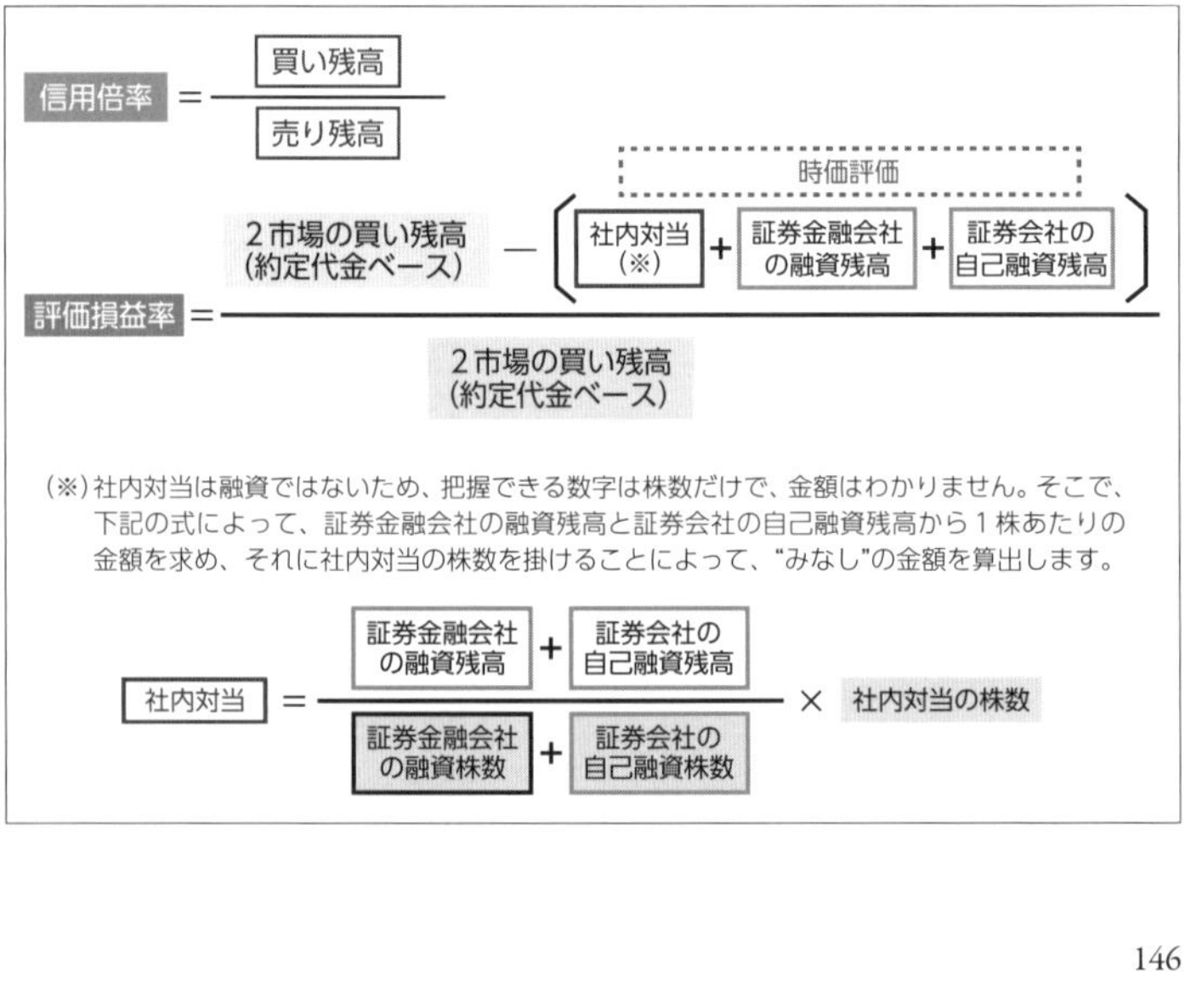

が上昇して分子の値が小さくなるのは評価損益が改善している状態、市場が下落して分子の値が大きくなるのは評価損が増えている状態を表しています。それを約定金額ベースの買い残高で割ってパーセント表示にした数字が評価損益率というわけです。

市場の下落が続き、信用買いの損失が拡大し続けている局面では、評価損益率は上昇します。このとき、信用買い残高が増えていれば信用倍率は押し上がります。この「株価下落・評価損益率上昇・信用倍率上昇」は、市場の下落が続く中で拡大する損失に耐え、力を振り絞って買い向かっている姿がイメージされるパターンです。

しかし、なおも下落が止まらず暴落状態となり、信用買いの評価損が膨れ上がると、信用取引の買い玉を持ち続けるうえで必要となる担保（委託保証金）が不足する事態に陥ります。資金に余裕があれば、追加保証金を入れて信用買いを続けることができますが、資金が尽きればもはやお手上げ。降参するしかありません。投げ売りでも何でも、とにかく信用買いを手仕舞って、自ら大損を確定させるか、さもなければ、証券会社による強制売却です。

かくして投げ売りや強制売却が噴出すると、信用買い残高は一気に減少して信用倍率は低下します。そうすると、データは「株価暴落・評価損益率急上昇・信用倍率低下」という形になります。これが下落相場の最終局面に現れるパターンです。

第1章では、20年3月のコロナ・ショックの大暴落時にこの状態になっていたことを紹介しました。このときの様子が図表3―31の下のグラフです。株価は2月に入ると急落、評価損益率も急上昇していますが、信用倍率は2月に入っても変化が現れていません。2月最終週時点での信用倍率は4倍台です。それが3月になると一気に低下して、3月最終週には2・12倍。第1章の中に出てきた「この時期に投げ売りや強制売却が出たのではないか」という推察はこれを指しています。

図表3―31の上のグラフは、これまで見てきた過去の相場の中で最も惨酷だったリーマン・ショック時の様子です。信用倍率の低下傾向は07年後半時点ですでに現れていましたが、08年5月、先に見た〝擬似好転〟局面で一時上昇に転じています。やはりここで積極買いに出た参加者がいたようです。ところが、6月半ばから強烈な下落が再開して評価損益率が急上昇。10月第1週には評価損益率が30％台を超えるという異常事態となっています。このとき信用倍率は2・25倍。それが09年3月最終週に1・15倍まで低下しています。

ただ、09年に入ってからは、株価は上げ下げの繰り返しで底割れはせず、評価損益率は低下傾向となっています。この「株価もみ合い・評価損益率低下・信用倍率低下」の関係からすると、株価が上げ下げする中で信用買いの損失処理が粛々と行われ、損益は改善傾向になっていたことがうかがわれます。

「信用取引現在高」のデータは、前週末時点の数字が翌週半ばに公表されるという点では、

## 図表3-31　株価と信用残高データが示唆する「我慢」と「降参」

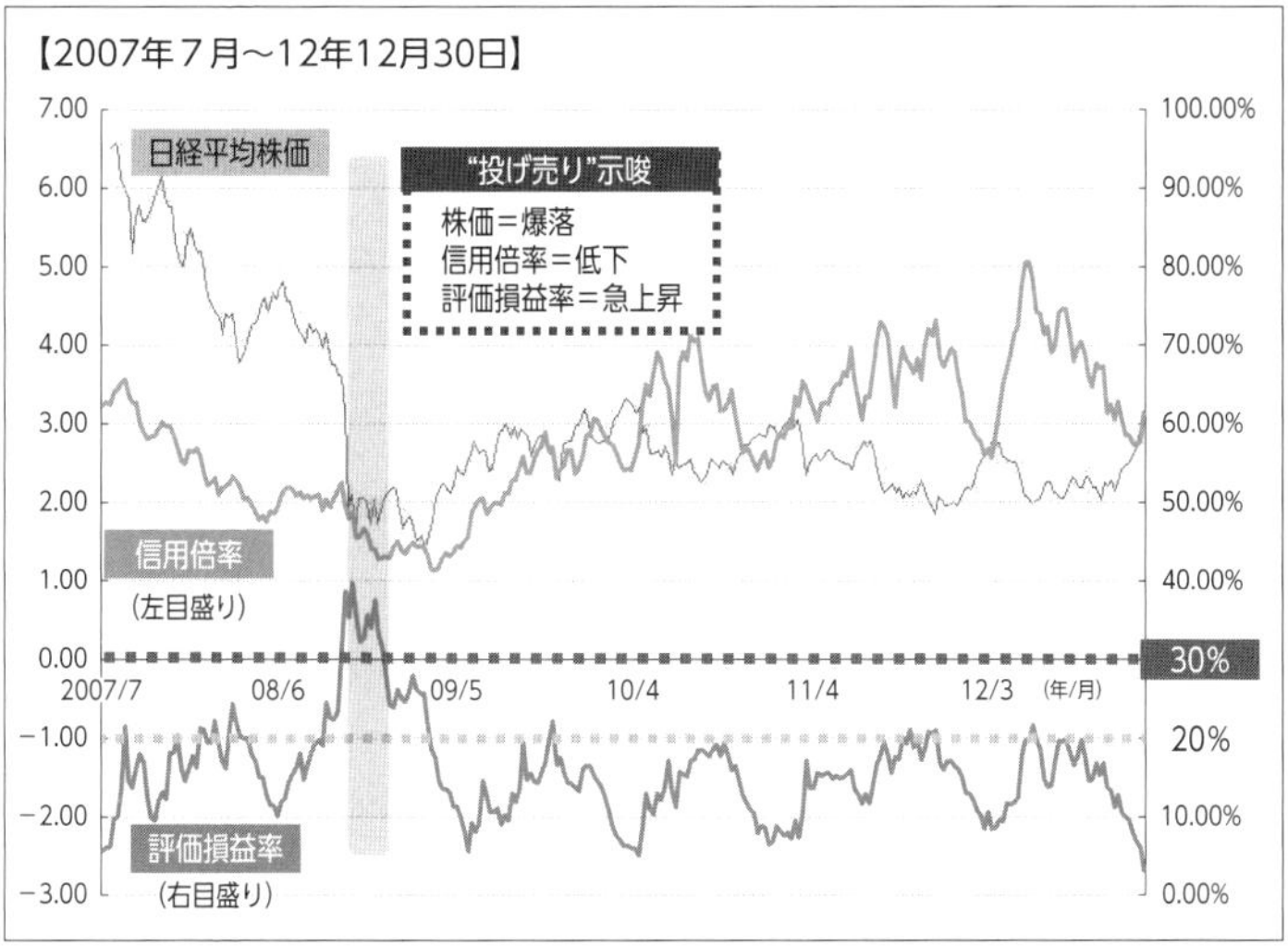


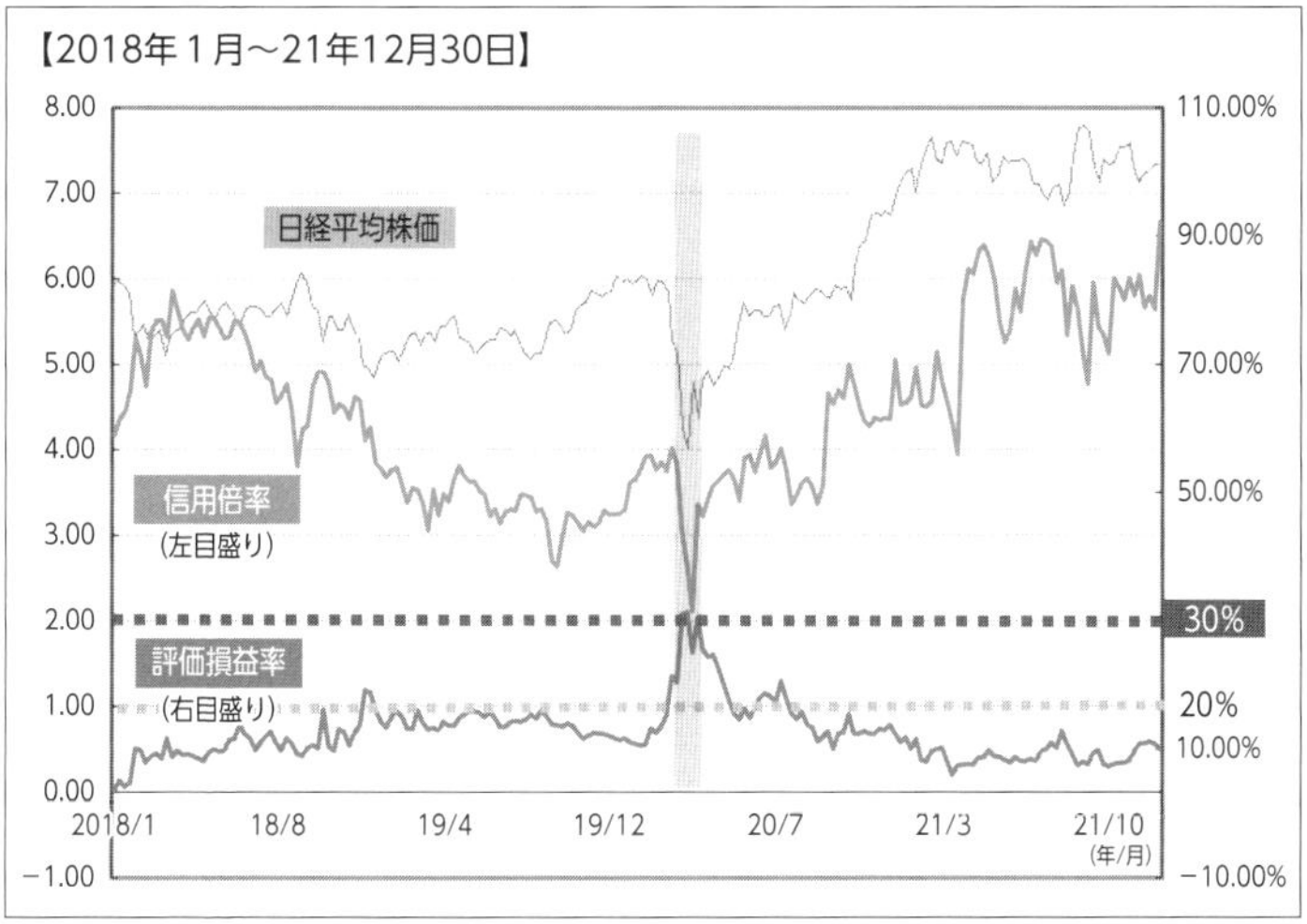

速報性に欠けるように思えるかもしれません。しかし、たとえば日経平均株価が安値を試す動きとなり、場合によっては底割れしたときに、前に安値をつけたときの数字を知っていれば、信用買いをしている人の損益状態も株価と同様に悪化しているのか、あるいは株価の動きに反して改善しているのかがわかります。

また、株価・信用倍率・評価損益率の推移を併せて捉えることによって、市場参加者の一部ではあるにせよ、どんな行動に出ているかを推し測ることもできます。これは、まだ市場が安値圏にある段階で買いに出る判断材料として非常に有用です。

## ■個人中心に動いている市場の株価指数に注目

ここで、先に提起した難題に取り組まなくてはなりません。市場の実態に近く、値動きが素直でトレンドが非常にわかりやすかった株価指数、東証2部指数と日経ジャスダック指数亡き後、それに代わるインデックスは何かあるのか、です。

東証でも日本経済新聞社でも、多数インデックスを算出しています。が、かつての両指数に匹敵するようなインデックスは見当たりません。市場の実態を捉えるのであれば、これまで取り上げてきた高値安値更新銘柄数の動向が最も端的ではないかと思います。日経平均株価と市場の実態との間に乖離が生じていることも、このデータによってわかります。ただ、このデータでわかるのは市場全体の趨勢で、株価チャートに現れるような、日経平均株価とは異なる値動きの勢い、瞬発力や躍動感のようなものはわかりません。高値安値更新銘柄数もさることながら、日経平均株価と対比できる株価指数がやはり欲しいところです。

そこで、「東証2部指数や日経ジャスダック平均のような値動き」という点には目をつぶることにします。それならば、東証マザーズ指数がその筆頭候補です。

マザーズ市場は廃止されましたが、指数は引き続き算出され、構成銘柄の見直しを経て、23年10月売買最終日に「東証グロース市場250指数」（仮称）に変更される予定となっています。構成銘柄数は従来のマザーズ指数よりも減少しますが、マザーズ市場に上場していた9割の銘柄がグロース市場に移行していることからすると、従来のマザーズ指数と著しく違う値動きにはならないと予想されます。加えて、旧東証1部の巨大時価総額銘柄がグロース市場に入ってくることはなさそうですから、03年9月から算出されてきたマザーズ指数の値動きの連続性も概ね保たれると思います。

そのマザーズ指数の値動きですが、これが東証2部指数や日経ジャスダック平均にはほど遠く、株価指数とは思えないほど極端な動きも時折見せてくれます。また、日経平均株価に先駆けて天井をつける傾向はあるものの、日経平均株価よりも先に大底をつける、あるいは大底圏で日経平均株価よりも下値の堅い動きをする、といった傾向は確認されません。

さらに言えば、旧マザーズ市場、現在のグロース市場の上場銘柄には、業績が赤字だったり、無配だったり、中には夢と希望だけで株価がついているような銘柄もあります。よって、この指数の動向が市場実態に近いとは、とても言えません。

それでもマザーズ指数をウォッチ対象の筆頭候補にあげる理由は、旧マザーズ市場および現在のグロース市場は、「個人」の売買比率が約6割を占めている点にあります。マザーズ指数の動向を見れば、個人投資家の実情、懐具合を垣間見ることができるからです。たとえばマザーズ指数が勢いある動きをしていれば、個人投資家の懐も潤っているだろうと想像できます。それがグロース市場以外の小型・新興系銘柄に好ましい連鎖をもたらすことは十分にあり得ます。そうなると、日経平均株価にはまだ現れていない市場の現実を推し測ることもできます。

**図表3-32　マザーズ指数が勢いづけば個人投資家も潤う。小型・新興銘柄への好連鎖も起きる**

（東証マザーズ指数：2020年1月～6月30日）

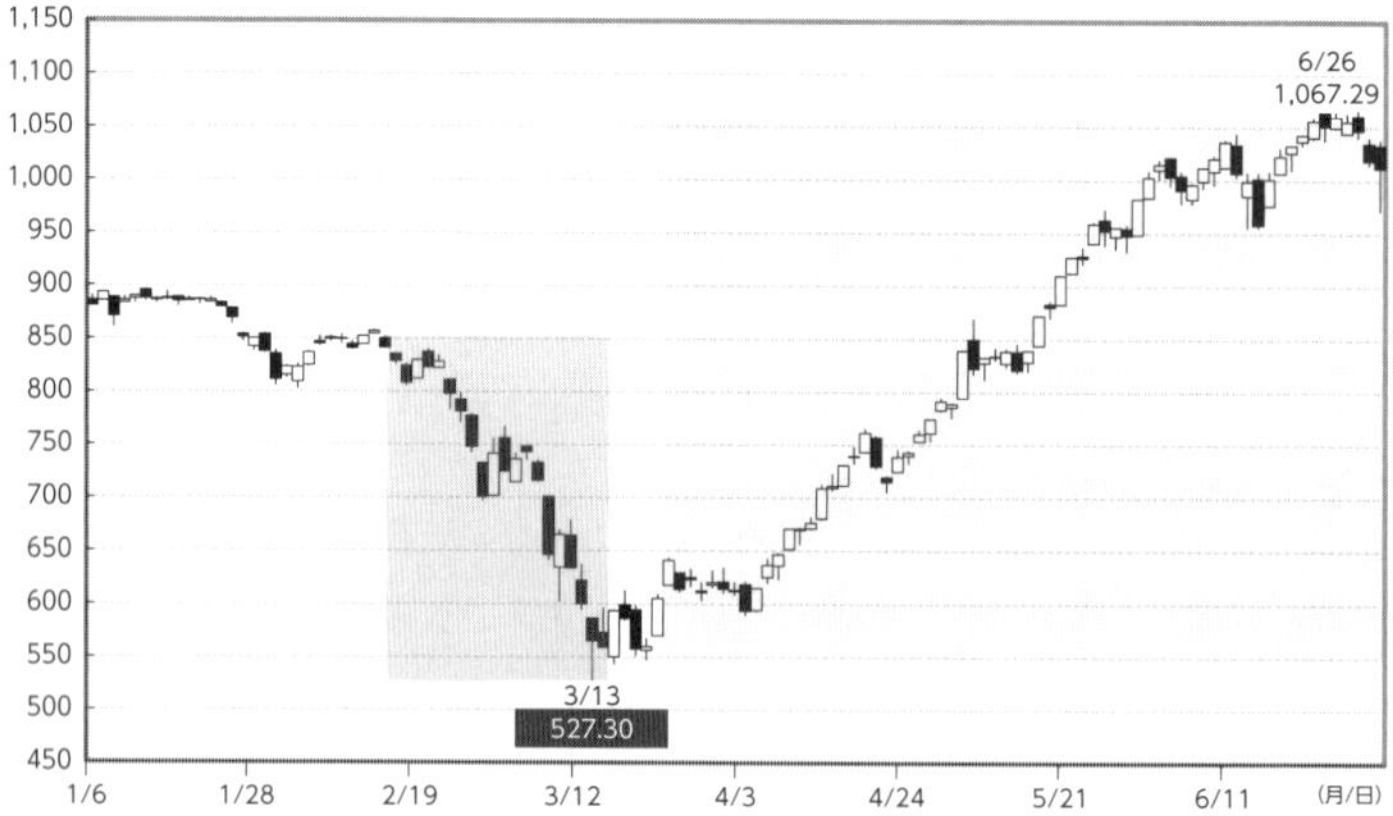

コロナ・ショック後の壮絶な反発局面はその好例です。20年3月19日に最安値をつけた日経平均株価は24日から反発に転じていますが、4月中は上げれば戻され、上値がなかなか切り上がりませんでした。対してマザーズ指数は、3月13日に最安値をつけ、4月6日から本格始動。5月半ばにしてコロナ以前の株価水準を奪還。最安値から3ヶ月後には株価水準が2倍以上です。このとき、小型・新興系銘柄が総じていい、という実感が確かにありました。

かつて東証2部市場もジャスダック市場も「個人」の売買比率が約6割でしたが、いまや「個人」が主導する東証の市場はグロース市場だけです。その意味では、今日マザーズ指数を意識する意義は高まっていると言ってよいかもしれません。

## ■身の回りに起きている相場の天井をほのめかす出来事

市場が相場サイクルの天井圏や大底圏にあるときには、これまで見てきたような市場データだけではなく、たとえば身の回りにもそれをほのめかすような出来事が起きていたりするものです。

相場の天井に近づいている、すでに天井をつけたかもしれないというときによく言われるのが「靴磨きの少年」。米国のウォール街で靴磨きをしている少年までもが株の話をするようになったら「相場は天井」という話です。

これに似たような喩えとして、かつて「野村證券の荻窪支店に行列ができたら相場も天井」という話を聞いたことがあります。なぜ荻窪支店なのかわかりませんが、それまで株に興味が全くなかった人が大手証券会社の窓口を訪れるというのは、確かに「相場も行くところまで行った」感があります。

私自身の中に鮮烈な記憶として残っている、「靴磨きの少年」に近い出来事は、18年1月末、東洋経済新報社『四季報オンライン』からメールマガジンが配信されたときのことです。そこに書かれていたのは、17年12月15日発売の『会社四季報』新春号が増刷になったというお知らせ。発売1ヶ月後の売上げは前年の新春号に比べて5割増だというのです。

これには驚きました。今日、四季報に掲載されている情報ならネット証券のサイトなどで容易に見ることができます。にもかかわらず、書店売りの『会社四季報』が大好評につき増刷とはどういうことなのか。この時期、相場が非常に良かったのは確かです。この年は証券会社の新春投資セミナーも活況だったと聞きます。そんな中、ではでは自分も株式投資をしてみるかと、書店に『会社四季報』を買いに行くのはどういう人なのか。もしかすると「靴磨きの少年」?

そのほんの数日後に起きたのが、〝VIXショック〟の世界同時株安です。後々になってみれば、これが12年11月の「解散」「総選挙」から5年以上にわたって続いてきた上昇相場の終着点。さらに、先に述べた解釈にもとづくならば、ここから始まった下落相場はコロナ・ショックまで2年以上続いています。『会社四季報』増刷が、それほど長期間にわたる効力を持つ「天井のお告げ」だったとは。さすが伝統と実績のある経済専門の出版社、スケールが違います。

私自身として何とも情けないのは、このお告げの重大さに気付いたのが何ヶ月も経ってからだったことです。いかに重大な意味があったのか、このあと明らかになります。

## ■「マネー情報誌が休刊すると相場が好転する」皮肉な法則

相場の天井の予兆が「靴磨きの少年」だとすると、では、相場の大底の予兆となる出来事とは何か。そのキーワードは「あきらめ」ではないかと思います。先の信用取引関連のデータでも、拡大する含み損に耐えて買い向かっていた信用買いの人が、「もはやこれまで」と諦めて降参し、大損失を確定させたところで大暴落は止まっています。

自分の身の回りで起きたことで言えば、09年3月から12年10月にかけて相次いだマネー情報誌の休刊です。『会社四季報』もそうですが、マネー情報誌は、相場が良ければ部数が伸び、相場が悪ければ部数低迷を余儀なくされます。ある編集者によれば、07年半ばから延々と続いていた劣悪な相場の中、厳しい状況を強いられながらも「相場が良くなれば……」と頑張って誌面を作り続けていたそうです。ところが相場がなかなか良くなってくれない。日経平均株価はいい動きになったかと思えば、すぐに腰折れする。個人投資家は去っていく一方。状況が改善する見通しは立たず、ついに諦める編集部が出るところとなりました。

長くお付き合いをしていた編集担当者も多かっただけに、とても残念でならなかったのですが、その時期、何とも皮肉なことが市場で繰り返し起きました。1誌の休刊が伝えられると、相場が好転するという摩訶不思議な現象です。

最初は09年3月。80年代に創刊された老舗のマネー雑誌『マネージャパン』（KADOKAWA）が4月発売号をもって休刊することが伝えられました。この3月を底に、日経平均株価は6ヶ月連続して月足陽線を描いています。リーマン・ショック後初めて、「ようやく市場は落ち着いた」と実感できた局面です。

2回目は10年7月半ば、『エコノミスト・マネー』（旧『投資の達人』・毎日新聞社）が9月発売号をもって休刊すると連絡を受けた後です。株式市場は10年4月をピークに、5月には大下げ。6月になっても好転の兆しは見られません。ところが、最終号が発売になる9月から相場が上向きはじめ、11年2月まで6ヶ月間上値を伸ばし続ける好展開。これは一体どうしたことか。マネー情報誌と相場との喜ばしくない関係を意識しはじめたのはこのときからです。

さらに3回目は11年12月初めのこと。『あるじゃん』（現オールアバウト）が12年1月発売号をもって休刊することが決まったという連絡がありました。

この頃の日経平均株価は、東日本大震災の大下げ後のリバウンドが終わり、8月に強烈に下落。11月まで下値を切り下げ続け、3月15日につけた安値をも下回っています。ただ、そんな中にあって、低位株や東証2部・新興市場には悪くない動きをしている銘柄が目につくようになっていたという事実がありました。これはもしかすると、これまで何度か観測された「日経平均株価よりも先に市場が動き出している」状況ではないのか。ということは、12年の相場は結構いい展開になるのではないか、と考えていた矢先の「休刊のお知らせ」。これには複雑な気持ちにさせられました。

実際にどうなったかと言えば。12年1月から押し目らしい押し目もない極めて強い上昇相場が始まったではありませんか。この強い上昇相場はわずか3ヶ月で終わってしまいますが、この後、恐るべき大トリが登場します。

12年8月初め、1956年創刊という最古参の投資情報誌『オール投資』（東洋経済新報社）が「10月発売号をもって休刊する」との告知を出したのです。ウェブサイト『東洋経済オンライン』に力を入れていることもあり、投資情報の提供はサイトを中心に続けていく方針のようでした。

さて、最後の10月発売号が出た後、株式市場はどうなったでしょうか。百もご承知の通り、翌11月、「解散」「総選挙」で爆上げ。これによって、07年8月のサブプライムローン問題からリーマン・ショックに至る大暴落、その後の4年にもわたる株式市場の暗黒時代に終止符が打たれ、以後5年以上も続く大相場が始まっています。
なんということでしょうか。この大相場の発進をもたらしたのは紙媒体『オール投資』の休刊。18年1月にその大相場を終焉に導いたのがやはり紙媒体『会社四季報』の増刷。奇しくも同じ出版社が1つの相場サイクルの大転換点を告げていたのです。相場に「たら」「れば」は禁物と言いますが、もし『オール投資』休刊で全力買いしていたら、それを『会社四季報』増刷で全部売却していれば、あの上昇相場をまるごといただけた。巨万の富だったではありませんか。

こうなると、さすが伝統と実績のある出版社だ、などと感心している場合ではありません。歴史は繰り返す、とはよく言われることです。今後は多大なる敬意と細心の注意をもって、東洋経済新報社さんの出版動向をウォッチさせていただかなければなりません。

**図表3-33　的中率100％「マネー情報誌の〈皮肉な〉法則」**

（日経平均株価：月足2009年１月～12年12月）

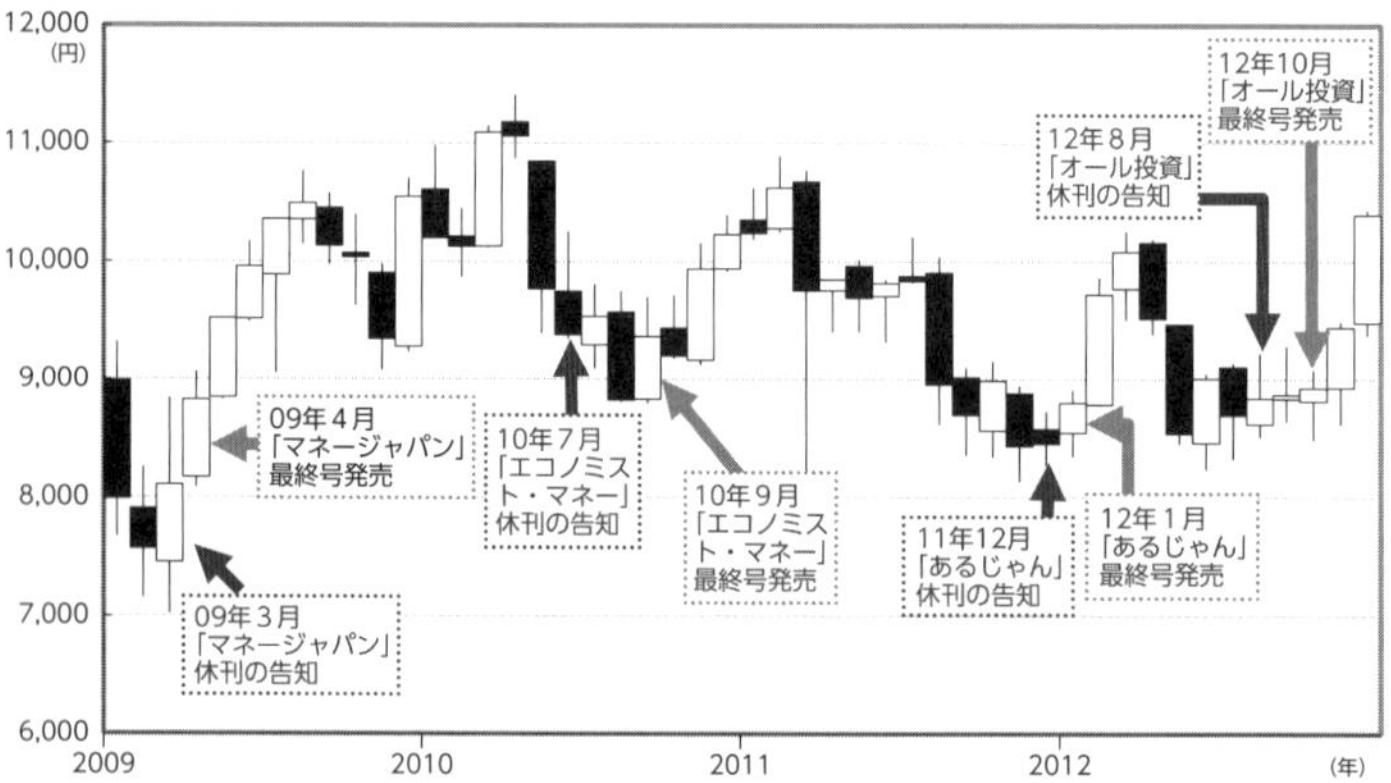

## ■日本では大暴落が起きると「靴磨きの少年」が証券会社に殺到する

最後に、市場が大底圏にあるときに起きていた、「あきらめ」とは異なる出来事を紹介しましょう。

リーマン・ショックの最終局面、世界中の株式市場が悲鳴の渦中にあった時期のことです。一部報道が伝えるところによれば、ネット証券に口座開設申し込みが殺到しているというではありませんか。これを知ったとき、正直、恐れ入りました。

どういう人が殺到したのかといえば、おそらくほとんどは株式投資の経験がない人です。その頃、一般紙でも経済ニュースではないテレビ番組でも、世界中の株式市場が暴落していることを伝えていたのでしょう。そんなに安いなら買ってみてもいいか、ということだったと思います。何を隠そう、株に関心などない、株を買ったことなどもちろん一度もない実家の母までもが、「いま株が安いんでしょ。良さそうなのがあったらお母さんの分も買っておいて。後で代金は払うから」と言っていたのです（結局は買いませんでしたが）。

「大暴落」と聞いても怖いなどとは微塵も思わない、あの最中に「株を買いたい」というのは、普段は株式市場など見もしない、株に全く興味がなかった人だからにほかなりません。その点で言えば、相場が天井のときに出てくる「靴磨きの少年」と変わらないかもしれません。しかし、決定的に違うのは、市場参加者が「もはや諦めるしかない」という状態になっているときに現金をがっちり携えて株式市場にやってきた点です。これは間違いなく市場の需給にインパクトを与えます。

たとえば、08年10月末時点の東証1部の時価総額は300兆円を下回っていました。対して、当時の個人金融資産は約1400兆円。その半分が現預金だとすると700兆円です。その一部でも株式市場に流入してきたら、大暴落が止まるどころか、急反転するかもしれません。となると、大暴落に乗じて空売りをしていた参加者は途端に踏み上がってしまいます。それを警戒して空売りを手控える向きも出てくるでしょう。実際に市場の需給にどんな変化があったのか、もちろんわかりませんが、結果的には、この時期を境に大きく下値を落とすことはなくなりました。後々になってみれば、それが大底です。

そのとき株式市場でもがき苦しんでいた人からすれば、「こんなときに札束片手にのこのこ株を買いにやってくるとは。何も知らないド素人が」と、馬鹿にしたくなるところかもしれません。しかし、市場が暴落しているとき、現金は最強の金融資産です。その最強の資産を持った人が大挙して市場に入ってくる影響は決して侮れません。馬鹿にするどころか、これは重要視してしかるべき出来事です。大底の可能性をうかがう最高レベルの手掛かりといっても言い過ぎではありません。

# 第4章

# どのタイミングで行動に出るか。そこで何を買うか

# 4-1 一番暗い〝夜明け前〟まで安く拾える時間は十分にある

前章で見た過去の相場の教訓を踏まえて、買いに出るタイミング、そして買う対象として注目したい銘柄を具体的に考えていきます。

## ■高値圏からの大急落。まず下げ止まった後に戻す動きに注目する

1つの相場サイクルの中での主要トレンドが下落に転じると、その下降トレンドは戻る動きをはさみながら1年以上続くことが想定されます。バーゲンハンティングの出番は、その最終局面と、次の相場サイクルが始まるまでの底練り局面に現れる「安値を試す動き」にあります。よって、高値圏からの大下げは、それが世界同時株安だとメディアが報じるような爆下げでも、よほど資金が潤沢でなければまだ出番ではありません。ただし、株の売買はしなくとも、市場全体の動向をしっかり観察しておくことは必要不可欠です。

この段階で見ておきたいのは、ひとまず下げ止まったところから戻す動きです。これが大下

げ前の高値を超えるのであれば、その大下げは二次的調整であって、それまでの上昇トレンドは継続していることになります。

大下げ前の高値に届かずに再び下落に転じたとすれば、ここで相場サイクルの主要トレンドが転換した「第1段目の下落」の可能性が浮上します。これは、そのうち出番がくるかもしれないという、市場からの最初のお告げです。

この場面でとくに気をつけるべきは、前章で何度か見たように、日経平均株価だけが値戻しがいい、場合によっては大下げ前の高値を超えることがあることです。他の株価指数では主要トレンドの転換が示唆されている、あるいは市場の実態が悪化しているとすれば、それは〝出番〟が近づいていることを知らせています。メディアの多くは「日経平均株価＝日本株市場」として報道していますが、それだけを見ていると市場の現実を見誤りかねません。

直に自分の目で市場全体を見ることが肝心です。そのポイントとしては、日経平均株価と他の株価指数の方向性に逆行が生じていないか、方向性は同じでも、強弱に明らかな差が出ていないか、それによって、トレンドの「継続」「反転」の解釈が異なる状況になっていないか、といった点があげられます。

また、高値・安値更新銘柄数の動向は、日経平均株価のトレンドと市場実態との乖離が現れる貴重なデータです。本書では、過去1年来高値・安値更新銘柄数を取り上げていますが、

Yahoo!ファイナンスなど株式情報サイトに掲載されている年初来高値・安値更新銘柄数でも十分事足ります（ただし、年初来高値・安値は3月末までは前年1月からの株価の中での比較で実際には「昨年来高値・安値」、4月からはその年の1月からの株価の中での比較となっています。この株価を比較する期間の違いには注意してください）。日経平均株価が大下げから強いリバウンドとなっていても、安値更新銘柄数の増勢が続いているならば、それは市場実態がすでに下降トレンドに転換していることを示唆するシグナルです。

また、Yahoo!ファイナンスの「株式ランキング」では、東証プライム市場・スタンダード市場・グロース市場それぞれの年初来高値・安値更新銘柄を見ることができます。日経平均株価やTOPIXに対する影響度が高い大型株と、市場の中心ではない中小型・新興株に温度差が生じていれば、そこに現れているはずです。

なお、過去の相場サイクルを見ると、高値圏からの第1段目の下落（かどうか、その時点ではわかりませんが）は2ヶ月程度で終わることもあれば、半年以上続くこともあります。継続する期間が長くなると、週足チャートではそれが3段階で進展したかに見えたりもしますが、後になって長期チャートを見ると、実はそれが第1段目だった、ということも起こります。下落の初期段階から月足チャートで大きなトレンドを捉えておくことも、実践に向けての準備として重要なポイントです。

## ■信用買い残高と「信用個人」の動向に現れる〝もうはまだなり〟

最初の大下げの後からの戻す動きがそれ以前の高値に届かず、再び下落に転じると、それが第2段目の下落に進展するのかが次の焦点になります。その決め手となるのは、最初の大下げでつけた安値を完全に抜けて下落し、安値を更新することです。

この第2段目の下落局面で予想されるのは、先につけた安値を更新すると下げが加速する。それによって、日経平均株価をはじめとするインデックス、あるいは多くの個別銘柄も高値圏からだいぶ低い位置にいるだろう、ということです。

その株価水準は、「もう下げるところまで下げ切ったのではないか」「もう底打ちも近いのではないか」と思えるほど安いかもしれません。たとえば、00年4月に2万円を超えていた日経平均株価は、01年9月、同時多発テロの翌日に1万円を割り込んでいます。最高値の半分以下で「1万円」という誰もが意識しそうなフシ目の水準、しかも世界的大事件でそこまで下げた。これでもうアクは抜け切った。もう大底だろう、と思った人は多かったのではないでしょうか。

ところが、相場の格言で「もうはまだなり。まだはもうなり」と言われるように、過去を振り返ると、「もう」と思われたことが実は「まだ」だったことが往々にしてあります。このときの日経平均株価も大底はまだまだ先で、7600円まで下げてようやく上昇相場に転換しています。

では、どういう状況は「まだ」で、どうなったら「もう」なのか。それを推し測る指標のひとつとして、信用取引残高および「信用個人」の売買動向があります。

前章で信用取引関連データについて紹介しましたが、市場全体の下落が止まらず、評価損益率が上昇（＝悪化）している局面にあっても、信用買い残高が減らないとすれば、信用買いをしている人は含み損の拡大にまだ耐えることができている。つまり、まだ余力があります。そのとき信用買い残高が増えて信用倍率が上昇していれば、それこそ「まだまだ！」とばかりに買い向かっていることになります。この場合、投資部門別売買動向に示されている「信用個人」はおそらく買い越しです。ここに、市場の「まだ」の一端が現れています。

「信用個人」の売買比率は十数パーセントと、市場全体の参加者の一部にすぎませんが、その動向は市場全体とそうかけ離れたものではないはずです。2段目の下落で「もう下げるところまで下げたのではないか」と思われても、信用買い残高と「信用個人」がまだ頑張れているのであれば、それは「もう」ではありません。バーゲンハンティングの出番は「まだ」です。

## ■市場がパニック状態に陥っているときに異常値を示すデータ

いよいよ出番となるかどうかは、このあと市場全体がどんな動きになるのかによります。

2段目と目される下落が止まり、リバウンドの動きになったと仮定しましょう。ようやく市場は落ち着いたように見えるかもしれませんが、明らかに市場を取り巻く情勢が一変したと誰もが認める強い要因がなければ、市場全体の地合いはまだ脆弱です。そこに何らかの〝ショック〟が起きれば、途端に地崩れする恐れがあります。その震源がどこであれ、何であれ、それは瞬く間に世界中に連鎖し、増幅する事態は今日、容易に起こります。

それが現実になって日経平均株価が2段目の下落でつけた安値を叩き割り、世界中の市場が何かが壊れたかのような暴走状態になったところが、バーゲンハンティングの出番です。

市場がもはや尋常でないことは、VIX指数の急騰に現れます（VIX指数のリアルタイム値は米国yahoo! finance（ティッカーコード「^VIX」）で検索できます）。リーマン・ショックおよびコロナ・ショックの大暴落の最終局面に見た80超ともなれば、もはや超絶異常なパニック状態です。

国内のデータでは、信用買い残高の評価損益率がおそらく20%を超えているでしょう。そうなると、信用買いの参加者は「もう」諦めるよりほかはありません。投げ売りや強制売却で信用倍率の低下が何週か続き、「信用個人」の売り越しも何週か続くと予想されます。評価損益率が30%を超えるともなれば、信用買いの人は言うに及ばず、もう市場全体が悲鳴をあげている状況です。

さて、そんな中でバーゲンハンティングを実行するタイミングをどうやって決めたらいいのか。「ここから下げても限定的ではないか」と見込める、何か指針となりそうなものはないのかというと、過去の相場の教えによれば、安値更新銘柄数の動向が参考になりそうです。

前章で見た下落相場では、過去1年来安値更新銘柄数の２０００超えが言うなれば異常値です。たとえば、リーマン・ショックの最悪値は08年10月7日の２５２７。翌８日が２１２９。そして10日が２０４４で、それ以後、日経平均株価はまだ下落が続いていましたが、安値更新銘柄数が４桁だったのは10月28日（１１２３）だけ。11月以降は、09年2月23日（５０９）を除いて５００以下にとどまっています。

その後の相場で安値更新銘柄数が２０００を超えたのは、大震災直後の原発水素爆発11年３月15日の２０６２。〝ＶＩＸショック〟から始まった下落相場の第２段目の最後18年12月26日の２６５４。そしてコロナ・ショックの大暴落の３月13日、00年以降最大の２９６３を記録しています。このコロナ・ショックの大暴落で日経平均株価は３月19日に最安値をつけていますが、この日の安値更新銘柄数は５８５と、３月13日よりも大幅に減少しています。

この先もそうなる、と断言はもちろんできませんが、安値更新銘柄数が２０００を大幅に上回る状態は目安のひとつにできると思います。そのあと日経平均株価をはじめ市場全体はまだパニック的な下落が続いていても、安値更新銘柄数が２０００を超えなくなっているならば、市場の実態は少しずつながらも落ち着く方向に動いている。「ここから下げても限定的ではないか」と見込んでもよいのではないでしょうか。そこで一気に勝負に出るのではなく、たとえば投入する資金の上限枠を決めて、日経平均株価が安値を更新したら買い下がる手もあります。

いくら市場が大暴落して株価が超安になっていると言っても、雨あられのごとく銃弾が降り注いでいるさなか、むやみやたらと買いに出ていけばいい、というものではありません。バーゲンハンティングの勘所は、冷静に市場の実態を捉えて、手堅く行動することにあります。それが株式投資をローリスク・ハイリターンにする成果をより確かなものにします。

## ■市場実態に改善の兆しが見えれば「安値を試す動き」で買い出動

世界同時株安のような事態が起きると、それが収まったかに見えた後も、その後遺症のように財政危機や金融不安といった懸念材料が出てきたりするものです。また、経済指標や業績に弱い数字が出てくることもあるでしょう。となると、仮に大底はすでにつけていたとしても、簡単に夜は明けない。安値を試す動きを繰り返し、新たな相場サイクルになかなか移行しないというのが、過去の相場の示すところです。

例外的とも言えるのはコロナ・ショックの大暴落後の反転で、先に紹介した通り、過去1年来安値更新銘柄数が最大だった3月13日の1ヶ月後には強い上昇相場に完全転換しています。

この劇的な主要トレンド転換は、大暴落の背景が金融危機のような経済情勢に起因することではなかったことと、世界各国が強く結束して現金給付を含め空前の金融緩和策を断行したことが大きいと思われます。その意味で、この大暴落は特殊なケースと言えるかもしれませんが、ただその場合でも、日経平均株価が最安値をつけた3月19日、その2週間後の4月3日に安値を試す動きは現れています。

この安値を試す動きが、バーゲンハンティングの第2幕です。その重要ポイントは、日経平均株価やTOPIX、あるいは市場の中核ともいえる個別銘柄が脆弱な動きを続けている中で、市場実態に何らかのよい兆候が出ているかどうかに尽きます。繰り返しになりますが、まず、安値更新銘柄数の減少傾向は確かな改善の兆しです。さらに、市場実態の基調がすでに上向きつつあれば、スタンダード市場やグロース市場で、高値更新銘柄数が安値更新銘柄数を上回る状態がしばしば観測されるようになっているでしょう。

その一方で日経平均株価が低迷している、そのために株式市場が真っ暗に見えている。こうした〝好ましい乖離〟が生じている局面は、大底圏に限らず、数ある相場局面の中で最も妙味が大きいと、個人的には思っています。その局面を着実に捉えることが、バーゲンハンティングの締めくくりです。

## ■「一般NISA」の利用は必須。事前準備は手抜かりなく

　ここまで、買い出動に至るまでに押さえておくべきポイントを見てきましたが、実務的な準備としてまず必要なのは、証券会社の取引口座の確認です。しばらく株の売買から遠ざかっている人は、証券会社の口座にログインする機会もなくなっていると思います。その間にウェブサイトがリニューアルされ、使い勝手が大きく変わっているかもしれません。

　今日どの証券会社も取引環境改善に多大な力を注いでいます。サービス内容も多種多様です。ここでいま一度、メインに利用する証券会社を検討してみてはどうでしょうか。きっといまの自分にとって最適な証券会社が見つかると思います。

　さらに、メインとする証券会社にはNISA口座を開設しておくことが必須です。第2章で取り上げた「つみたてNISA」は投資対象が金融庁の承認を得た投資信託およびETFに限られますが、「一般NISA」ならば上場株式も非課税の対象です。しかも、現状上限となっている年間120万円・非課税期間5年（総額600万円）が、24年から拡充される見通しとなっています。新制度では、現在の「一般NISA」が「成長投資枠」となり、上限は年間240万円、非課税保有期間は無期限。非課税保有限度額（総枠）1200万円です。この成長投資枠で買った銘柄を売却した場合には、その投資元本相当分が総枠に復元されます。この非

課税メリットを利用しない手はありません。

前章の最後にリーマン・ショックの最終局面でネット証券に口座開設申し込みが殺到した話を紹介しました。次に世界同時株安の大暴落が起きたときには、ＮＩＳＡ口座開設申し込みが殺到するかもしれません。株式市場が荒れ模様になっていないうちに口座を開設しておくことをお勧めします。

# 4-2 まず買う候補にしたい4種類のETF

## ■日本と米国に分散投資。金融機関の窓口で買う投資信託よりもETFが断然よい

さて、どれもこれも超格安セール状態になっている中で、何を買えばいいのか。具体的な銘柄を見ていきましょう。

基本的な考え方は、どれもこれも超格安ならばまず資産のコアを固める。言うなれば、直球ど真ん中勝負です。何をコアに据えるかは人それぞれの考え方にもよりますが、本書ではまず、日本と米国の株式および債券というシンプルな分散投資を提案します。

具体的な投資対象としては、日本株式および米国株式のインデックスに連動するETFと、米国債に連動するETF。そして本来ならば日本国債に連動するETFと言いたいところですが、債券に期待したい利回りが低いという難点があります。そこで、債券ではありませんが、債券と株式の両要素を併せ持ち、利回りが十分に期待できるREIT（不動産投信）を対象に

します。

日本株と米国株のインデックスに連動する投資対象としては、金融機関が販売窓口となっている投資信託（ＥＴＦと区別するために、以下「窓販投信」と呼ぶことにします）もありますが、断然ＥＴＦをお勧めします。というのは、第一に、窓販投信は金融機関によって取り扱っているファンドが異なるのに対して、ＥＴＦはどの証券会社でも同じ銘柄が買えます。

第二は、ＥＴＦは個別株と同じように、売買する価格を自分で決めることができるという利点があります。市場が混乱しているときに行き過ぎた売られ方をしていると判断するならば、それを拾うことも可能です。その点、窓販投信の売買価格は、ファンドが保有する資産の終値に基づいて算出する基準価格に限られます。

また、東証では、海外資産に投資するＥＴＦの一部を除き、その保有する資産を現在値に基づいて算出したインディカティブＮＡＶという推定価格を取引時間中15秒ごとに更新・公表しています。場中に大口の売り物が出て、適正価格よりも取引値が安くなれば、そのディスカウント分を取りに来る参加者が現れるでしょう。つまり、ＥＴＦはほぼリアルタイムの適正価格が市場参加者の目にさらされている中で取引され、価格が形成されています。まさにインデックスを個別銘柄のように売買できる、わかりやすい投資対象です。

## ■日本株投資の中核はやはり日経平均連動型ETF

では、まずは日本株市場のインデックスに連動するETFはどれを選ぶか。これはもう日経平均連動型です。TOPIX連動型という選択肢もありますが、TOPIX（東証株価指数）よりも日経平均株価のほうがインデックスとしての国内外からの注目度は高く、TOPIXをベンチマークにしている機関投資家を除けば、やはり「日経平均株価＝日本株市場」がコンセンサスだと思います。だからこそ、ここまで見てきた通り、日経平均株価は市場の実態の良し悪しをうかがう基準にする指標にもなります。

そこで考えられるのは、たとえば市場のパニック状態が続いている中、安値更新銘柄数の減少傾向が確認されたならば、日経平均株価が安値を更新しているところで日経平均連動型ETFを買い下がる。あるいは、日経平均株価がまだ低迷している一方で市場実態は上向きつつある兆候が見られる場面では、日経平均連動型ETFを買い増す。実にわかりやすい、まさにストレートな買い出動です。

日経平均株価にそのまま連動するシンプルなETFは22年12月時点で9銘柄あります。そのうち流動性の高いのが、大手証券系列の運用会社が管理している3銘柄です。ちなみに、この3銘柄は日銀も買っています。

〝変わり種〟的な銘柄としては、1口の価格が10分の1の「上場インデックスファンド225（ミニ）」（1578）があります。最低売買金額が2000円前後ですから、価格に応じて買う口数を調整することによって、たとえば「約2万円分買う」といった定額買い付け的な投資もできます。なお、このETFは入っている注文数が多くはないので、成行注文を出すと一気に値が飛ぶ可能性があります。慎重を期して指値注文にしてください。

## ■市場暴落局面でより高利回りになる。強く推奨したいREIT指数連動型ETF

次は、円建てで好利回りが期待できる投資対象、REIT（不動産投信）です。

REITは、投資家から集めた資金で複数の不動産を購入し、その賃料や売却益を投資家に分配するファンドです。東証に60銘柄近くが上場していて、個別銘柄と同じように売買することができます。

図表4-1　流動性の高い日経平均連動型ETF3銘柄＋「ミニ」

| コード | 1320 | 1321 | 1330 | 1578 |
|---|---|---|---|---|
| 銘柄名 | ダイワ上場投信-日経225 | NEXT FUNDS 日経225連動型上場投信 | 上場インデックスファンド225 | 上場インデックスファンド225（ミニ） |
| 管理会社 | 大和アセットマネジメント | 野村アセットマネジメント | 日興アセットマネジメント | 日興アセットマネジメント |
| 売買単位 | 1口 | 1口 | 1口 | 1口 |
| 信託報酬 | 0.132% | 0.1278% | 0.2475% | 0.2475% |
| 22年分配金支払実績 | 530円（7/10） | 497円（7/8） | 494円（7/8） | 23円（1/8）<br>13円（7/8） |
| 価格（22.12.30終値） | 2万6915円 | 2万7000円 | 2万7035円 | 2101円 |

これらのＲＥＩＴは分配金の利回りが高いことから注目されることが多いのですが、どんな投資法人がどんな物件に投資しているのか、どう運用しているのかなどの個別要因によって価格が変動する〝当たりハズレ〟的なリスクはあります。そのリスクをカバーするために複数のＲＥＩＴに分散投資するにしても、各ＲＥＩＴの最低投資金額が10万円前後から20万円程度と、結構な資金が必要です。

そこで推奨したいのはＲＥＩＴそのものではなく、東証に上場しているＲＥＩＴ全体を指数化したＲＥＩＴ指数に連動するＥＴＦです。22年12月時点で９銘柄上場していて、価格は２０００円前後、売買単位は10口ですから、最低２万円程度で上場しているＲＥＩＴ全体に分散投資する効果が得られます。分配金の利回りも決してＲＥＩＴそのものに引けを取りません。22年末の価格水準でも３％台半ばです。

この利回りの高さを背景に、ＲＥＩＴ指数連動型ＥＴＦは債券と同じ要因で売買される面があります。すなわち、金利の上昇は価格の下落要因、金利の低下が価格の上昇要因です。直近で言うと、22年12月20日の日銀政策決定会合の直後、債券に近い値動きが鮮明に現れています。長期金利の変動幅を従来の「±０・２５％程度」から「±０・５％程度」に拡大するという決定が金利上昇の容認と受け止められて、日本国債が大下げ。ＲＥＩＴ指数も５％を超える下げ幅でした。

その一方で、ＲＥＩＴ指数連動型ＥＴＦは不動産株と同じ要因で売買される側面もあります。図表４―２は15年１月から22年10月末までの日経平均株価とＮＦ東証ＲＥＩＴ指数連動型上場投信（１３４３）の月足チャートです。16年から19年にかけては値動きが逆行していますが、20年２月、３月に株式市場が暴落した局面ではこのＥＴＦも爆下げ。翌４月からの上昇局面も値動きの方

**図表4-2　好利回り銘柄らしく、大きく売られれば買いが入って価格が戻る**

（日経平均株価・1343NF東証REIT指数連動型上場投信：月足15年１月～22年10月）

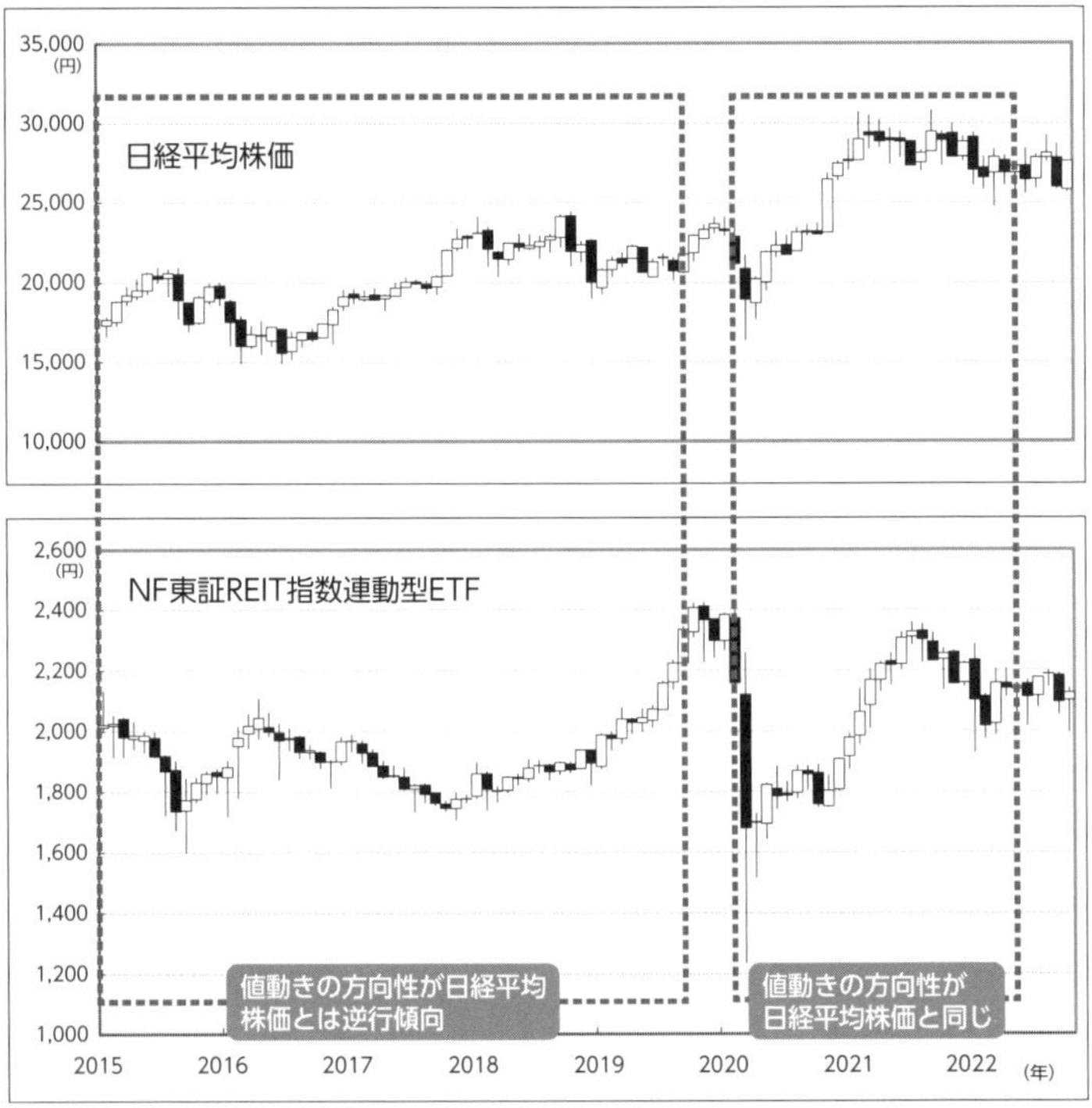

向性はほぼ同じです。

　ただ、20年3月の爆下げ局面が象徴的ですが、大きく売られると高利回りを意識した買いが入り、早々に値を戻す傾向が確認されます。長い下ヒゲがやたらと目立つチャートからも、安ければ買われる様子がわかると思います。

　これはまさに大暴落局面で是非買っておきたいETFではないでしょうか。何しろ、超安で買えればただでさえ高い利回りがより一層高くなるのです。しかも、爆下げすれば利回り狙いの買いが入ってきて、市場がまだ不安定な状況の中でも価格が戻ることが期待できます。

　こうした銘柄を買うポイントは、市場暴落時には思い切り安い価格に指値を入れておく

**図表4-3　REIT指数連動型ETF3銘柄を組み合わせれば「毎月分配金」**

| | コード | 1595 | 1343 | 1488 |
|---|---|---|---|---|
| | 銘柄名 | NZAM上場投信東証REIT指数 | NEXT FUNDS東証REIT指数連動型ETF | ダイワ上場投信東証REIT指数 |
| | 信託報酬 | 0.284% | 0.155% | 0.155% |
| 分配金実績(10口当たり) | 2022年1月5日 | 202円 | | |
| | 2月10日 | | 163円 | |
| | 3月4日 | | | 233円 |
| | 4月15日 | 120円 | | |
| | 5月10日 | | 195円 | |
| | 6月4日 | | | 113円 |
| | 7月15日 | 213円 | | |
| | 8月10日 | | 172円 | |
| | 9月4日 | | | 244円 |
| | 10月15日 | 123円 | | |
| | 11月10日 | | 188円 | |
| | 12月4日 | | | 111円 |
| | 価格(22.12.30終値) | 1940.5円 | 2035.5円 | 1951.0円 |

ことです。それこそストップ安に近い水準でもいいでしょう。買い下がる策もあって悪くありません。結果的に利回り5％超、しかも、買って間もなく利益が出ていることも、あながち絵空事ではない投資対象です。

もうひとつ、ＲＥＩＴ指数連動型ＥＴＦの注目点として加えておきたいのは、分配金の支払い頻度が高いことです。9銘柄上場しているうち8銘柄は分配金支払いが年4回、1銘柄は隔月。そうすると、たとえば支払われる月が異なる「年4回分配金」の3銘柄を買っておけば、毎月分配金を受け取ることができます。これもなかなか魅力的ではないでしょうか。

毎月分配金と聞くと、かつて毎月高い分配金が支払われることで大ブームになった通貨選択型の窓販投信を思い出す人もいるかもしれません。金融庁としては分配金の支払い頻度が高い投資信託は望ましくないとしているようで、毎月分配型の投資信託は「つみたてＮＩＳＡ」の対象から除外しています。

しかし、分配金の支払い頻度が高いこと自体が悪いわけではありません。問題は、元本部分を削ってまで分配金を出す、投資収益の還元とは言えない特別分配金、言うなれば〝タコ足〟構造にあります。ＲＥＩＴの分配金の源泉は不動産の賃料や売却益で、れっきとした投資収益の還元です。投資収益はその時々で違ってきますから、支払われる分配金額もその都度異なります。分配金の支払い頻度が高くても、毎月分配金を受け取っても、何一つ望ましくないことはありません。

為替リスクもなく、十分な利回りが見込める投資対象が日本の株式市場で誰でも手軽に買えるというのに、わけのわからない毎月分配型ファンドを買う人がなぜいるのか。不思議でなりません。もし身近に、利息なり分配金を年4回以上の頻度で受け取りたい人がいるなら、このREIT指数連動型ETFを紹介してあげてください。

## ■米国市場ならS&P500連動型ETF。為替ヘッジあり・なしを選ぶポイント

3番目は米国の株式市場に連動するETF。米国市場には、NYダウ平均、ナスダック指数、S&P500指数という3つの主要インデックスがあります。日本では「NYダウ平均＝米国市場」として報道されるケースが多いのですが、構成銘柄が30と少なく、米国市場全体を反映していると言うにはちょっと物足りません。ナスダック指数はテスラやいわゆるGAFAなど時価総額が巨大な一部の銘柄の影響が大きく、これを〝コア〟に据えるのは遠慮したいところです。

というわけで、構成銘柄が500で銘柄分散効果も大きいと見られるS&P500指数に連動するETFにします。

東証に上場しているS&P500指数連動型ETFは複数ありますが、最大のポイントは為

## 図表4-4　同じ投資対象でも為替ヘッジの有無でETF価格のトレンドはかくも違う

(S&P500連動型ETF：週足2021年１月～22年10月)

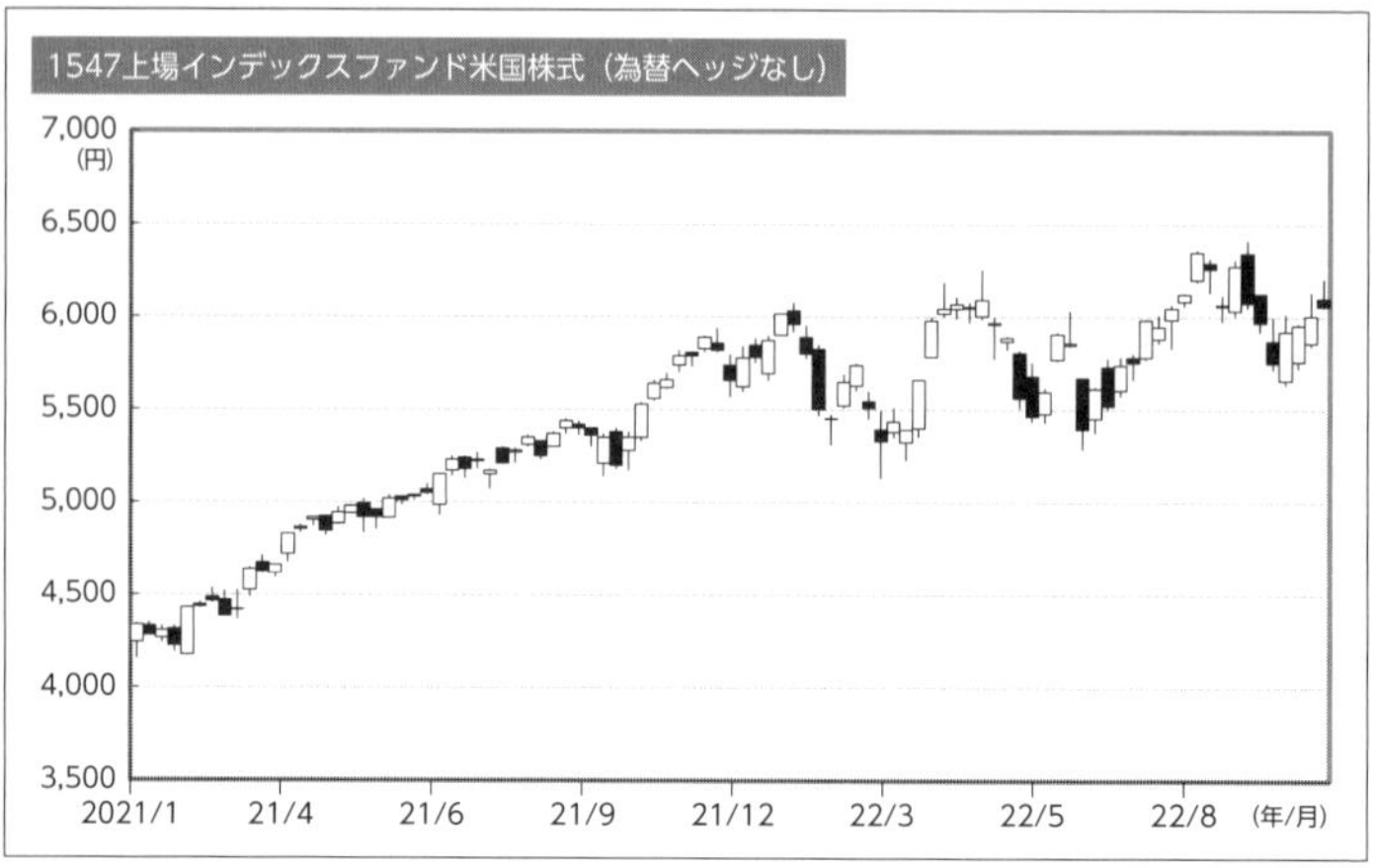


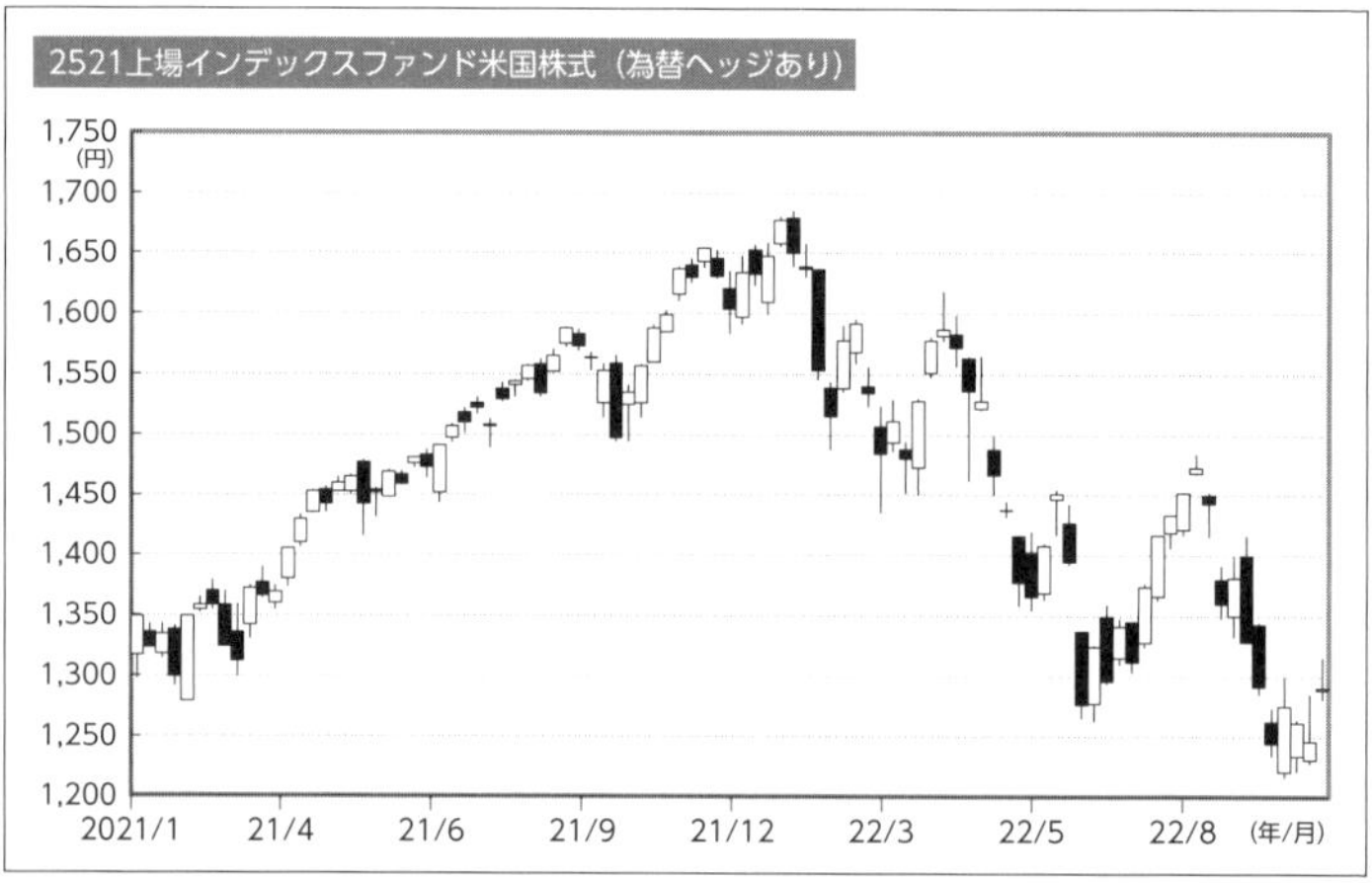

替ヘッジありかなしか、どちらを選ぶかです。一見、為替ヘッジありのほうが、為替動向に左右されず、米国市場の値動きそのものだけを取ることができて、安心感がありそうに思えるかもしれません。しかし、実際にはそうとも言い切れません。

図表4―4は、どちらも日興アセットマネジメントが管理しているS&P500指数連動型ETFの為替ヘッジなしタイプと為替ヘッジありタイプです。米国市場は22年1月から強い下落基調となりましたが、為替ヘッジなしタイプは大して下がっていないどころか、緩いながらも基調は上向きです。対して、為替ヘッジありタイプは米国市場と同様、1月から強烈な下げ相場が続いています。

なぜこうも違うのかと言えば、この時期、強い円安ドル高基調が続いたことによります。為替ヘッジなしタイプは、S&P500指数を買うと同時に強いドルも買っています。米ドルが対円で値上がりしているお陰で、円換算すると株価下落の影響がそれによって打ち消されるというメカニズムです。

為替ヘッジありタイプは、S&P500指数を買う一方で強いドルを売る（ショートする）ことによって為替の影響を排除しています。強いドルの恩恵は得られず、その結果、株価下落の影響がそのままETFの価格に反映されます。

もちろん、この局面では為替ヘッジなしのほうが有利だったという結果になっているものの、どちらが有利なのかは為替動向次第です。先行きが円安ドル高ならばヘッジなしタイプ、円高ドル安ならばヘッジありタイプが有利になります。

では、世界同時株安の暴落局面ではどちらがいいのか。第2章で見たように、90年代後半以降は世界同時株安の局面では強烈な円高ドル安。その後、世界の株式市場が上昇相場に転じたところでは円安ドル高になっています。これと同様のパターンになるとすれば、米国株も米ドルも超安のところを拾うのが正解。つまり、株も為替も一緒にバーゲンハンティングするヘッジなしタイプです。

もっとも、その暴落の後に米国市場が上昇トレンドに転換する一方で、円高ドル安は継続していることもあり得ます。前章の図表3—17②で見た09年以降の「円換算のS&P500」がまさにその例で、この場合、ヘッジなしタイプは米国株の上昇分がドル安のせいで目減りしてしまいます。

とはいえ、その局面は「円換算のS&P500指数」をま

**図表4-5 米国S&P500連動型ETF（ヘッジなし）の例**

| コード | 2558 | 1655 |
|---|---|---|
| 銘柄名 | MAXIS米国株式(S&P500)上場投信 | iシェアーズS&P500米国株ETF |
| 管理会社 | 三菱UFJ国際投信 | ブラックロック・ジャパン |
| 売買単位 | 1口 | 10口 |
| 信託報酬 | 0.077% | 0.077% |
| 22年分配金支払実績 | 74円（6/8） | 1.4円(2/9) |
| | 101円（12/8） | 2.4円（8/9） |
| 株価(22.12.30終値) | 1万4615円 | 367.5円 |

だ安値圏で買える機会だと捉えることもできます。要は、目先足元の動向はさておき、先行きどうなるか。超円高ドル安がいずれ修正されると見込むのであれば、やはりヘッジなしタイプです。

もし、これまでとは一変して、世界同時株安が起きたときに円安ドル高が急伸した場合はどうでしょうか。円安ドル高がもはや趨勢になっているならば、やはりヘッジなしタイプ。米国市場が反転する一方で、為替は円高ドル安に反転するならばヘッジありタイプとなります。

結局のところ、〝そのとき〟にならないとどちらが有利とは言えないわけですが、目下のところは過去に示されている通り、世界同時株安局面では円高ドル安が進展する、すなわちヘッジなしタイプ有利を想定しておいてよいと思います。図表4—5は取引高の大きいS&P500指数連動型ETFヘッジなしの銘柄例です。iシェアーズS&P500米国株ETFは、価格が300円台で10口単位と少額から投資できるのが特徴です。

## ■米国債ETFを選ぶなら長期の「為替ヘッジあり」

そして〝コア〟の4つ目は米国債連動のETFです。

米国債そのものも、個人でもネット取引で買うことができます。ゼロクーポン債であれば数万円からと、投資金額も手頃です。ただ、米国債投資はコストが高いという難点があります。

米国債の売買は証券会社と相対で行われ、売買手数料はかかりません。その代わりに、買値（証券会社の販売価格）と売値（証券会社の買取価格）にスプレッドが設けられています。これが投資コストに相当します。

何より困るのは、そのスプレッドがどのくらいなのか、ほとんどの証券会社が事前に明示していないことです。どうも、買った後でないと教えてくれないのが証券業界の慣習のようです。実際にある証券会社で米国債を買って判明したのは、その証券会社のスプレッドは「1・4」。買値が額面100に対して40程度でしたから、料率にして3・5％にもなります。スプレッドは証券会社によって異なりますが、おそらくこれでも低いほうだと思われます。

このスプレッドのほか、円をドルに換えて投資する際にかかる為替のコスト、さらに証券会社によっては外国証券取引口座管理料もかかります。これではよほどの値幅を取らないとコスト負けしてしまいます。

そうした悩ましい米国債投資のコスト問題を一挙に解決してくれるのが米国債連動型ETFです。売買手数料は個別銘柄に投資する場合と同じ。円をドルに換えるコストもかかりません。外国証券取引口座管理料も不要です。

東証に上場している米国債連動型ETFは、組み入れられている米国債の残存期間によって3つのタイプに分けられます。期間1年—3年、期間7年—10年、そして期間20年超です。期間による違いは何かというと、そのひとつが、予想される値動きの大きさです。通常、期間が長くなるほど金利動向に対する債券価格の反応が大きく、金利上昇局面ではより大きく下落、金利低下局面ではより大きく上昇します。つまり、期間の長い米国債連動ＥＴＦを債券価格が安いときに買えば、その後上昇に転じたときにより大きい値上がり益が期待できます。よって、対象にするならば期間20年超です。

現在、20年超はｉシェアーズ米国債20年超ＥＴＦ（２６２１）のみで、為替ヘッジが付いています。先に見たＳ＆Ｐ５００指数連動ＥＴＦはヘッジなしに注目しましたが、米国債は逆にヘッジありがお勧めです。というのは、米国の金利上昇（＝債券価格下落）は円安ドル高要因、金利低下（＝債券価格上昇）は円高ドル安

**図表4-6　期間が長い債券のほうが値動きはダイナミック**

（週終値2021年１月～22年10月　21年１月８日終値＝100として指数化）

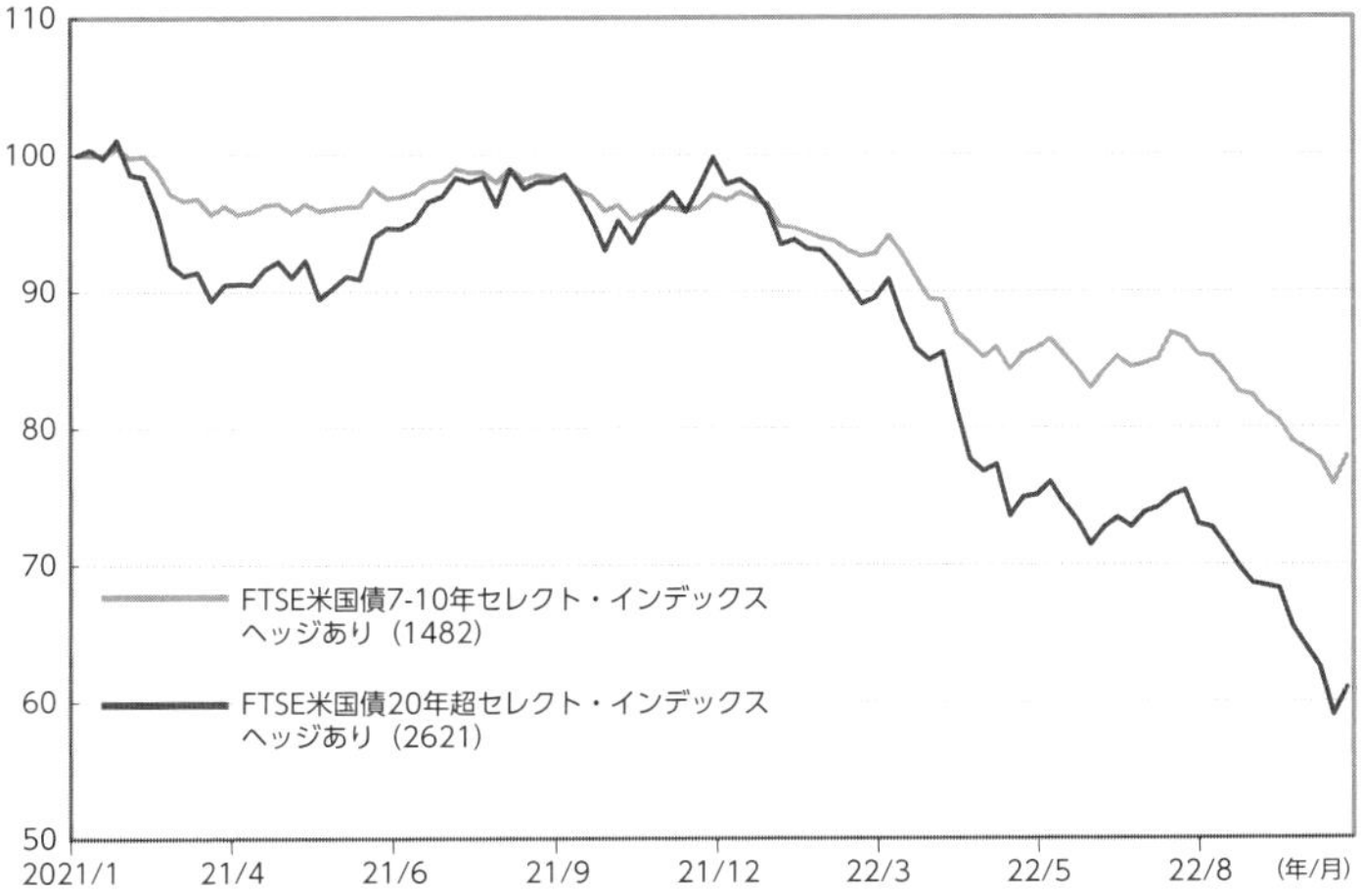

要因だからです。

ヘッジなしの場合、金利が上昇してせっかく債券価格が安くなっているときに、それを高いドルで買わなければなりません。その後、金利が低下して債券価格が上昇したときには、ドルが安くなっている。債券価格の上昇分が為替差損で目減りするどころか、場合によっては為替差損で債券価格の値上がり益が吹き飛ぶかもしれません。ヘッジが付いていれば、ドル円レートの影響は排除されますから、債券価格の動向次第で収益を確保することができます。

米国債連動型ETFを買うときに何より重要なことは、世界同時株安の局面では超格安にはなっていない。むしろ値上がりしている可能性があることです。そのとき米国当局が事態の収拾を図るために金利を引き下げれば、それが米国債の価格上昇要因になります。また、「安全資産への逃避」の観点から格付けの高い米国債が買われることも考えられます。ヘッジなしのタイプは、円高ドル安になっていればそれを反映する部分はありますが、ヘッジが付いていれば米国債の値上がりがETF価格に直結します。

もちろんこれも〝そのとき〟にならないと断定はできませんが、このETFを確実に安く買える局面を狙うとすれば、世界同時株安局面よりも、まずは米国当局が金融引き締め政策に臨んでいる時期です。

米国FRBは22年1月から金融引き締め姿勢を鮮明に打ち出し、金利引き上げを続けています。これを受けて、1月初め時点で２２００円を超えていたこのＥＴＦの価格は10月に１３５０円台まで、約40％も下落しています。

22年12月13、14日に開催されたＦＯＭＣ（連邦公開市場委員会）では、政策金利であるフェデラル・ファンド・レート（ＦＦレート）の誘導目標を０・５ポイント引き上げ、４・２５％から４・５％とすることを決めています。また、23年末のＦＦレートの見通しについても５・１％に上方改定されました。

米国債の価格および利回りはＦＲＢの金利引き上げをすでに相当程度織り込んでいると思われますが、この先の物価上昇率など経済指標の動向によっては、より一層の引き締め観測が広がり、米国債が改めて売られる可能性があります。そのとき、このＥＴＦを買い下がる策は大

**図表4-7　米国金利引き上げ局面で買い下がりたい米国債連動型ETF**

（2621FTSE米国債20年超（ヘッジ付き）：週足2021年１月～22年10月）

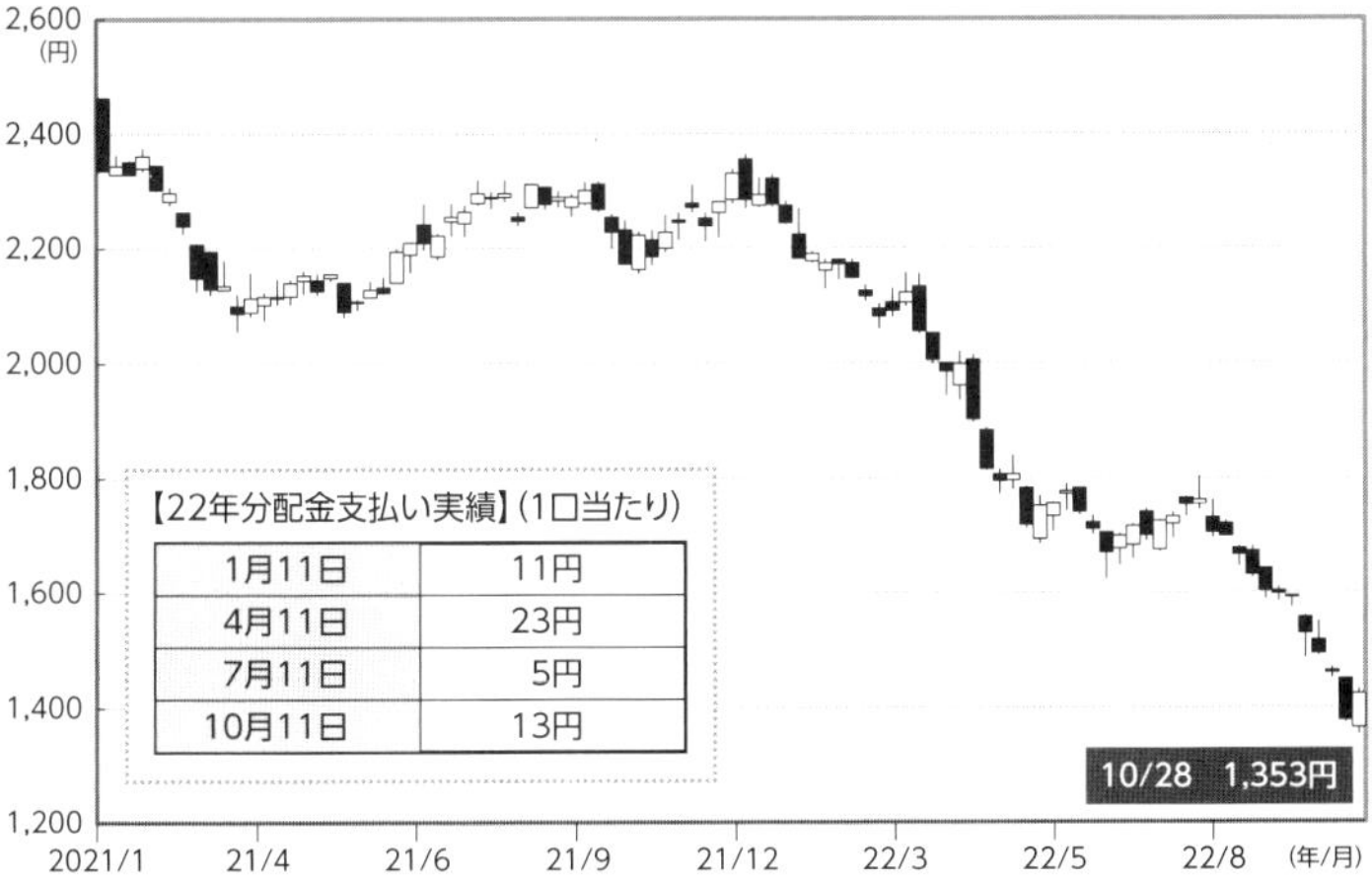


【22年分配金支払い実績】（1口当たり）

| | |
|---|---|
| 1月11日 | 11円 |
| 4月11日 | 23円 |
| 7月11日 | 5円 |
| 10月11日 | 13円 |

いに検討したいところです。売買は1口単位ですから、買う口数を調整しながら定額買い付け的に買い下がることもできます。

もし、このETFを買った後に世界同時株安が起きた場合、このETFが値上がりして利益が出ているならば、一部を売却することも一考に値します。その売却代金をS&P500連動型ETFを超格安で買う資金に当てるのは資金効率のよい作戦です。

## 4-3 個別株は信頼できるオーソドックスな銘柄から買ってみる

### ■鉄板の財務と株主還元に前向きな銘柄が有力候補

かくして資産のコアを4種類のＥＴＦの分散投資で固めてみましたが、せっかくどれもこれも超格安のバーゲンセール、株の個別銘柄もやはり買いたいところではないでしょうか。

買う個別銘柄を選ぶとき、テンバガー（株価10倍）を狙えそうな銘柄はどれか、誰も気付いていない大化け要素を持っている銘柄はどれか、超高配当利回りの銘柄はどれか、といったことを考えるかもしれませんが、大当てを狙う必要はありません。

そのときの経済情勢はおそらくひどく悪く、経営不安に陥る企業が出てもおかしくない状況になっていると予想されます。大当て狙いの銘柄が破綻したり、その時点では超高利回りが予想されている銘柄が大幅減配したり、そうしたリスクは十分すぎるほど意識しておかなければなりません。

その点を考えるならば、業績が悪化しても経営は揺るがないだろうと信頼できる銘柄、減額したとしてもしっかり配当金は出すと見込める財務強固で株主還元に前向きな銘柄、新たな相場サイクルが始まったときには確実にその流れに乗ることが予想される銘柄、そして、そうした銘柄であると市場から認識されているオーソドックスな銘柄が、第一候補に相応しいと思います。

具体的にあげるとすれば、まずトヨタ自動車（７２０３）です。「そんなことは今さら言われなくても誰でもわかるじゃないか！」と怒られてしまいそうですが、しかし、それがいいのです。この銘柄は時価総額断トツ、文字通り、日本市場のど真ん中。市場全体が大きく動く局面で、日経平均株価やＴＯＰＩＸと逆行する動きになることは考え難い銘柄です。市場が大下げするならば、「まずトヨタを売っておけ」ともなるでしょう。

また、日経平均株価やＴＯＰＩＸが安値を試す動きとなったときには、この銘柄も安値を試している可能性大です。それが繰り返されるならば、この銘柄を安値圏で買う機会も繰り返し訪れます。そして市場全体が本格的な上昇トレンドに転換したときには、市場は「まずトヨタを買っておけ」の動きになるのではないでしょうか。だったら、超格安のときに買っておいたらいいのではないでしょうか。

この銘柄は配当性向30％を目指しています。仮に、世界同時株安後に世界的不況となり、業

## 図表4-8　"日本株市場ど真ん中"銘柄を超安で買う。将来驚愕の高利回りもあり得る

(7203トヨタ自動車：日々引け値1998年１月～2022年10月31日)

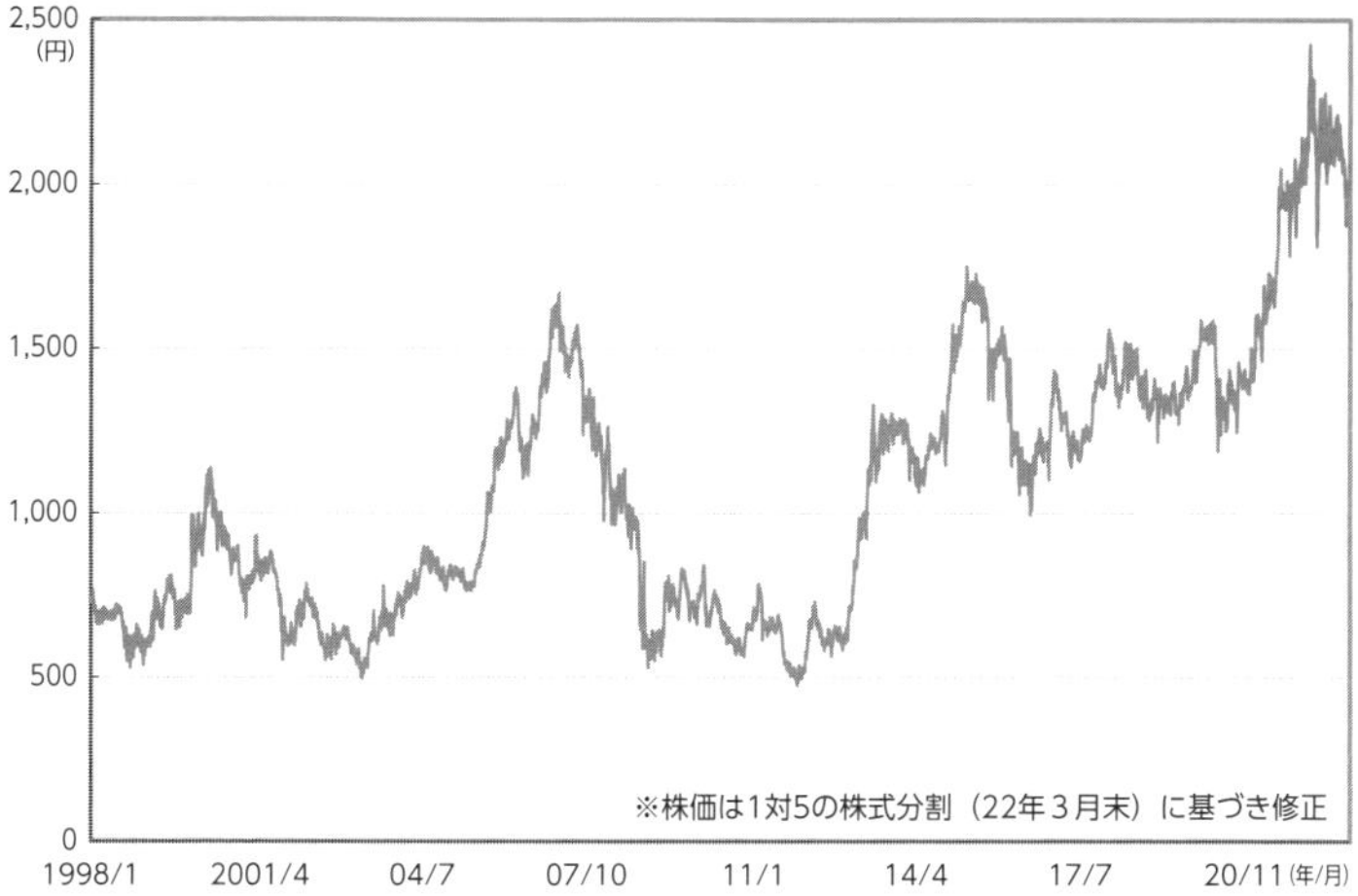


【配当金実績】　(円/株)

| 年度 | 9月中間 | 3月期末 | 合計 |
|---|---|---|---|
| 2013 | 30 | 60 | 90 |
| 2014 | 65 | 100 | 165 |
| 2015 | 75 | 125 | 200 |
| 2016 | 100 | 110 | 210 |
| 2017 | 100 | 110 | 210 |
| 2018 | 200 | 120 | 320 |
| 2019 | 100 | 120 | 220 |
| 2020 | 100 | 120 | 220 |
| 2021 | 105 | 135 | 240 |
| 2022 | 120 | 28×5=140 | 260 |

績悪化で減配したとしても、業績が改善すれば即増配が見込まれます。13年以降の配当実績は図表4―8の通り。22年3月末の1対5の株式分割をする前の株価で言うと、最安値は2500円弱。その大底ズバリでなくとも、たとえば買値が3000円台前半でも、22年3月期の投資利回りは8％前後です。悪くないどころか、驚くほど良いのではないでしょうか。

もう1銘柄、株主還元の観点で言えば、キヤノン（7751）があげられます。これまたオーソドックスすぎて拍子抜けかもしれませんが、この銘柄は潤沢なキャッシュをバックに自社株買いに前向きです。直近4年で言えば、19年5月、20年2月、22年5月、22年8月に各500億円を上限とする買い付けを発表しています。

長期的な株価の推移を見ると、04年からの〝いざなみ景気〟の上昇相場では非常に強い動きをしていたものの、07年8月を境に大きく下落。12年11月から18年1月までの長期上昇相場では以前のトレンドに復帰できず。コロナ・ショック後の劇的な反転相場においては、業績不振によってリーマン・ショック時の最安値水準を下回るまで下げています。このとき減配です。

その後は、業績改善見通しから株価に復調の兆しが見え、また、増配にも転じていますが、株価のトレンドとしてはまだ不安が大きいとの見方になるところでしょう。チャートの教科書的な解釈からすれば、この先、世界同時株安が起きようものなら20年10月20日の1632円をも下回りかねない、という予測に現時点ではならざるを得ません。

図表4-9　業績不振で一時減配も潤沢なキャッシュを背景に自社株買いに積極姿勢

（7751キヤノン：日々終値1998年１月～2022年10月31日）

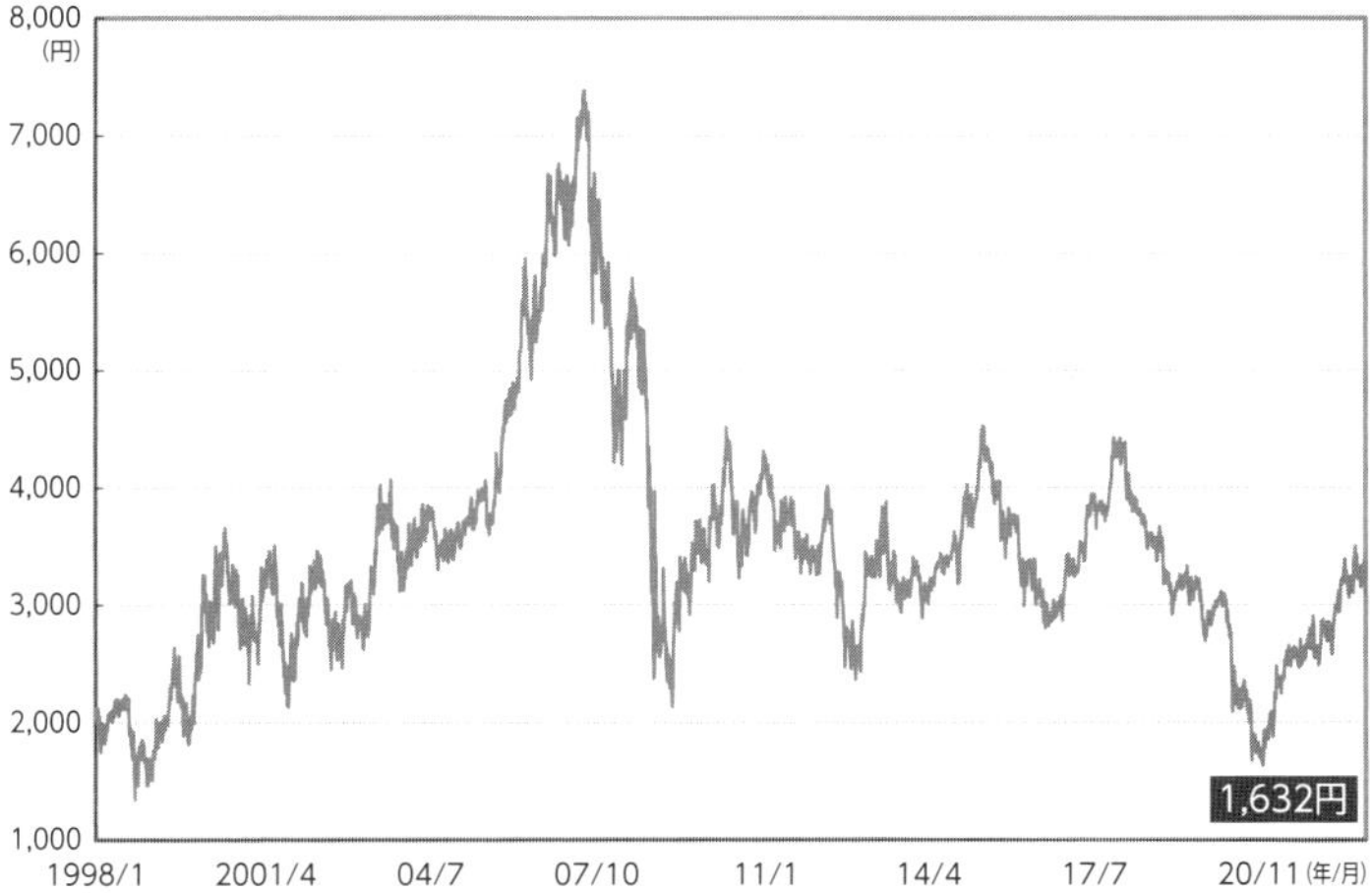


【配当金実績】　（円/株）

| 年度 | 6月中間 | 12月期末 | 合計 |
|---|---|---|---|
| 2013 | 65 | 65 | 130 |
| 2014 | 65 | 85 | 150 |
| 2015 | 75 | 75 | 150 |
| 2016 | 75 | 75 | 150 |
| 2017 | 75 | 85 | 160 |
| 2018 | 80 | 80 | 160 |
| 2019 | 80 | 80 | 160 |
| 2020 | 40 | 40 | 80 |
| 2021 | 45 | 55 | 100 |
| 2022 | 60 | 60 | 120 |

しかし、この銘柄は22年9月末時点で3兆5000億円を超える利益剰余金があります。22年12月末の時価総額は約3兆8000億円ですから、株価が20年10月の安値水準にまで下げるともなれば超割安です。そこまで安いのならば打診的にでも拾っておいて悪くない銘柄ではないでしょうか。

## ■市場が暴落すると嬉々として駆けつける〝優待バーゲンハンター〟

株主還元と言えば、株主優待もそのひとつです。「株主優待」と聞くと、株式投資ビギナーを釣る〝おまけ〟のようなものだろう、と軽く見ている人もいるかもしれません。ところが、とくに株主優待の人気が高い銘柄は、「優待」が株価水準や値動きに相当な影響を与えています。これは決して見くびれない要因です。

市場全体が暴落すると、その「優待」の影響が顕著に現れます。たとえば、20年2月から3月にかけての日経平均株価は図表4―10の上の通り、連日のギャップダウンと陰線でまさしく市場の暗さそのものの黒っぽいチャートです。それに対して、優待の注目度の高いコモ（2224）はどうでしょう。日経平均株価が連日下げている中で、明らかに安いところを拾われています。暗いどころか、活き活きとした躍動感すら感じさせる値動きです。

この値動きは、この銘柄が日経平均株価とは関係のない小型株だから、ではありません。日経平均株価の採用銘柄、それも寄与度上位の銘柄でさえも、市場大暴落時に嬉々とした躍動感を見せていたりします。

ＫＤＤＩ（９４３３）は「優待銘柄の基本の〝き〟」とも言われる銘柄で、優待の内容は、全国の銘品を取り揃えた「ａｕ ＰＡＹ マーケット商品カタログギフト」。１００株・５年未満保有で３０

## 図表4-10　大暴落時に嬉々として駆けつける“優待ハンター”

(日足2020年1月～3月31日)

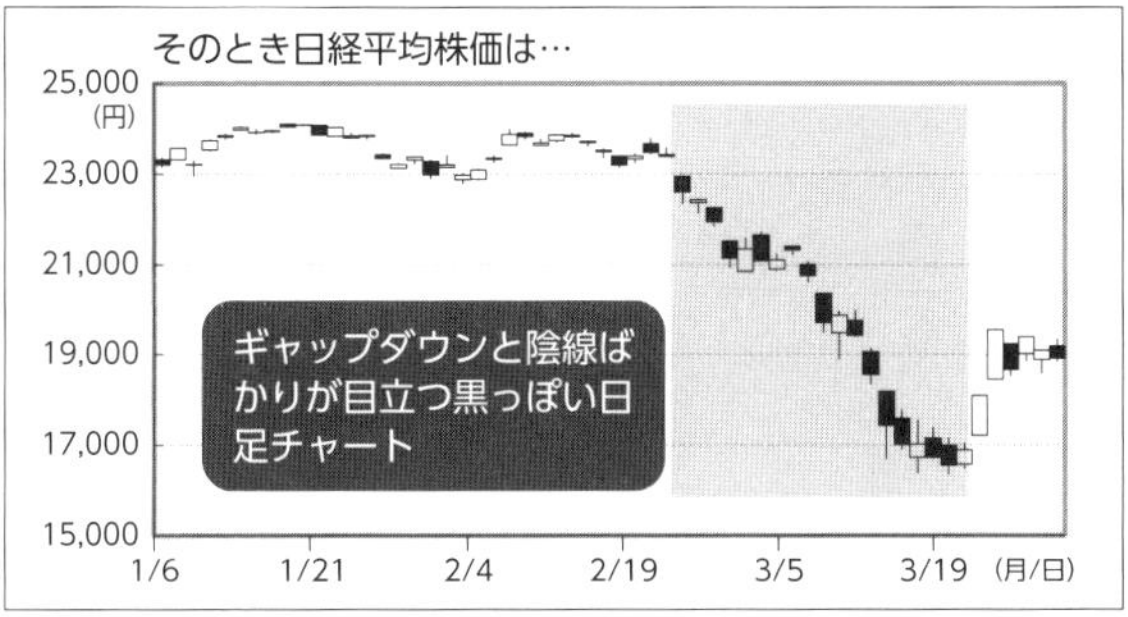


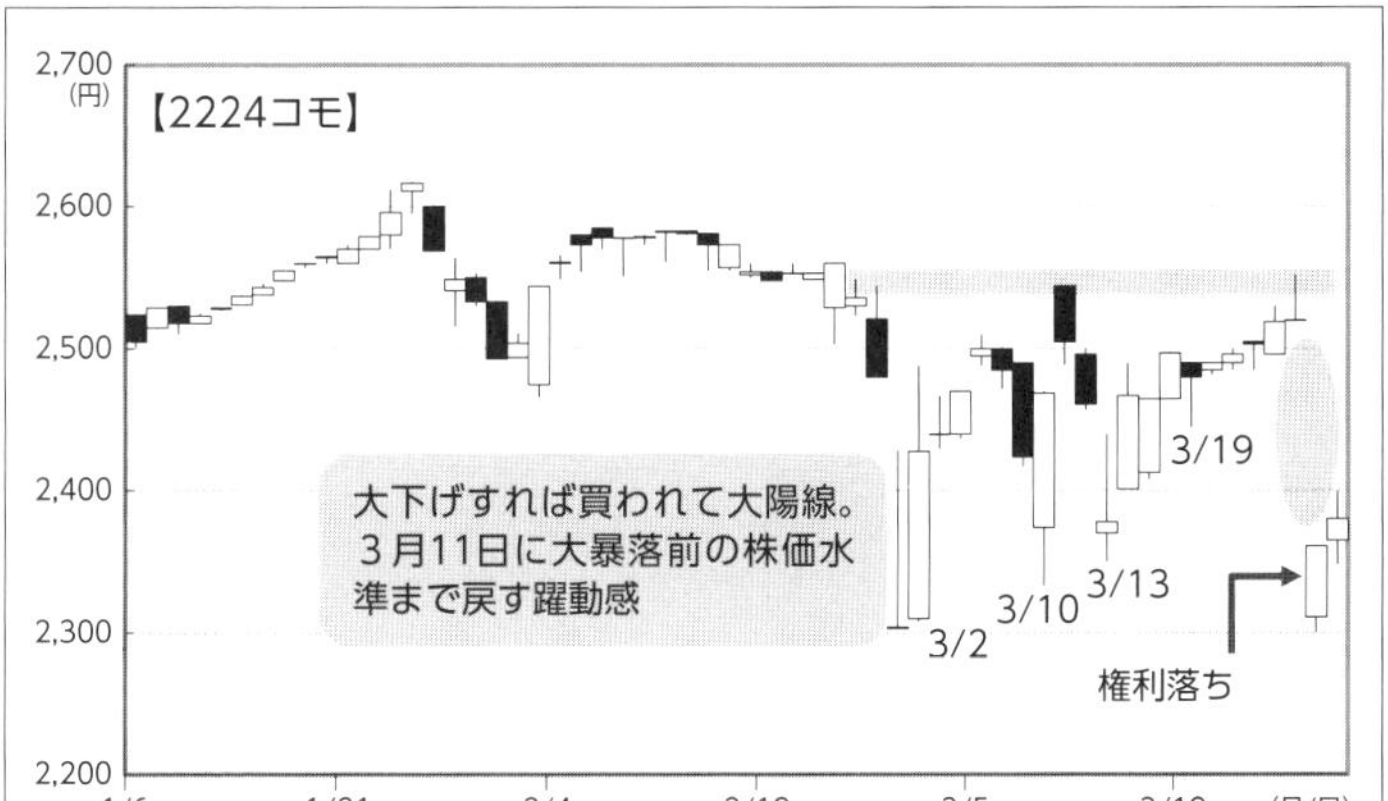

００円相当。保有期間が５年以上になると５０００円相当にグレードアップします。そのカタログの中身は贈答品にしても喜ばれそうなラインアップ。優待人気が高いのも頷けます。

20年２月、３月の値動きは図表４―11の通り。日経平均株価のチャートは黒っぽいのに、この銘柄は株価は下げてはいても陽線がいっぱいでチャートが白っぽい。これが日経平均株価に対する寄与度が上位の銘柄なのか、と疑いたくなる絵柄ではないでしょうか。さすがに日経平均株価が３月13日の最安値を叩きに行った３月18日は大陰線ですが、日経平均株価が最安値をつけた翌19日は安値を叩いた後に買われに買われて大陽線。この値動きは３月権利の「優待」と無関係ではないでしょう。

こうした値動きをする優待銘柄が決して少数で

**図表4-11　225採用の高寄与度銘柄でさえも「優待」で動く**

(9433KDDI：日足2019年12月～2020年３月31日)

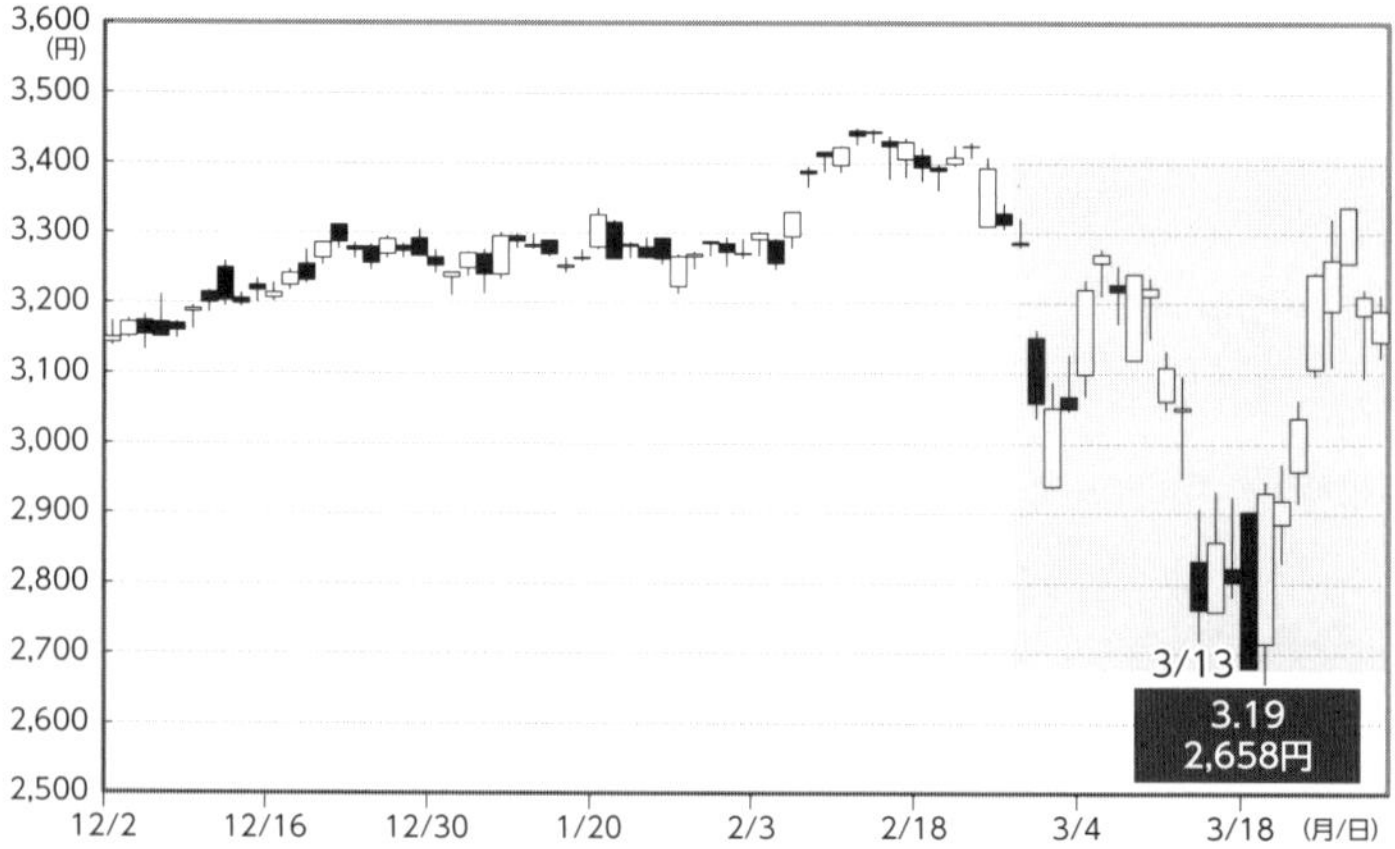

## 図表4-12　日経平均株価を無視しては動けない優待銘柄は安値を拾える機会も多そう

（9433KDDI：日々終値1998年１月～2022年10月31日）

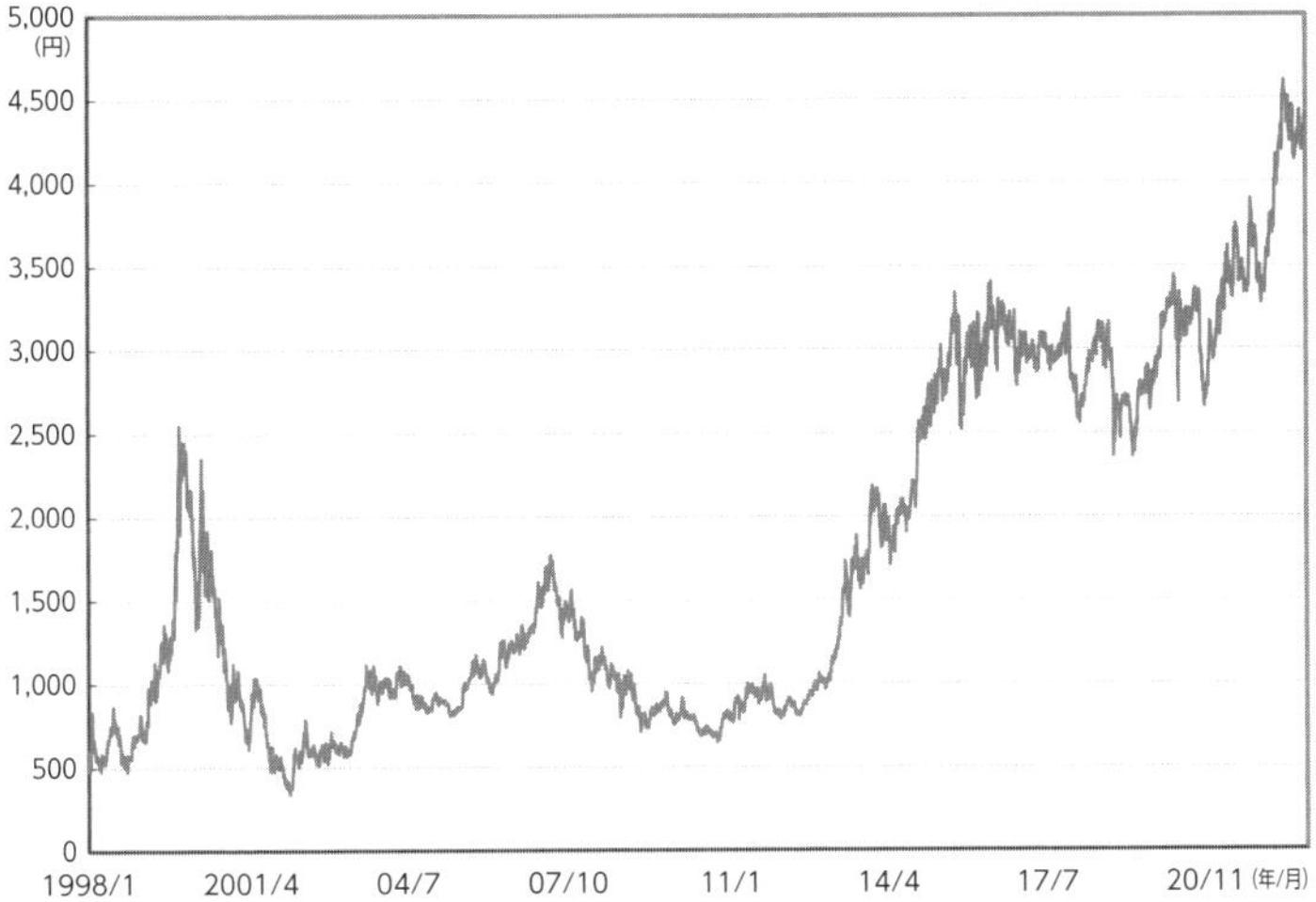


【配当金実績】　(円/株)

| 年度 | 6月中間 | 12月期末 | 合計 |
|---|---|---|---|
| 2016 | 35 | 35 | 70 |
| 2017 | 40 | 45 | 85 |
| 2018 | 45 | 45 | 90 |
| 2019 | 50 | 55 | 105 |
| 2020 | 55 | 60 | 115 |
| 2021 | 60 | 60 | 120 |
| 2022 | 60 | 65 | 125 |

はないことからすると、どうやら「暴落」と聞くと市場に駆けつけてくる〝優待銘柄ハンター〟がいる模様です。だとすれば、これはバーゲンハンティングの対象銘柄として大いに注目できます。何しろ、暴落局面で買いに出て、株価がそれより下がったとしても、安いところを買い上げてくれる人たちがいるのです。心強いこと、このうえありません。

他方、市場の暴落局面でなければ、〝優待ハンター〟は現れません。日経平均株価に対する寄与度の高いＫＤＤＩの場合、そのときには日経平均株価を意識した動きになることが予想されます。となれば、日経平均株価が本格的な上昇トレンドに転換するまで底練り的な弱い動きを続けている間、この銘柄を安値で拾える機会にも恵まれそうではありませんか。株主優待の人気が高く、なおかつ日経平均株価に対する寄与度が高いこの銘柄なればこそ、こうした安値での買い出動が実践しやすいと言えます。

しかも、この銘柄は21期連続増配と、配当金の面でも見どころがあります。長期保有を大前提にする人にとっては筆頭候補にしてもよい銘柄だと思います。

## ■100円単位で金額指定買いができる「キンカブ」は高評価

ここまで紹介してきた銘柄のうち、資産のコアを固める4種類のＥＴＦは1単元あたりの投資額が低く、価格が安値圏にある間に何度か買い増すことはそう難しくないかもしれません。

しかし、複数の個別銘柄を複数単元買うとなると、軍資金を気にせざるを得なくなってきます。いかに大暴落で株価が超格安になっていたとしても、たとえば、先にあげたトヨタ自動車・キヤノン・KDDIを各1単元100株買っただけでも合計50万円で済むかどうか。この3銘柄のほかにも、「これは堅いだろう」と思える銘柄はいろいろあります。それらをできるだけ買いたい、それも何度か買い増すとなると、相当な軍資金が必要です。

実際問題としてそこまでの資金はない。かといって、せっかく数年に一度の超格安セールをみすみす逃すのも惜しい。この軍資金問題を解決する何かよい手立てはないのか、というと、実にうってつけの方法を見つけました。

SMBC日興証券に限定されますが、金額・株数指定取引「キンカブ」を利用することです。この口座を利用すると、銘柄ごとに決まっている単元株数やその時々の株価に関わらず、100円以上の100円単位の金額を指定して、もしくは、概算注文金額100円以上で株数を指定して、個別銘柄を売買することができます。

利用したいのは金額指定の取引、第2章の積立投資のところで紹介した定額買い付けです。この「キンカブ」では、毎月一定額ずつ指定した銘柄を積み立て的に買い付ける設定もできますが、「ここだ」というところでスポット的に銘柄と金額を指定して買うこともできます。一定額ずつ買い下がれば、買える株数がその都度増え、それによって平均買付単価が有利になるというドルコスト平均法の効果が確実に得られます。

　積立期間が長くなると徐々にドルコスト平均法の効果が薄れていくという点も、暴落局面とその後の底練り局面に限った集中的な定額買い付けならば、全く問題はありません。軍資金の範囲内で平均買付単価を有利に均しつつ、保有株数を増やしていけます。なお、ここまで紹介してきた銘柄のうち、一部のＥＴＦは取り扱い対象外となっていますが、それらはいずれも最低売買金額が少額です。その時々の価格水準に応じて買う口数を調整することで対応できるでしょう。

　一般の個別銘柄はほとんどが取り扱い対象です。これでもう投資金額や銘柄数の制約を受けることはありません。図表４―13は、22年12月30日時点の単元株価の高い上位銘柄のうち業種の異なる５銘柄を各５万円ずつ、金額指定買い付けを想定した例です（「キンカブ」の約定単価は前場または後場の始値となるため、同日の前場寄値での約定を想定しています）。この５銘柄を１単元１００株ずつ買った場合の約定金額合計は２３００万円以上になりますが、この

**図表4-13　1単元投資額が高い5銘柄を「各5万円ずつ定額買い付け」の例**

| 証券コード | 銘柄名 | 22.12.30寄値 | 買付株数 |
|---|---|---|---|
| 9983 | ファーストリテイリング | 79,850 | 0.6261 |
| 6273 | SMC | 56,240 | 0.8890 |
| 6861 | キーエンス | 52,080 | 0.9600 |
| 3697 | SHIFT | 23,730 | 2.1070 |
| 7309 | シマノ | 21,240 | 2.3540 |

買い方ならばポッキリ25万円。株価が高い銘柄も、これで思う存分買い下がれます。

しかも、投資コスト面にも見る価値ありです。「キンカブ」の約定単価は前場または後場の始値にスプレッドが加味されるのですが、100万円以下の買い注文の場合はスプレッドが0%。つまり、買い付けコストはゼロです。

この買い付けシステムは、バーゲンハンティングはもちろんのこと、買値をより有利にしてリターンを増やそうという長期的な資産形成にとって大いに力を貸してくれると思います。ところが、提供しているのはなぜか1社だけ。実に残念な気がします。

# 第5章

# 次の超格安バーゲンにも参加するために

# 5-1 資産として持ち続ける株、売却して現金化する株

## ■〝次〟の機会に「悲鳴をあげる側」に立たない態勢をつくる

新たな相場サイクルが始まれば、もう左ウチワです。寝ているだけで資産は増えます。とはいえ、その状況になってみると「あそこでもう少し買っておけばよかった」「こういう銘柄にも目を向けるべきだった」等々、改めて気付くこと、反省点がいろいろ出てくるはずです。ならば、その教訓を〝次〟に活かしましょう。次に訪れる超格安セールにまた参加すれば、より納得のいく資産形成ができる、より高い成果を手にできると思います。

そこでまず思い出さなければならないのは、バーゲンを謳歌することができたのは株とは無縁で現金が十分にあったからです。ところが、いまや株を持ってしまいました。そのお陰で現金も減少しています。となると、次のバーゲンに参加するなら買った株を全部売却して現金潤沢な状態に戻すべし、という話になりますが、それもまたちょっと惜しい気がします。

第3章でふれたように、80年代バブルの崩壊から続いていた日経平均株価の超長期下降トレンドは15年5月の高値をもって上昇トレンドに転換した可能性が示唆されています。これは日本株市場全体に言えることだと思います。現時点ではまだ「可能性の示唆」レベルですが、実際にそうだとすれば、次の大暴落時につける最安値は前回よりも高いと予想されます。買った株の中には、もしかすると将来から見た最安値水準で超有利に拾っている銘柄があるかもしれません。

ですから、買った株の一部は資産として長期保有するという選択はあって悪くありません。保有している間に支払われる配当金や分配金も、長期的な資産形成の一助となることでしょう。要は、次のバーゲンを意識して、悲鳴をあげる側にならない態勢を整えておけば大丈夫です。

では、どの銘柄は資産として保有し、どの銘柄を売却するか。買った銘柄それぞれについて、値上がり益と保有する価値、どちらを選ぶかを考えてみてください。たとえば、コアとして買った4種類のETFのうち、高い分配金収入が見込めるREIT指数連動型ETFは保有の候補といえます。次のバーゲンで買い増せば、将来の収入源として結構頼れる存在になるはずです。

値上がり益を重視したい銘柄は、売却して現金化するのが目的に沿っています。なかには、「長期保有すれば大きな値上がり益が期待できる」と思う銘柄があるかもしれませんが、それも結局は値上がり益重視です。一旦利益確定して次のバーゲンで改めて買い直したほうが、トータルすればより大きな値上がり益が期待できます。複数単元買っている個別銘柄ならば、一部は保有、残りは売却という手もあります。

できる限り、持ち続ける株は「保有する価値が見出せる銘柄だけ」の状態にしておけば、世界同時株安の大暴落局面でその銘柄が大幅に下落しても、悲鳴をあげる側に立つことにはならないと思います。その一方で、上昇相場の中で売却した銘柄は潤沢な現金と化しているでしょう。これが〝次〟の軍資金になります。

どの銘柄をどのくらい売却するかは、上昇相場が始まってからの状況を見ながら1年程度の時間をかけてじっくり考えて差し支えありません。ただし、軍資金のほうはできるだけ確保しておきたいところです。多すぎて困ることは何一つありませんから、持ち株を売却して入ってくる資金とは別に、軍資金専用口座をつくって早速準備に取り掛かることをお勧めします。株を持ってしまったために受け取ることになった配当金や分配金もその中に加えておけば、第2章で見たような〝持ちっぱなし〟と同義ではない、再投資による複利的な効果が上乗せされます。

## ■米国株連動型ＥＴＦと米国債連動型ＥＴＦは値動きの逆行に注目

ここからは、売却することにした銘柄の売りタイミングについて考えていきます。株は買うよりも売るほうが難しいとよく言われますが、S&P500指数連動型ETF（為替ヘッジなし）と米国債連動型ETF（20年超・為替ヘッジあり）は、双方の値動きを見比べながらタイミングを考えるのがよさそうです。

第2章の図表2―11で見た通り、米国株と米国債は値動きの方向性が逆になる傾向が確認されます。非常にわかりやすいのは、景気がよく金利が上昇している局面です。株式市場は好景気を反映して上昇基調にあることでしょう。他方、金利上昇は債券価格の下落要因であり、またドル高要因です。

そうすると、為替ヘッジなしのS&P500指数連動型ETFは、米国株高とドル高によって値上がり。為替ヘッジが付いている米国債連動型ETFは、ドル高は反映されず、債券価格の下落そのままに値下がりしていると予想されます。そこで、値上がり

**図表5-1　S&P500連動型ETFと米国債連動型ETFはセットで売買タイミングを測る**

（週終値2021年１月～22年10月28日）

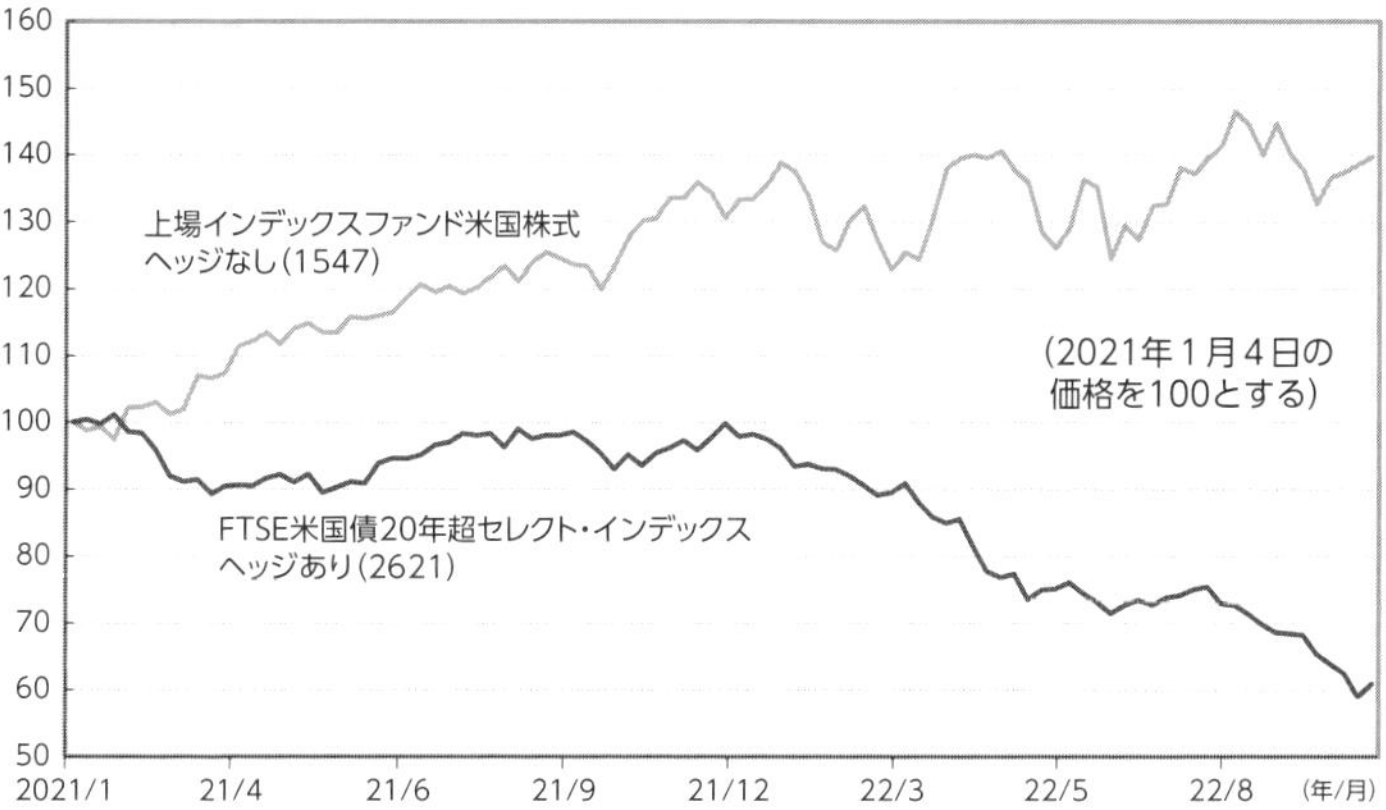

しているＳ＆Ｐ５００指数連動型ＥＴＦを一部売却して、その売却代金を米国債連動型ＥＴＦが安くなったところで買う資金に加える。その方向の値動きが続いているならば、Ｓ＆Ｐ５００指数連動型ＥＴＦは売り上がり、米国債連動型ＥＴＦは買い下がるといった売買が考えられます。これは、前章でふれた「世界同時株安局面で、米国債連動型ＥＴＦが値上がりしていたら一部利益を確定して、暴落しているＳ＆Ｐ５００連動型ＥＴＦを買う資金にプラスする」という売買と逆のパターンです。

また、これも前章で見たように、ＦＲＢが金融引き締めに強い姿勢で臨み始めた22年1月以降、為替ヘッジありの米国債連動型ＥＴＦは急落。米国株も急落しましたが、為替ヘッジなしのＳ＆Ｐ５００連動型ＥＴＦは強いドル高を反映して緩やかながらも上昇トレンドを続けていました。こうしたケースも、Ｓ＆Ｐ５００連動型ＥＴＦを売却して、その代金を米国債連動型ＥＴＦが超安になったところで買い下がる資金に加える策が有効です。

この2つのＥＴＦは、一方が為替ヘッジなし、他方は為替ヘッジあり、というところが大きなポイントです。米国株と米国債の値動きにそうした明瞭な逆行がいつも現れるわけではありませんが、両ＥＴＦの値動きの大きな方向性を確認しておくことで、ズバリ天井や大底ではなくとも、大きな流れを見据えた売買のタイミングをつかむことができると思います。

## ■日経平均連動型ETFと個別銘柄は〝好ましくない乖離〟が売却シグナル

日経平均株価連動型ETFと個別銘柄の売却に関しては、前章で考察した「どのタイミングで買うか」を逆に考えてみてください。買うタイミングの重要ポイントのひとつは、日経平均株価が最安値を更新している、あるいは最安値を更新しないまでも弱い動きを続けているときに、市場の実態には改善の兆しが見えている〝好ましい乖離〟が生じていることでした。

その逆は、日経平均株価が高値更新を続けている、あるいは最高値水準に居続けているにもかかわらず、市場の実態はすでに悪化している。その最たるものが、安値更新銘柄数が明らかに増勢となっている〝好ましくない乖離〟です。この現象が観測されたら、そこが日経平均株価連動型ETFと個別銘柄の売却に着手するタイミングです。

日経平均株価連動型ETFは高値を更新したら売り上がる。強く下げた後に高値圏に戻ったところも、売っておきたい場面です。個別銘柄の売却タイミングも日経平均株価連動型ETFと同じで構いません。そのとき個別銘柄は日経平均株価と同じような高値更新モードではなくなっているかもしれません。日経平均株価が大きく下げた後に高値圏に戻ったとしても、個別銘柄は高値圏には戻らないことも考えられます。その場合でも、「そのうち日経平均株価に多少遅れて高値圏に戻すだろう」と悠長に考えたりはせずに、そこで売却するのが安全策です。

「日経平均株価が最高値を更新しているのに自分の持ち株の損益はまるで伸びない。むしろ悪化している」というのは、相場が天井圏にあるときに起きる現象として時折指摘されることです。持ち株の構成が特定の業種やテーマなどによほど偏ったものでなければ、自分の持ち株の損益状態は市場の実態とそうも違いません。つまり、自分の損益悪化は市場実態の悪化を最も直接的に知る手掛かりです。

この自分の損益状態による〝天井圏示唆シグナル〟は、株を持ってしまったが故の言わば副産物です。売却のタイミングを判断するときに大いに活用しましょう。

## ■「押し目待ちに押し目なし」状態にあるなら積極売却に出る

日経平均株価と市場実態の〝好ましくない乖離〟という天井示唆は、上昇相場の終盤に必ず生じるわけではありません。ときには、どこから見ても市場全体が好調、しかも〝バブル〟のように過熱感が強いわけでもない。そうした状況にありながら、ある日を境に上昇相場が終わっている（後々になって判明することですが）こともあります。

記憶に新しいところでは、21年8月23日から9月14日にかけての上昇です。それ以前は市場全体が軟調だったのですが、8月20日に年初来の安値水準をつけたのを境に急反転。わずか3週間後の9月14日に、日経平均株価・TOPIX・東証2部指数・日経ジャスダック平均・ジャスダック指数、いずれも年初来高値を更新するところまで一気に上昇しています。それまで市場全体が軟調だっただけに、「ようやくアクが抜けて、上昇相場が再開した」と強気になっても不思議ではない展開でした。

その様相が最高値の翌日9月15日から一転し、11月半ばから下げ基調が加速していきます。その後の動きをみれば、9月14日の最高値が、20年3月のコロナ・ショック大暴落の最安値を起点とした上昇相場の最期だった可能性も浮上しています。

少し遡ると、18年1月に至る上昇局面も、やはり市場全体が好調、そして過熱感のない状況の中で最期が訪れています。

この上昇局面は16年11月の「トランプ氏の大統領選勝利」から鮮明になっています。日経平均株価よりも小型・新興株の動きのほうが良好という〝好ま

**図表5-2　わずか3週間だったが市場全体が大いに盛り上がった21年9月前半**

（TOPIX：日足2021年7月1日～21年11月30日）

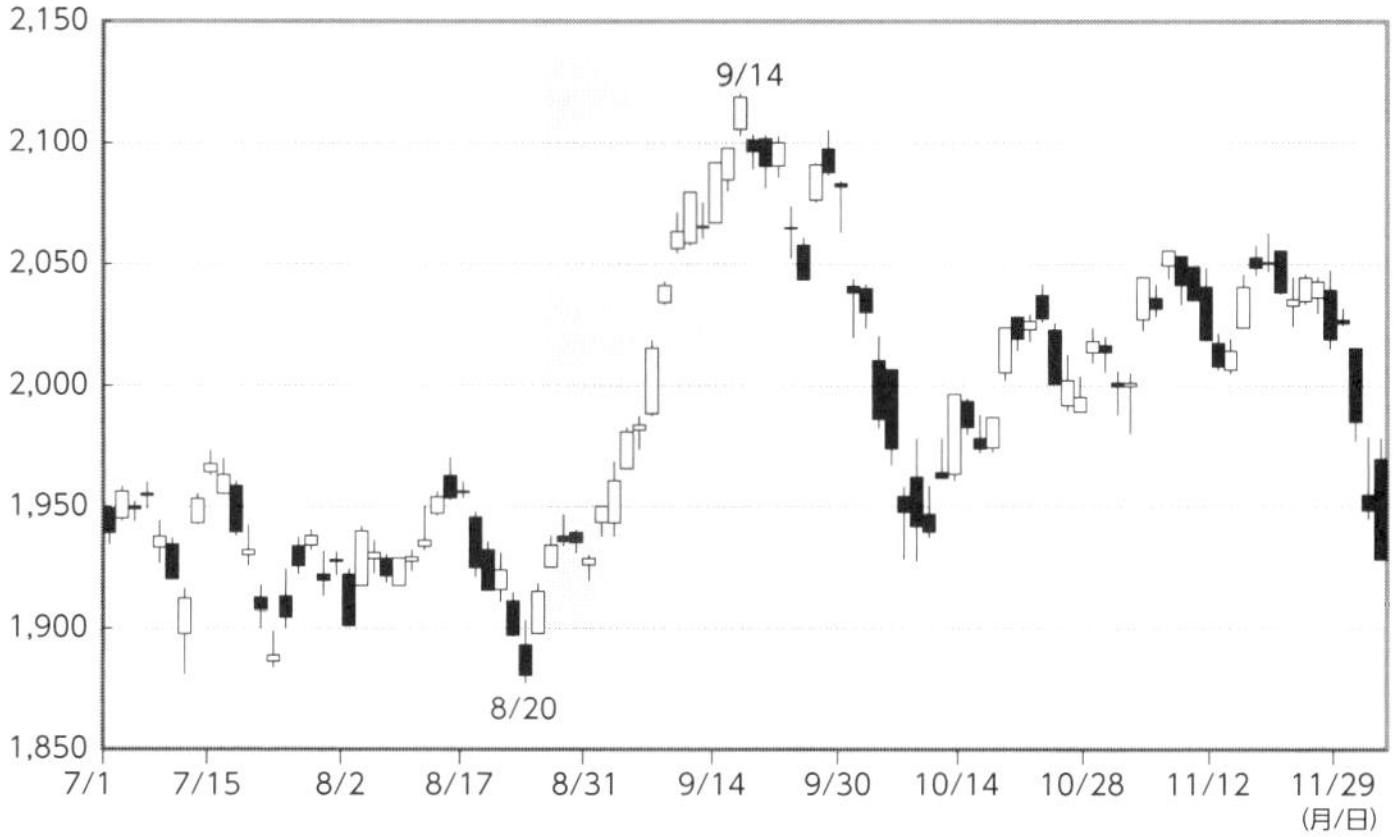

## 図表5-3　1年以上続いた小型・新興株の好相場。最後は「押し目待ちに押し目なし」

（日経ジャスダック平均：週足2016年10月〜18年２月16日）

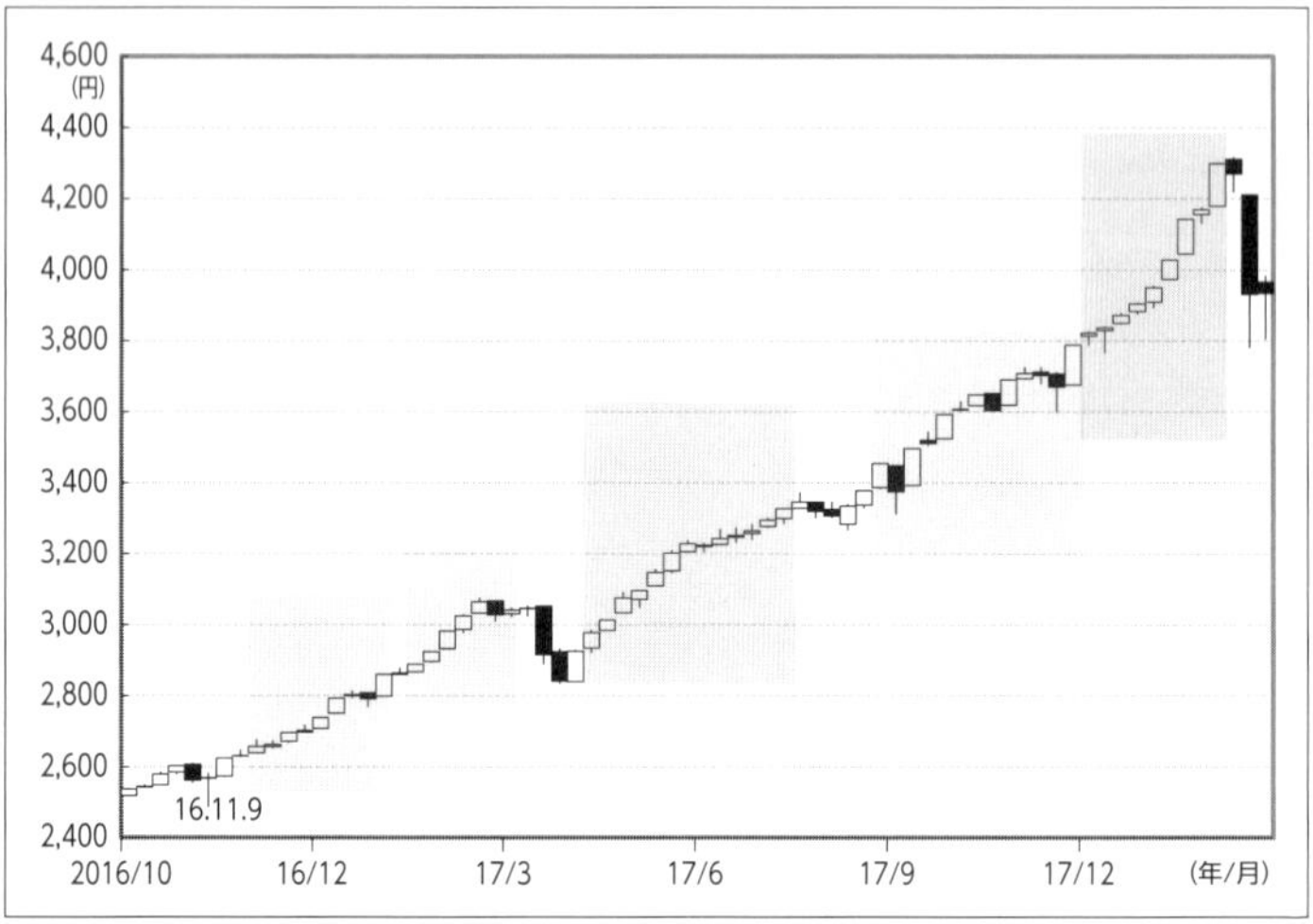


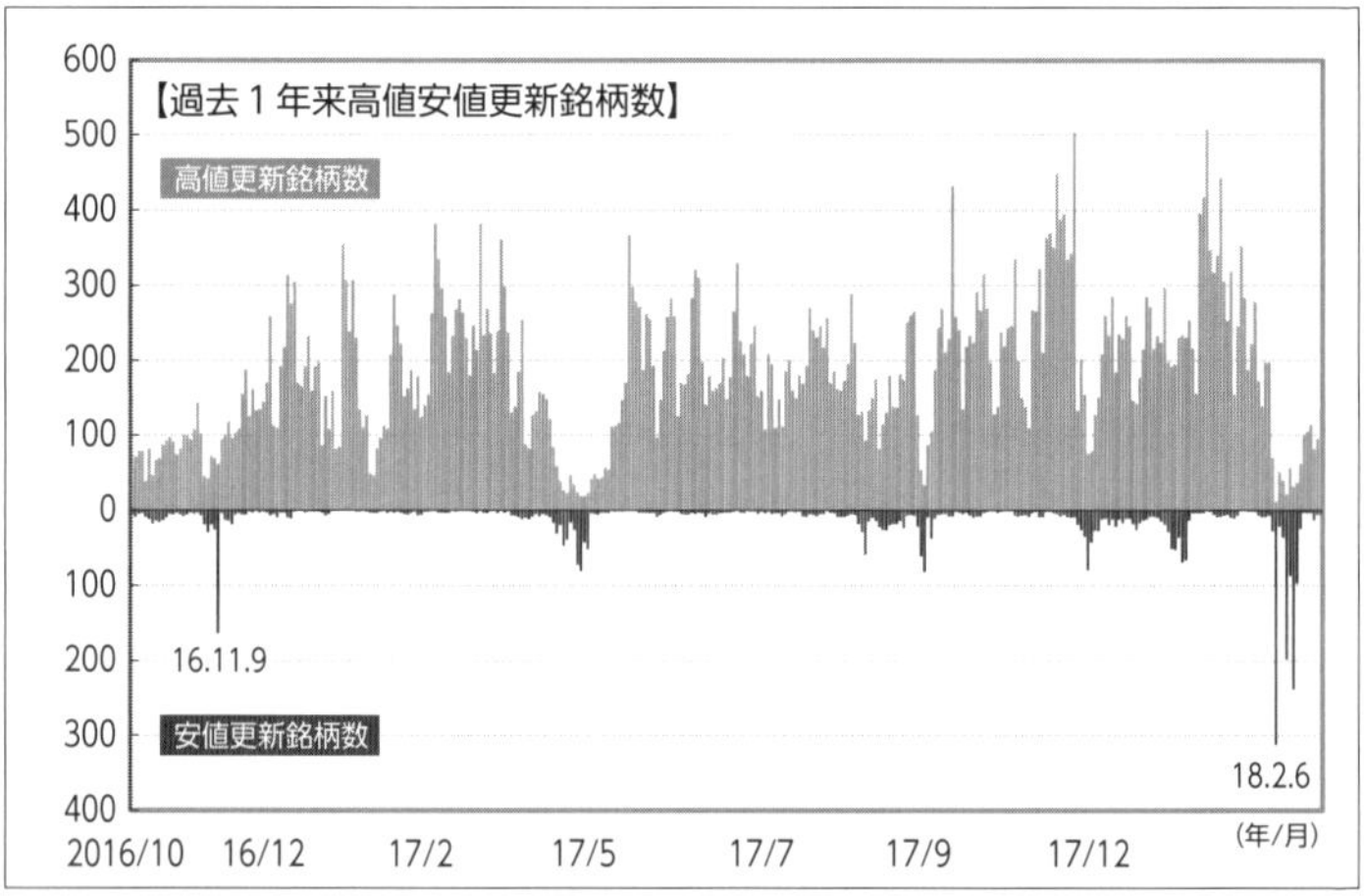

しい乖離〟の中で進展し、各株価指数とも18年1月終盤まで着実に最高値を更新。非常にしっかり感があったのですが、2月早々に米国で起きた〝ＶＩＸショック〟から市場全体が急変。第3章で見た通り、そこが上昇トレンドから下落トレンドへの、相場サイクルの転換点となっています。

この時期の高値安値更新銘柄数の動向を見ても、〝好ましくない乖離〟など片鱗も現れていません。しかし、天井を示唆する現象が全く何もなかったのかというと、経験的なことで言えば、ひとつ思い当たることがあります。高めの値段に入れておいた利益確定の売り指値が次々と約定していたことです。その一方で、押し目を取ろうと安めの値段に入れておいた買い指値注文は全く約定しない。その結果、「このままでは売る株がなくなってしまうのではないか」と思うほど買い持ちの株が減っています。18年1月も21年9月も全く同じ、まさにこの状況でした。

先に、自分の持ち株の損益動向が市場実態を直接的に知る手掛かりとなる、と述べましたが、注文の約定動向は市場の状態を実感するもとになります。利益確定の売り指値ばかり約定して、押し目買いの指値はまるで約定しないのは、相場の格言で言うところの「押し目待ちに押し目なし」状態です。これが上昇相場の天井かどうかはわからないとしても、そこは積極的に利益確定しておきたい局面です。ましてや、そのとき〝靴磨きの少年〟の姿が見えようものならなおのこと、果敢に売り上がってよいでしょう。

この局面を察知するために、たとえば上昇相場が1年を過ぎたら、日経平均株価が高値水準を切り上げるごとに、少数口の日経平均株価連動型ＥＴＦの売り指値注文を高めの値段に入れておくのも一策です。その売り指値が面白いように約定するなら、個別銘柄も売りに出てよいと思います。

もし、その後に市場全体が大きく下落した場合には、今度はその下落の後のリバウンドに注目してみてください。そこで〝好ましくない乖離〟が生じるかもしれません。前述の通り、そのときが残っている日経平均連動型ＥＴＦと個別銘柄を売却するタイミングです。

実際の相場では、そんな絵に描いたような展開には、もちろんならないと思います。予めイメージしていたような売却も完璧にはできないかもしれませんが、売却の方策やタイミングの目印を意識しておくだけでも結果は違ってくるものです。売却するつもりの株を売りそびれることなく利益確定できれば、それで大成功です。

## ■1単元しか買っていない個別銘柄を分割して売却する手段もある

ここまで考えてきた売却は、相場の動向を見ながらタイミングを測り、その都度持ち株を売る。高値を更新するならば売り上がるという、時間分散型の売り方です。おそらく1単元の投資額が低いＥＴＦは複数単元買っていると思います。少数口ずつ分散して売ることに何ら問題はないでしょう。

しかし、１単元しか買っていなかった個別銘柄はどういう売り方をすればよいのか。たとえば、日経平均株価連動型ＥＴＦを分散して売るタイミングで最初にＡ銘柄を一緒に売る。次はＢ銘柄、その次はＣ銘柄、といった具合に、その都度売る銘柄を変える方法が考えられますが、果たしてどの銘柄から売ればよいのかという問題が浮上してきます。

この問題の解決策となる取引方法が、前章でも紹介したＳＭＢＣ日興証券が提供している金額・株数指定取引「キンカブ」です。この口座は、現物株の保護預かり口座との間で振り替えができます（ただし、信用取引口座を開設している場合は保有する現物株が一括して代用有価証券となるため、振り替えは不可）。たとえば保護預かり口座にあるＡ株１単元１００株をキンカブ口座に振り替えると、１００円以上の金額を指定して売却したり、１００円相当額以上となる株数を指定して売却することが可能です。

この取引方法の最重要ポイントは、前章ではドルコスト平均法の効果が得られる金額指定による定額買付を推奨しましたが、売却時は株数指定による定数売付のほうがよいという点です。というのは、金額指定の定額売却にすると、株価が高いときに少ししか売れず、株価が下がったときに多くの株数を売ってしまうことになります。その結果、平均売付単価が不利になるという、言わばドルコスト平均法の逆効果が働きます。よって、「安く買って、高く売る」を目指す時間分散の売買は、「買い」は定額、「売り」は定数が基本です。

この株数指定取引を利用すれば、1単元100株持っている複数銘柄を、たとえばそれぞれ20株ずつ5回に分割して売却する策がとれます。キンカブの約定は、前場または後場の寄付に限定されますが、日経平均株価連動型ETFと同じ日に売却するというスタンスであれば支障はないでしょう。

なお、買う場合には約定代金が100万円未満であればスプレッドは0%で、前場または後場の始値がそのまま約定単価となりますが、約定代金100万円未満の売却の場合には0・5%のスプレッドが適用されます。たとえば、売却したときの株価が3000円とすると、約定単価はそれよりも0・5%安い2985円。1株につき15円が売却コスト、事実上の手数料です。

# 5-2 〝もっと早く、もっと大きく資産が増やせる〟上昇相場の誘惑

## ■上昇相場の中で参戦するなら「売却して現金化」に徹する

超格安バーゲンで買った株については、正直なところ、半分程度保有し続けても、世界同時株安の大暴落が起きたときに悲鳴をあげる側にはならないだろうと考えています。軍資金さえ十分に確保されていれば、次の超格安バーゲンにも参加できるはずです。

次のバーゲンに参加するのを阻む一番の原因は、その持ち株ではなく、上昇相場が始まってから買った株の塩漬けと、それによる現金の枯渇です。これが〝悲鳴をあげる側〟に導きます。

それならば、次のバーゲンまで一切株を買わなければいい、という単純な話で終わりますが、そうは言っても、上昇相場には大いなる魅力があります。何しろ、大方の銘柄が水準を切り上げているのです。株を買って持っていれば資産は増えていきます。しかも、バーゲンハンティングのように〝待ち時間〟は長くありません。世間を見渡せば、様々な投資情報や「株でこれ

だけ儲けた」「資産が何億円になった」といった実体験談があちこちから聞こえてきます。そこに参加しようという人に「絶対やめておけ」とまでは言えません。また、先述した通り、新たに買った株の損益状態や注文の約定動向は、市場の実態を知る手掛かりになるという副産物もあります。

ただし、塩漬け株と現金の激減だけは何としてでも避けなければなりません。そこで、もし上昇相場が始まってから参戦するのであれば、その目的を「資産を増やす」ではなく、「次のバーゲンに向けての軍資金を貯める」としてはどうでしょうか。つまり、買った株に「保有する」という選択肢はなく、「売却して現金化」に徹するスタンスです。これならば、塩漬け株を抱えることはありません。

加えて、相場がよいときには、有望銘柄、推奨銘柄の情報が洪水のように溢れますが、あれこれ買い散らかすのは将来の〝悲鳴〟の種になります。そんな種を抱え込まないために、たとえば、投入する資金の上限を決めて、その範囲内で売買する、利益確定して増えた資金は軍資金専用口座に移して、売買する資金額は増やさない等、売買を自制するルールを決めておきたいところです。

そして、超安値で買った持ち株の売却に着手する段になったら、次のバーゲンまでもう新規で株は買わない。これは絶対ルールです。その時点で買っている株がある場合には、持ち株を売却するとき一緒に売却するに限ります。場合によっては損切りになるかもしれませんが、超格安で買っている持ち株の売却益のほうがはるかに大きいはずです。軍資金を減らすことにはまずならないと思います。

## ■逃した魚が本当に大きかったら〝次〟のバーゲンで拾う候補に

上昇相場の中で「売却して現金化」のスタンスを実践していると、売却した後に株価が上昇して「利益確定が早すぎた」と後悔することがたびたびあると予想されます。そうなるのも仕方がありません。それが上昇相場なのですから、後悔してスタンスを変更する必要はありません。

もし、その銘柄が着実な上昇トレンドに乗っているなら、下押ししたところで買い直す、いわゆる押し目買いによる再参戦はあってよいと思います。ただし、売却した後に爆騰した銘柄の場合は考えものです。逃した魚があまりにも大きいと悔しさもひとしおかもしれませんが、多くの場合、その行く末は爆騰前の水準に逆戻り。しかも、その下落は長期にわたるケースが珍しくありません。そうした銘柄に再参戦を挑むと、市場全体の上昇基調が続いているにもかかわらず、無惨な塩漬け株を抱えることになりかねません。

もちろん中には、一時的な人気化による爆騰に見えたところが、実は一時的ではなく、長期的に信じ難いほどの株価水準になる銘柄もあるにはあります。

## 図表5-4　長期上昇相場に彩を添えてくれた爆騰銘柄

(月足2012年１月～20年３月)

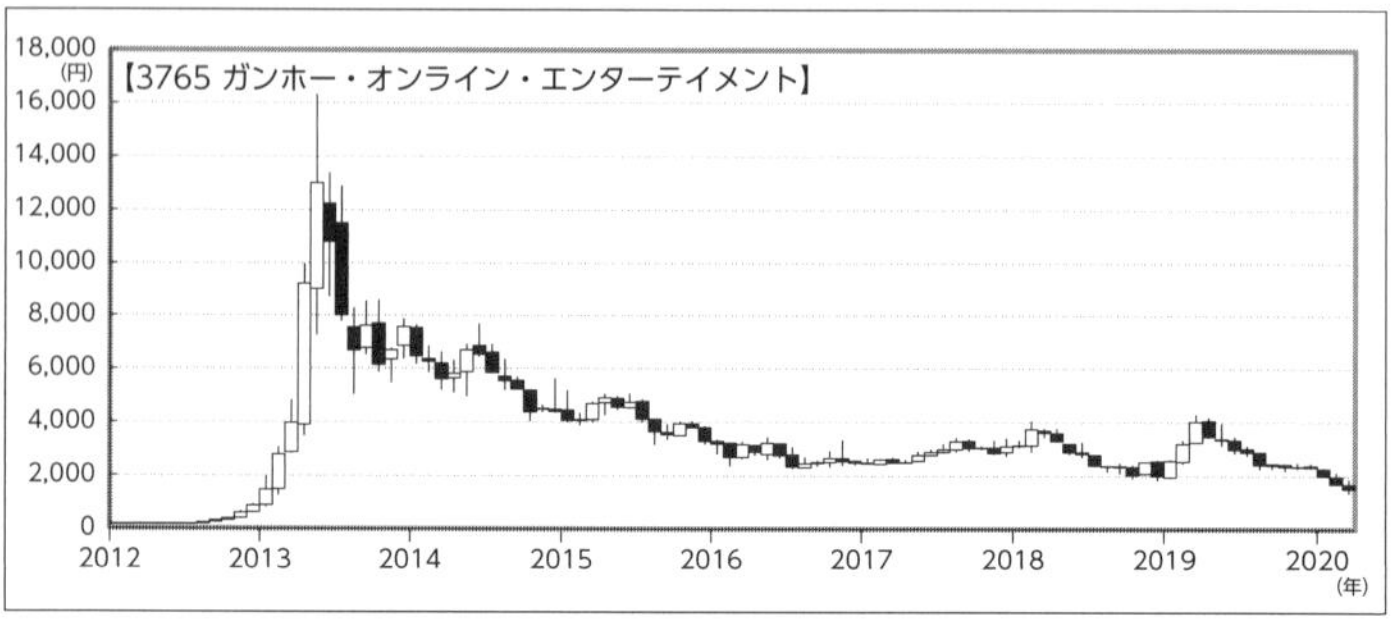


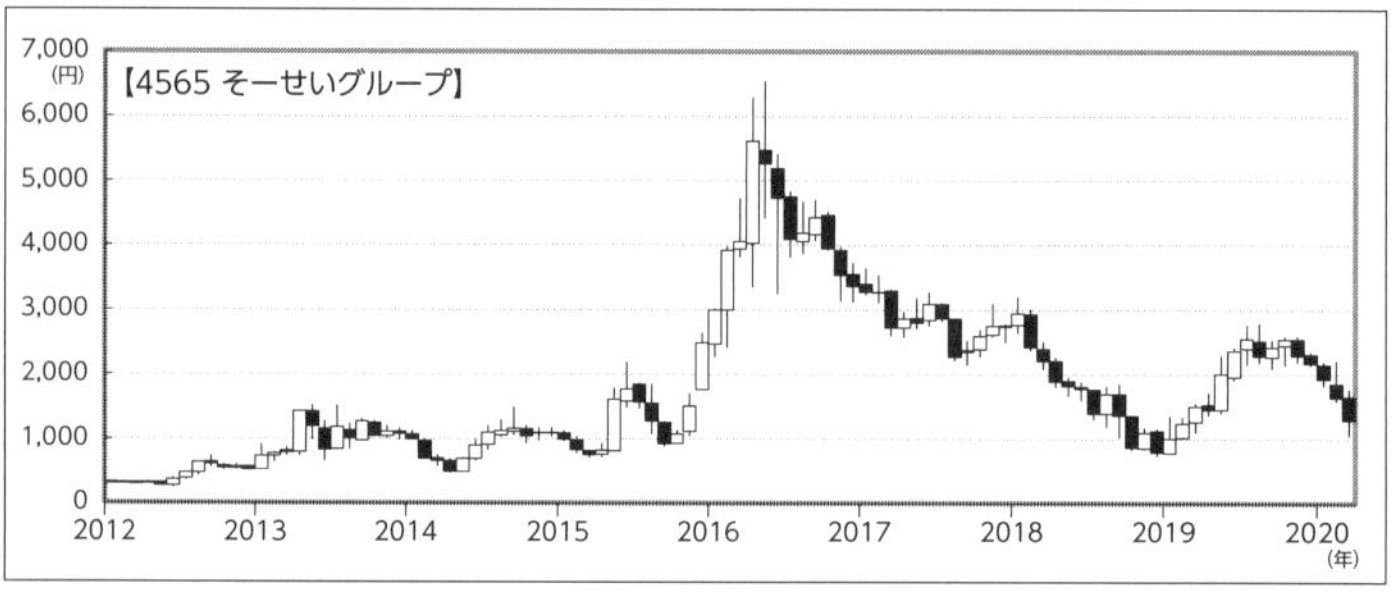


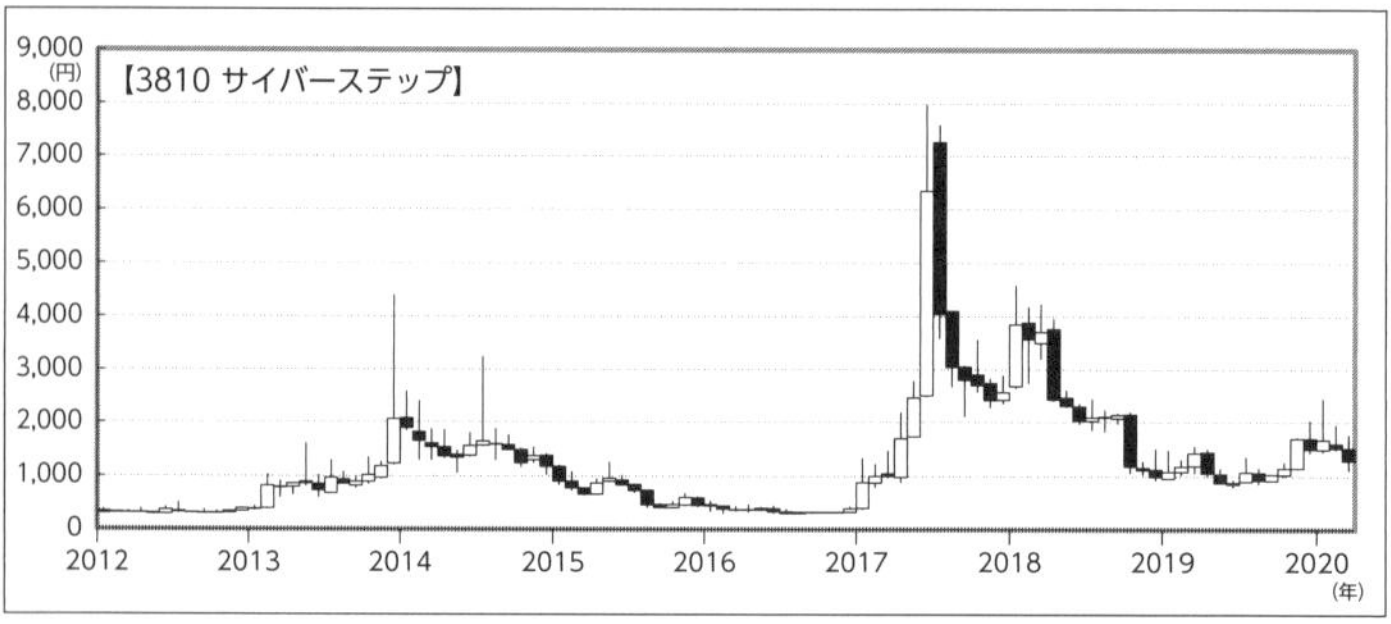

ファーストリテイリング（９９８３）が代表的な例で、ＩＴバブル以前、３００円台だった株価は、ニューエコノミー銘柄として注目された00年には１万円を超えるまで、30倍超という大上昇。その水準をＩＴバブル崩壊後の01年半ばまで維持しています。01年後半からの下落の落ち着きどころも２０００円台前半と、最高値に比べれば大幅に低いとはいえ、ＩＴバブル以前よりはるかに高い水準です。そして、結果論ではありますが、02年から着実な上げ基調となり、21年２月には10万円超え。30倍の値上がりでも十分驚きですが、その20年後に３００倍とは。日経平均株価の採用銘柄となり、株価の上昇とともに日経平均への寄与度が増したことも背景にありますが、この長期上昇力には感服です。

　こうした例は多くはないと思いますが、利益確定した後に株価が次元の異なる水準にまで上昇し、そ

**図表5-5　300円台だった株価が“ITバブル”で30倍。それが300倍にもなるとは**

(9983ファーストリテイリング：月末終値1998年１月～2022年12月)

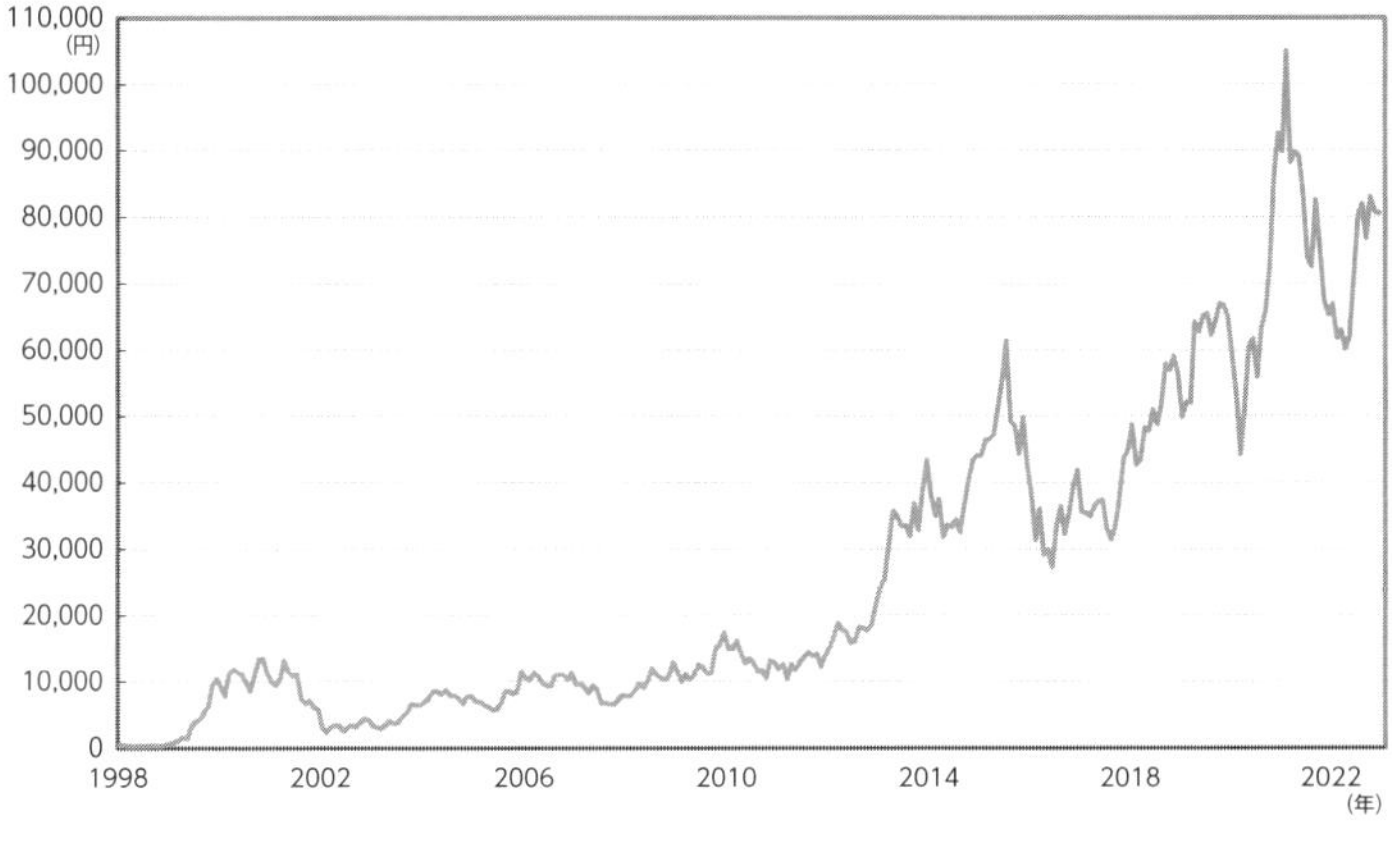

れが一時的な人気化ではないと見られる銘柄は、市場からの評価を一変させるような進化を遂げている可能性があります。であれば、押し目買い再参戦はひとまず控えて、その銘柄を次のバーゲンで超格安になった株価で拾う候補にする手があります。

足元の上昇相場の渦中で買うのと、次のバーゲンで買うのとでは、どちらが有利なのかはわかりません。ですが、不確実性の面に関しては、後者のほうに分があります。バーゲンハンティングはローリスク・ハイリターンを目指す投資であることを、改めて思い出してください。上昇相場が始まってから買う株は「売却して現金化」です。

## ■〝究極の押し目買い〟出動は「市場実態に順張り」の発想で

押し目買いに関していえば、これは上昇トレンドの中の下落を拾いに行く逆張り型の買い方です。第3章の中で取り上げた数ヶ月に及ぶような上昇トレンド途中の大きい下落、すなわち二次的調整で買いに出るのは、究極の押し目買いともいえます。ただし、第3章ではこの局面を「超格安で買った銘柄を買い増す機会にできる」と述べましたが、これは単に、上昇トレンドの途中で大きな下落があったら究極の逆張りで買い向かえ、という趣旨ではありません。

繰り返しになりますが、それが二次的調整なのか、それとも相場サイクルの中の上昇トレンドが下降トレンドに転換したのか、その時点ではわかりません。もし、それが二次的調整で上昇トレンドが再開したとすれば、そこで逆張り買いに出た人は大きな利益が得られます。それはもう快感きわまりないはずです。

実際、上昇相場が続いている中で出てくる投資情報の中には、こうした逆張り買いに成功した個人投資家のノウハウを「ナントカ法」と名付けて紹介していたり、「下落こそ買いだ」という論調が出てきたりします。また、移動平均と株価の乖離率や、ストキャスティクス、ボリンジャーバンドなど逆張り売買に使われるオシレータ系のテクニカル指標を重要視している人もいます。

しかし、「下落こそ買い」に味をしめていると、いつかは下降トレンドに転換した、その初期の大下げに当たってしまいます。そうすると、究極の押し目で安く買ったつもりが、実は相場サイクルの天井からほんの少し落ちただけのところで買っている。ほぼ高値づかみです。「現金個人」のように機敏に立ち回れれば別ですが、なおも「下落こそ買い」を続けていれば、下降トレンドに転換していることが確定したときには大損状態。世界同時株安の大暴落が起きようものなら、〝悲鳴〟側です。

改めて強調すると、二次的調整を見込んで買いに出るのであれば、そのとき注目すべきは市場の実態です。第3章で見たように、たとえば日経平均株価がその前の二次的調整でつけた安値を割るか、割らないか、きわどい状況にある一方で、市場の実態には改善の兆しが複数観測されている。買いに出る判断をするなら、その場合に限ります。

つまり、日経平均株価に対しては逆張りでも、市場実態に対しては順張りです。ここまで見てきた日経平均株価連動型ＥＴＦと個別銘柄の売買は、「押し目待ちに押し目なし」局面での売却を除いて、すべてこの考え方が根幹にあります。

ですから、もし〝究極の押し目〟で買った後に市場の実態に悪化の兆候、あるいは日経平均株価との間に〝好ましくない乖離〟が確認されたら、市場実態に順張り型の売却を考えてください。おそらくそのときは、超格安で買った持ち株も売却のタイミングになっていると思います。

# 5-3 現金が多いほど、〝次〟の機会はより有利に、より自由に立ち回れる

## ■あまりに低すぎる米国家計金融資産の「現預金」比率

これまで何度か「軍資金は多ければ多いほどよい」と述べてきましたが、投資をするうえで現金がいかに重要か、株の売買をしている人ならば骨身に染みていると思います。第1章で紹介した「現金個人」の徹底した逆張りによる〝安く買って、高く売る〟も、十二分な現金を持っていなければできません。

ですから、家計金融資産のうち「現預金」が5割以上の日本の個人は実に頼もしい。その一方で株や投資信託の構成比率は低く、市場が大暴落しても損傷は軽微です。いつでもバーゲンハンティングに参加できる潜在力に溢れていると、常々感じています。

ところが、世間の論調を見ると、日本の家計金融資産は現預金に偏りすぎている、投資の比率が低すぎると、何か良からぬことのように語られていたりします。メディアなどによく登場

する「貯蓄から投資へ」という表現は、その論調を象徴しているようにも思えます。

そして、そこに必ずといっていいほど出てくるのが、欧米の家計金融資産との比較です。その比較で何より興味深いのは、米国の「現預金」「株式・投資信託」の構成比率が日本と全く逆であること。日銀が公表しているデータによれば、22年3月末時点での日本の家計金融資産の現預金比率は54・3％、米国はわずか13・7％。株式と投資信託の合計は日本が14・7％、米国は何と52・4％です。日本が現預金に偏りすぎだというのなら、米国は投資が多すぎ、現預金があまりに少なすぎるのではないでしょうか。

たとえば、金融資産額が1000万円で、そのうち500万円が現預金、株・投資信託が合計150万円とします。日常生活資金をはじめ、マイホーム

**図表5-6　「現預金」の比率は日本人が多すぎるのか。米国人は少なすぎないか??**

（家計の金融資産構成2022年３月末現在）

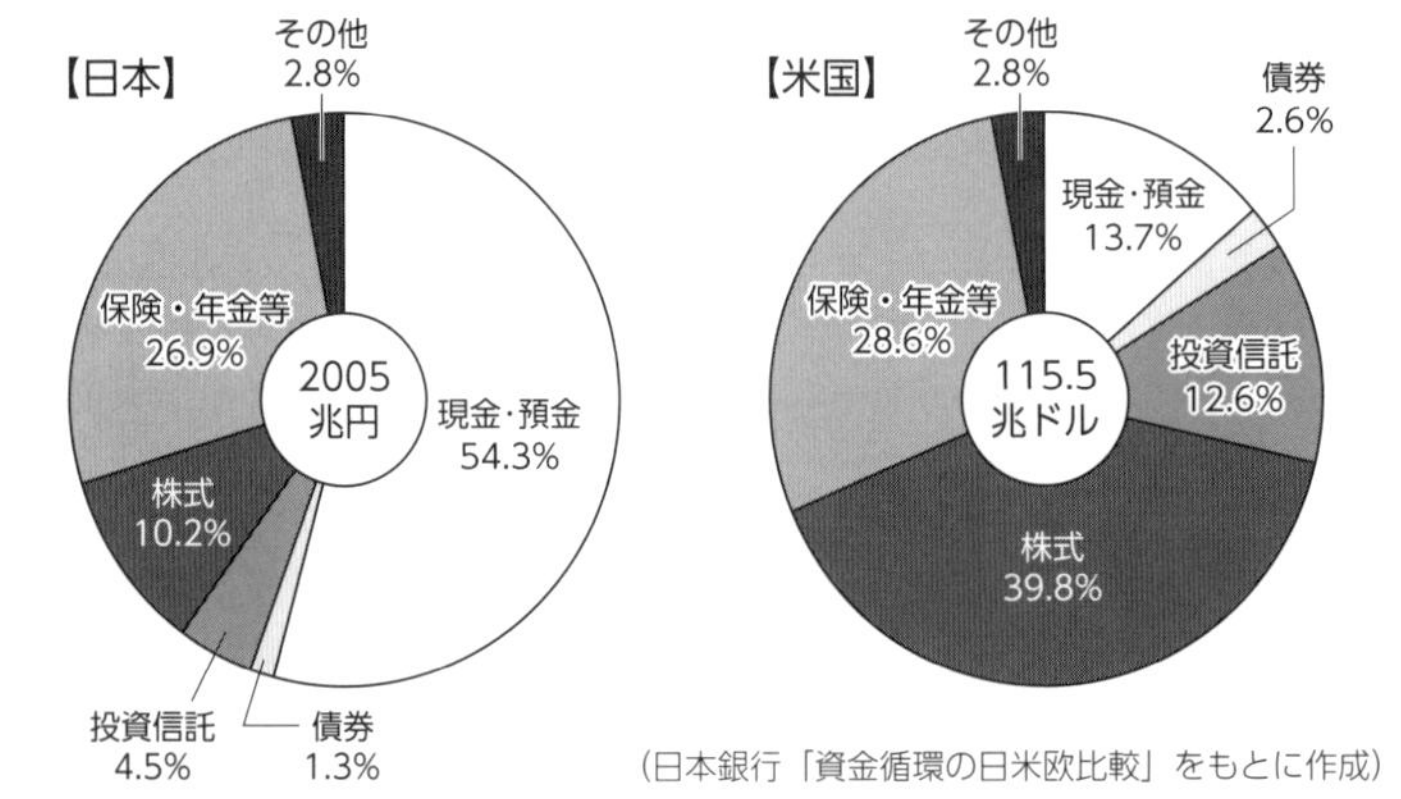


（日本銀行「資金循環の日米欧比較」をもとに作成）

の頭金や子どもの進学費用といったライフイベント資金、旅行や趣味に当てるお金、さらに何か急な入り用ができた場合のことを考えれば、現預金500万円が多すぎるとは思えません。個人的な印象で言えば、投資の150万円も少ないとは決して思えない金額です。

他方、米国は1000万円のうち500万円が投資。現預金は150万円しかありません。これで何かあって現金が必要になったとき大丈夫なのか、心配にさえなってしまいます。株や投資信託を売れば現金はいつでもつくれると言うかもしれませんが、そのとき市場が低迷していて株価が安くても気にしないのでしょうか。

## ■投資のリスクとリターン、どちらを重視するかが日米の違い

おそらくアメリカ人はそれで何一つ困りません。というのは、金融資産額が1000万円ではなく、1000億円だとしたら、現預金の比率が1割でも100億円。わずか0・5%でも50億円です。いつでも使える現金がそれだけあれば、残りの金融資産が全部株であっても全く構わないでしょう。

そのくらいの金融資産を持っている個人が米国には日本の20倍近くいると見られます。米経済誌『Forbes』が22年4月5日に発表した「2022年版World's Billionaires（世界長者番付）」を見ると、1位がイーロン・マスク氏、2位がアマゾンの創業者ジェフ・ベゾス氏。ト

ップ10のうち、8人が米国人です。

このランキングは10億ドル以上の資産を保有している人が対象で、22年は2668人。そのうち750人弱、約3割が米国人だそうです。日本人は、54位の柳井正氏を筆頭にランクインしているのは40人。この40人の資産額を合計してもマスク氏の資産額に及びません。

『Forbes』誌では、その後9月に米国の富豪400人の番付「フォーブス400」を発表しています。上位の富豪の顔ぶれから察するに、おそらく金融資産の大方は株式で、そのぶん現預金比率はかなり低いでしょう。米国の家計金融資産で「株式」の比率が高

## 図表5-7　超大富豪は「現預金」比率が極わずかでも困らない

(日米長者番付トップ5)

【米国】

| 順位 | 名前 | 関連企業 | 資産額 (10億＄) | 資産額 (兆円) |
|---|---|---|---|---|
| 1 | イーロン・マスク | テスラ | 251 | 32.63 |
| 2 | ジェフ・ベゾス | アマゾン | 151 | 19.63 |
| 3 | ビル・ゲイツ | マイクロソフト | 106 | 13.78 |
| 4 | ラリー・エリソン | オラクル | 101 | 13.13 |
| 5 | ウォーレン・バフェット | バークシャー・ハサウェイ | 97 | 12.61 |

【日本】

| 順位 | 名前 | 関連企業 | 資産額 (10億＄) | 資産額 (兆円) |
|---|---|---|---|---|
| 1 | 柳井正 | ファーストリテイリング | 23.6 | 3.07 |
| 2 | 滝崎武光 | キーエンス | 21.6 | 2.81 |
| 3 | 孫正義 | ソフトバンク | 21.1 | 2.74 |
| 4 | 佐治信忠 | サントリー | 9.3 | 1.21 |
| 5 | 高原豪久 | ユニチャーム | 6.4 | 0.83 |

※Forbes JAPAN 22年6月1日および9月28日掲載記事をもとに作成。円金額は1ドル＝130円で換算

く、「現預金」の比率が低いのは、こうした錚々たる超大富豪の構成比率が反映されていることが背景のひとつだと考えられます。

また、金持ちになりたければ金持ちの真似をしろ、とはよく言われることです。米国には「金持ち＝株をたくさん持っている」という現実があります。その人たちは株価の上昇、投資のリターンによってより一層金持ちになっています。それは世界的超大企業の創業・経営者だけでなく、バフェット氏のように投資で大成功した人もいます。そうした社会に身を置いていれば、金持ちになりたければ株を買う。誰から何を言われなくとも「現金を持っているより株を買ったほうがいい」という考え方が中間層にも浸透するでしょう。

元読売ジャイアンツの投手でメジャーリーグでも活躍した高橋尚成さんがデーブ大久保さんのYouTubeチャンネルに出演したときに話していたのですが、「日本人が『貯金をするのが当たり前』のように、アメリカ人は〝金融〟に投資するのが当たり前と思っている」そうです。メジャーリーグでは球団側が選手の年俸の一部を株で運用しているとのことで、それも当たり前なのでしょう。「アメリカでは、お金が生活を豊かにしてくれる。お金がお金を生んでくれると、みんなそう考えている」と言っていました。

そうした社会の風潮も、家計金融資産における現預金の比率が低く、投資の比率が高い一因になっていると思われます。

日本にはまずもって米国のような超大富豪がいません。また、日本で金持ちのイメージと言えば、おそらく「株をたくさん持っている」ではないでしょう（「金持ち＝地主」ではないでしょうか）。たとえばファーストリテイリングの柳井社長兼会長が3兆円もの資産がある、その資産の大半は2200万株保有している自社株だと聞いても、金持ちになるには株をたくさん持つことだ、とは考えないと思います。前年トップだったソフトバンクの孫正義氏が今回3位に落ちたと聞けば「投資でやられたからだろう」、イーロン・マスク氏の資産額を知れば「テスラの株価が10％下がったら2兆円以上も吹き飛ぶのか」と、投資のリスク面に目を向ける人が多いのではないでしょうか。

つまり、株、あるいは投資に対して、米国人はリターンを重視する、日本人はリスクを重視する。そうした感覚を持たれやすい社会になっていることが、家計金融資産の構成比率に現れているのだと思います。投資のリスクとリターンは表裏一体ですから、どちらが正しいも間違っているもありません。リスクを重視する日本人は現預金が5割。リターンを重視する米国人は株・投資信託が5割。それぞれの社会がそうした選択に導いているのであれば、それを「偏りすぎ」だと言ったところで仕方がありません。

## ■前回の反省を踏まえて〝次〟の機会にも是非ご参加を

そもそも、一体何ゆえの「貯蓄から投資」なのでしょうか。いまの時代、安全性重視で貯蓄ばかりしていたら資産はつくれない、リスクを覚悟で投資をしなければ将来お金に困るようになる、という忠告の意味があるだろうことは理解できます。しかし、どうもそうとは思えない「貯蓄から投資へ」の推奨もあるようです。

たとえば、貯蓄は「すぐに使うお金」で流動性のある預貯金、「すぐに使わない、増やしておきたいお金」は投資を勧める記述を時折目にします。子どもの教育資金は後者だそうです。

確かに増やしたいのはヤマヤマですが、肝心の大学受験の年になったら減っている、場合によっては大幅に減っているかもしれません。それでもいいのでしょうか。そのときはそのときで、進学は諦めて就職しろ、とでも言うのでしょうか。子どもの進路を相場頼みにしてまで「貯蓄から投資へ」を推奨する意図は何だろうかと、リスク重視の日本人からすると、かえって敬遠されるのではないでしょうか。

もし、将来の資産形成のために「貯蓄から投資へ」を推進したいのであれば、それこそ世界同時株安で株式市場が大暴落したときに、期間限定で「この期間中に買った株式は売却時期を問わず1000万円まで非課税」といった特別措置を講じてはどうかと思います。そうすれば、貯蓄は投資のほうへ、おそらく一気に向かいます。と同時に、これは株式市場という国富の劣化を食い止める一助にもなり、そして個人の資産形成にも役立ちます。いいことずくめの、極めて効果の高い「貯蓄から投資へ」の促進策ではないでしょうか。

以上はいかにも現実味の薄い話で期待しても無駄だと思いますが、それはさておき、現金を多く持っていては将来お金に困る、ということはありません。その現金は、これから訪れるであろう数々のチャンスに使うことができます。現金が多いほど、その選択の幅は広がります。ローリスク・ハイリターンを目指すバーゲンハンティングはその選択肢のひとつです。

一度バーゲンに参加した人は、是非、現金を増やして〝次〟の機会にも参加してください。現金を多く持っていれば、間違いなく、より有利に、より自由に立ち回ることができます。前回の反省を踏まえて、超格安で拾う銘柄の範囲を拡げる、買う数量を増やす、買うタイミングを分散する回数も増やせます。将来に向けての資産形成はこれでさらに大前進です。

そこに新たに参加する人が増えてくれれば、嬉しいことこのうえありません。かくして株式市場の「現金個人」の比率が上がれば、下値の固い、安定感のある市場になるはずです。それがまた個人の資産形成にもプラスに作用します。この好循環を実感する日が来ることを、切に願っています。

## おわりに――【2022年～2023年3月】株式市場はどんな局面なのか

本書の初校を戻し終わった23年2月27日、日本経済新聞に「バフェット氏『恐怖相場は友』」と題する記事が掲載されていました。年初から株式市場が大荒れとなった22年、バフェット氏が率いる投資会社バークシャー・ハサウェイは08年に匹敵する規模の果敢な投資活動を行ったといいます。バフェット氏にとって、恐怖相場は優良企業を割安に買える「友」だそうです。この記事に書かれているバフェット氏の話は長期的な資産形成を考えるうえで非常に参考になります。ご一読をお勧めします。

23年に入ってからの米国市場を見ると、22年の恐怖相場とは打って変わって落ち着いた感のある反発基調となっています。日本株市場も、22年中は円安ドル高のお陰もあって何とか値持ちし、23年も大発会の安値以後は大きく崩れることなく推移しています。とはいえ、22年の下落相場が終了したのかどうか、まだ定かではありません。

現時点で問われているのは、22年の下落が20年4月からの上昇相場の途中に起きた大きい二次的調整だったのか、それとも上昇相場は終了し22年から新たな下落相場が始まったのか、そのどちらになるかの判断です。米国市場の上昇相場のピークを、たとえばナスダック指数が最高値をつけた21年11月とすると、その後の最安値は22年10月。下落の期間は11ヶ月と、第3章で述べたダウ理論の「1年以上継続する」という主要トレンドには当たりません。しかし、二次的調整と言うには「かなり長い」のは確かです。

日経平均株価の場合は、ピークを21年9月14日とすると、その後の最安値は22年3月9日。その期間は6ヶ月と、二次的調整としては珍しくない長さではありますが、その後6月20日、10月3日、そして23年1月4日に、3月9日の最安値よりは高いものの、同水準の安値を3回つけています。これが果たして「安値を試す動き」なのか。この先も底割れすることなく上値・下値を切り上げる動きになり、そして21年9月の高値を超えるに至らなければ、「22年の下落は二次的調整だった」と断定はできません。

つまり、目下の焦点は、日経平均株価は22年3月9日の最安値を抜けて下落するか。米国市場は22年10月13日の最安値を更新するか否かです。もし万一、その事態が起きたときには、バーゲンハンティングの出番が近づいていると考えてください。その事態にならなかった場合は、着々と軍資金を蓄積することができます。

本文中で何度か述べていますが、今日の市場は動きはじめると瞬く間に水準を変えてしまいます。いつ、何時その状況が訪れても行動できるよう、今からスタンバイです。

〈参考文献〉

●A RANDOM WALK DOWN WALL STREET 10th edition（Burton G. Malkiel）
●The Dow Theory（Robert Rhea）
●日本の資産運用業界への期待（日本証券アナリスト協会　第８回国際セミナー「資産運用ビジネスの新しい動きとそれに向けた戦略」における森金融庁長官基調講演2017年４月７日）
●金融審議会　市場ワーキング・グループ報告書「高齢社会における資産形成・管理」（2019年６月３日）
●野村資本市場クォータリー1998年秋号「ヘッジファンド問題の行方」（野村資本市場研究所）

〈参考サイト〉

●日本取引所グループ：https://www.jpx.co.jp/
●金融庁NISA特設ウェブサイト：https://www.fsa.go.jp/policy/nisa2/
●日本銀行：https://www.boj.or.jp/
●金融広報中央委員会：https://www.shiruporuto.jp/public/
●日本経済新聞社：https://www.nikkei.com/
●Yahoo finance：https://finance.yahoo.com/
●トレーダーズ・ウェブ：https://www.traders.co.jp/
●ファイナンシャルスター：https://finance-gfp.com/
●ロイター通信社：https://jp.reuters.com/
●フォーブスジャパン：https://forbesjapan.com/
●なでしこインベストメント http://www.nadeshiko-investment.co.jp/index.html

本書は２０２３年３月１日までの情報に基づいています。
投資の判断は、ご自身の責任において行ってください。

阿部智沙子（あべ　ちさこ）
茨城大学、東京理科大学卒。金融専門紙記者を経て、1997年、マーケット情報提供会社（有）なでしこインベストメントを共同で設立。株式、債券を中心としたマーケット分析や売買手法の研究、株式等のトレードを行う一方で、その成果をもとに執筆活動を続けている。主な著書に『株　ケイ線・チャートで儲けるしくみ』『日経平均の読み方・使い方・儲け方』（以上、日本実業出版社）、『「１日１回15分」たのしい［株］短期トレードの本』（東洋経済新報社）など。また、自社オリジナルのCD-ROM版データ集『〈株〉テクニカル情報』『株〈優待〉アノマリー情報』を定期刊行している。日本数学会正会員。

データ協力：桑山光利（なでしこインベストメント）

## 最強《さいきょう》の株《かぶ》の買《か》い方《かた》「バーゲンハンティング」入門《にゅうもん》

2023年５月１日　初版発行

著　者　阿部智沙子 ©C.Abe 2023
発行者　杉本淳一

発行所　株式会社日本実業出版社　東京都新宿区市谷本村町３−29 〒162-0845
編集部　☎03-3268-5651
営業部　☎03-3268-5161　振　替　00170-1-25349
https://www.njg.co.jp/

印刷／壮光舎　　製本／若林製本

本書のコピー等による無断転載・複製は、著作権法上の例外を除き、禁じられています。
内容についてのお問合せは、ホームページ（https://www.njg.co.jp/contact/）もしくは書面にてお願い致します。落丁・乱丁本は、送料小社負担にて、お取り替え致します。

ISBN 978-4-534-06011-2　Printed in JAPAN

## 日本実業出版社の本

下記の価格は消費税（10％）を含む金額です。

### 株　ケイ線・チャートで儲けるしくみ

阿部智沙子
定価 1980円（税込）

トレンドラインやローソク足、移動平均線など、「チャートの理論を現在の株式相場でどう使えば儲かるのか」を徹底的に考察。基礎から実践まで具体例でわかる決定版。

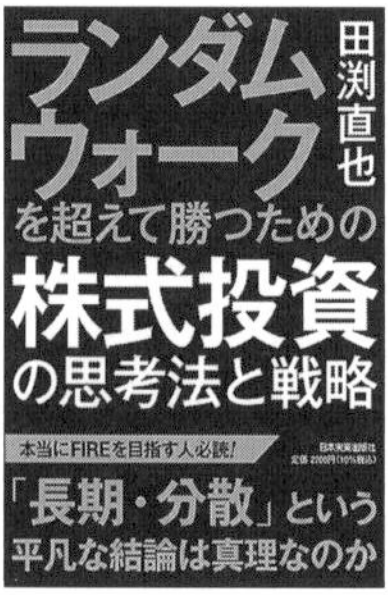


### ランダムウォークを超えて勝つための株式投資の思考法と戦略

田渕直也
定価 2200円（税込）

ランダムウォークだとされる株式市場で収益機会をつかむには、「長期・分散」という平凡な結論しかないのか。怜悧な視点で株式投資の本質的な意味と大きな可能性を描き出す。

### 日本株を動かす外国人投資家の思考法と投資戦略

菊地正俊
定価 1760円（税込）

日本の株式市場の売買シェアの約７割を占める外国人投資家が、いま何を考え、今後どう動くのか。彼らの手法＆動きから学んで個人投資家が儲ける方法を第一人者が解説する。

定価変更の場合はご了承ください。